历史误读的红颜

陈云发◎著

文匯出版社

图书在版编目(CIP)数据

历史误读的红颜 / 陈云发著. —上海：文汇出版社,2012.8

ISBN 978-7-5496-0450-0

Ⅰ.①历… Ⅱ.①陈… Ⅲ.①女性—历史人物—人物研究—中国 Ⅳ.①K828.5

中国版本图书馆 CIP 数据核字(2012)第 137234 号

历史误读的红颜

作　　者 / 陈云发
特约编辑 / 安春杰
责任编辑 / 闻　之
封面装帧 / 多多设计

出版发行 / 文匯出版社
上海市威海路 755 号
(邮政编码 200041)
经　　销 / 全国新华书店
照　　排 / 南京展望文化发展有限公司
印刷装订 / 上海译文印刷厂
版　　次 / 2012 年 8 月第 1 版
印　　次 / 2012 年 8 月第 1 次印刷
开　　本 / 720×960　1/16
字　　数 / 250 千
印　　张 / 15.25

ISBN 978-7-5496-0450-0
定　　价 / 35.00 元

前　言

在中国史书及老百姓头脑中，红颜美女是“祸水”的观念可谓根深蒂固。封建帝王统治时代，大凡君主把朝政搞得腐朽不堪、灭国亡身时，或者某个权臣武将家败名裂了，常常都归咎于美女“惑乱”致祸，连司马迁也不能“免俗”，在《史记》中称夏桀亡于妹喜、商纣灭于妲己、周幽王毁于褒姒。对此类例子，中国最普通的老百姓都能随便举出一长串的例子，如西施灭夫差、骊姬乱晋、赵飞燕姐妹乱汉宫、貂婵灭董卓、杨贵妃乱唐、花蕊夫人惑乱西蜀、陈圆圆致吴三桂降清等等。其实，封建帝王及国君(侯)败亡的根源，更应该反其道而追究其原因：是这些男性统治者本身追求享乐、荒淫生活，美女只不过是他们腐化的手段和猎获的目标而已。譬如今天的许多落马高官，大都凭恃权力，占有着美女为“二奶”供其“挥霍”“消费”，他们的身败名裂，决不能简单归结于美女的诱惑。

因此，我在10年前就萌生出一种想法，即想为历史上一些被文人误读并遭歪曲的一些著名美女进行“正名”，同时，也想把被文人们拔高或夸大了正面作用的一些著名女性进行正名，还历史的本来面目。不过，当时还未有写成一部书的想法。

2011年3月，我为《新民晚报・国学论谭》版试写了一篇长文《红颜陈圆圆不是“祸水”》，打算为影响了1644年中国历史发展进程并致满洲贵族入主中原建立长达265年清王朝的美女陈圆圆正名。陈圆圆生于今常州奔牛镇，由于我也是常州人，而且曾在奔牛镇读了三年高中，所以对陈圆圆的传说故事，青少年时就有兴趣。这篇文章写好后，我本欲发给《新民晚报》的编辑祝鸣华先生，谁知“鬼使神差”竟弄错了邮箱号，把稿子发到了文汇出版社副总编辑张衍先生的电子邮箱里，他看到此文后“莫名其妙”。不久，我到文汇出版社办事，他便问我发此文给他是何意图？我方知自己粗心大意闹了笑话。张衍先生说，他看了该文后生出一个想法，建议我能否从通俗学术的角度，写一部为古代著名的红颜正名和纠正误读的专著？写法上尽量通俗，但又要有严谨的学风，凭史实依据阐述，不戏说，不杜撰。这实际是把我过去潜意识里的东西点开窍了，我当即表示认真考虑。后来我们把撰写这部书稿的构想向文汇出版社的社长兼总编辑桂国强先生作了汇报，获得了他的欣然支持，他还对这本书稿的体例提出了具体指导意见，我在2011年11月底完成了全书的初稿。

我并非刻意在学术上去颠覆历代文人及现当代学者对这些著名美女的研究定论，但事实上我在文章中的许多观点，与往昔著名学者们的认识相去较大，肯定会引起一些歧见，例如：所有的历史学者都认为武则天是一位成功的女性，因为她当了皇帝、建立了大周朝，但我却认为作为一个女人，她的人生是失败的。东汉时著名女诗人蔡琰（文姬）是曹操派人把她从匈奴单于那里强行赎回的，过去的史学家及文学家（尤其是郭沫若先生）都肯定了曹操这一举动，并把曹操描写为蔡琰的父执辈大恩人；我却认为这一举措并非蔡琰所愿，为此她在诗作《胡笳十八拍》《悲愤诗》中发泄了对曹操的怨愤。三国时著名诗人曹植写下不朽名篇《洛神赋》，自唐代以来就被学界认为是“感甄赋”，并误读出曹植与曹丕之妻甄氏存在“恋情”；而其实曹植的《洛神赋》是借美女暗喻自己的才情，希冀曹丕任用他，而不是垂涎甄氏的美色。又如现在的传说故事都把佘太君、穆桂英虚构为北宋的“爱国女军事家”，而其实在宋辽之战中，辽国的太后萧绰才真正是中国历史第一位成功的女军事家。美女董小宛长期来被误读为是清顺治帝所占有，并成为顺治帝所谓的“董鄂妃”，而其实她最有可能的是被清廷派征江南的权臣豫亲王多铎所掳获，等等。当然，我的这些观点，也仅是自己研究史料后的一种理解，本着言无不尽的精神，把它们贡献出来，接受学界及读者的检验，或聊为引玉之砖，相信学术问题可以越辩越明。我主张纯粹的学术的问题，为活泼思想大计，在史料未绝对清晰的情况下，不妨允许多元，不强求一种所谓的“正解”观点为好。归根到底，一切要从史实、确凿证据及科学推理出发。

文史方面的学术问题，常常会有广大的兴趣爱好者予以关注和青睐，但学术研究的成果，却往往总是被供奉在研究者的“象牙塔”里，一般文化水准的非专业读者，总是无缘参与其中，因为专家、学者的文史类学术文章充满着“学术气”，诸多引经据典之下，文字常不免深奥，所以无法为最广大的读者读懂和接受。另一个原因是正规科班出身的专家，都是前辈专家的传习弟子，长期来已接受了老师的观点，现在要他们来否定老师、提出新观念，一般都很难，所以才会发生一代一代的学者在著述中把曹植的《洛神赋》误读了千余年的笑话，甚至还杜撰出曹丕的妻子甄氏（她的皇后称号是魏明帝时追谥的）为“甄宓”、“宓妃”，而我们查正史

《三国志》及其他当时的各家史料中，则全无甄氏名讳的记载。也正因为如此，我是很赞成非科班的研究者能都来研究文史问题的，他们若能以严肃的治学精神读书和研究，从而提出与传统学者不同的观点，也许倒可以把沉闷、枯燥的某些研究课题搞活。当然，这些非科班的研究者，身份可以“业余”，学风却不可以“业余”，一定要老老实实读书和掌握材料，从而提出自己的见解，学术研究最忌“吃别人嚼过的馍”，若没有自己独到见解和观点，这种研究不做也罢。再一点，我认为学术文章的文风也不妨通俗、亲切，以便让更多的外行看懂，并培养、吸引更多的文史问题兴趣爱好者，这样，学术成果才能走向社会，接受公众的检验。听说现在许多学术期刊(尤其是大学学报)发表论文时，强制规定了文后注释的数量，我个人认为这是一种束缚思想的做法，引用文献(亦即形成注释)的多少应根据论述要求，贾宜写《过秦论》、曹丕写《典论·论文》、范缜写《神灭论》，他们用了多少尾注呢？古人写文章虽讲究引经据典，但“原汁原味”大段引用别人的文章则极少；而今之学者若不多段、多品种引用别人著述，则往往要被讽指为“没学问”。真希望今后的学术著作能够走出大学或研究所的象牙塔，使它们通俗、生动起来。我写这本书便有这方面的考量，在前些年出版的几部拙著如《天子挽歌》(台湾亨利出版社)、《儒林外史作者对我说》(上海人民出版社)、《元杂剧选解》(复旦大学出版社)，就想在走向“通俗学术”方面进行尝试，并提出自己的非正统学术观点及见解。

我虽然爱好钻研古典文学和历史的“牛角尖问题”，但我确实不是这两个领域研究专家，所提出的学术新观点、新视角，纯从个人研读感受和理解出发，而决无意与前辈专家、学者的观点有意唱对台戏。宥于我自己的研究条件、认识水准，故这部拙著，肯定会在史料及观点上有疏漏之处，对此，我非常欢迎内行专家和广大读者给予批评斧正。

陈云发

2011年11月11日于采薇斋

目　录

才女篇

侠女篇

权女篇

美女篇

褒姒“烽火戏诸侯”是疑案

自司马迁《史记》问世以来，那个绘形绘色的历史故事“褒姒烽火戏诸侯”流传了长达近2 300年，几乎家喻户晓，明代冯梦龙写《东周列国志》，也重复了这个故事。于是，西周周幽王(名叫姬宫涅)那个美貌的宠妃褒姒，遂不得不为周君的失德亡国，背了近2 300年的黑锅，并一直被传统文史学家认为是中华历史上引致君王失国的第三大“祸水”(前两位是夏桀的宠姬妹喜、商纣王宠妃妲己)，也被认为是中国历史上“十大祸水”(妹喜、妲己、貂蝉、西施、骊姬、吕后、赵飞燕、武则天、杨贵妃、花蕊夫人)女人之一。其实，这些都是“欲加之罪”，褒姒不过是个居于深宫、无权无势的女人，就算她诱导幽王开了个“烽火戏诸侯”的玩笑，假如西周本身强大，偏居西方的游牧小国犬戎，又怎么能攻陷西周的京城呢?

历史真相是：西周政权到幽王时已千疮百孔，变成一所朽烂房子，它的灭亡与褒姒无关。

司马迁妖魔化了褒姒

《东周列国志》为了阐述女人是“祸水”的道理，专门在第一回至第三回编造了一个完整的故事，详细地描写褒姒的来历及如何到周幽王身边的经过。

西周时宣王(姬靖)失德，在对外征伐中失败，于是在京城镐京便出现“月将升，日将没，檿弧箕箙，几亡周国”的儿歌。周宣王大怒，吩咐严禁小儿玩唱此歌。此时，宫中发生怪事：一老宫女怀孕四十多年后产下一女，皇后姜氏视为不祥“妖孽”，命将女婴丢入城外二十里的清水河中。宣王又召巫师伯阳父占卦，卦辞又现“檿弧箕箙”字样，伯阳父告诉宣王:“妖气”虽已出宫，但仍未除去。宣王一面派人追查女婴下落，一面因“檿弧箕箙”的卦词，下令百姓不准造卖山桑木弓。不料一对村夫村妇不知，背着箕草所织箭袋及十来把山桑木弓到京城叫卖，村妇被逮，为周宣王冤斩；村夫闻讯逃走，至清水河边，见百鸟护着一草席所包裹的女婴浮于水面，此乃老宫女所生“妖孽”，村夫遂救起女婴，取名褒姒，潜往褒城避难。

不久，宣王崩逝，幽王（姬宫涅）即位，他不恤国政，任用佞臣，国事日非。褒城大夫褒珦进行劝谏，幽王竟将他囚于狱中。褒珦之子褒洪德为救父亲，遂投幽王酷爱女色的喜好，以三百匹布帛从村夫手中买下已长成绝色的褒姒，加以调教后献给幽王。幽王大喜，纳为王妃，赦免褒珦出狱。很快，褒姒独宠后宫，幽王竟将王后申氏废去，将褒姒立为王后，又立褒姒所生子姬伯服为太子，废申后所生太子宜臼。

褒姒虽已为王后，但从未开颜一笑；幽王为讨褒姒欢心，下旨命臣下献策，凡能设法使褒姒一笑者，赏赐千金。有奸臣虢石父献计，建议幽王携褒后同游骊山宫，谎称有寇，命人在专司边防警报的烟墩台举烽火，以欺骗诸侯大军前来救驾，褒姒王后见各镇侯上当，必然开怀大笑。幽王认为这个主意不错，于是命人在烟墩台燃起烽火。各路诸侯真以为外寇入侵，纷纷带兵前来救援，不料却发现幽王正与王后在城楼上饮酒作乐，他们见各诸侯空忙而来，卷旗而去，十分开心，褒姒也终于开怀大笑。幽王又受虢石父挑拨，欲诛杀废后申氏的父亲申侯，派兵去进攻申国。申侯便向西方犬戎国借兵，共同攻打西周京城。幽王知犬戎兵厉害，赶快命人点烽火示警，召唤诸侯带兵来救援，哪知诸侯们上回上过当，心中有气，以为此次又是幽王恶作剧，遂不肯发兵来救援。犬戎攻破京城，幽王及太子被犬戎所杀，褒氏也自缢而亡。然后，申后所生儿子姬宜臼即位，是为平王。平王见西周京城破败，又在犬戎势力威胁范围，遂将国都东迁洛邑（洛阳），东周朝开始。

尽管这段“烽火戏诸侯”的故事历代流传极广，但令人的奇怪的是，在最早的先秦古籍《国语》《左传》中却不见踪影，而现在能够查到的最早历史记载，则是西汉时司马迁所著的《史记》。《史记·周本纪》卷四（中华书局 1975 年版第 1 册 147 页至 149 页）中说：

> （周幽王）三年，幽王嬖爱褒姒。褒姒生子伯服，幽王欲废太子，太子母申侯女，而为（王）后。后幽王得褒姒，爱之，欲废申后，并去太子宜臼，以褒姒为后，以伯服为太子……
>
> 褒姒不好笑。幽王欲其笑万方，故不笑。幽王为烽燧大鼓，有寇至则举烽火。诸侯悉至，至而无寇，褒姒乃大笑。幽王说（悦）之，为数举烽火。其后不信，诸侯益亦不至。
>
> 幽王以虢石父为卿，用事，国人皆怨。石父为人佞巧善谀好利，王

用之。又废申后，去太子也。申侯怒，与缯、西夷犬戎攻幽王。幽王举烽火征兵，兵莫至。遂杀幽王骊山下，虏褒姒，尽取周赂而去，于是诸侯乃即申侯而共立故幽王太子宜白，是为平王，以奉周祀。

平王立，东迁于雒(洛)邑，辟(避)戎寇……

我颇怀疑司马迁关于"烽火戏诸侯"情节的描写有点夸张，根据就是那句"为数举烽火"，即多次瞎燃烽火欺骗诸侯。我想，周幽王第一次、甚至第二次举烽火戏弄诸侯之后，褒姒笑也笑过了，他怎么还会几次三番乱燃烽火呢？况且，诸侯既然一次、二次被戏弄过，他们还会几次三番起兵前来吗？估计司马迁描写的这个情节，是根据民间传说记述的。因为"烽火戏诸侯"这样的历史大事件，在《国语》中不见有记载。还有就是周幽王被杀、周朝的财富被"取"，其"作案者"是犬戎还是申、缯两侯的联军?《史记》也都语焉不详，到了小说《东周列国志》，便都将责任归在犬戎名下了。

犬戎即西戎，史称其在"荒服之中"。《山海经》曰："大荒之中，有山名曰融父山，顺水入焉。有人名曰犬戎。黄帝生苗龙，苗龙生融吾，融吾生弄明，弄明生白犬，白犬有牝牡(即生男女二人，也可能是具有男、女两性特点的"雌雄人")，是为犬戎，肉食。"又曰"有国名赖丘，有犬戎国。有人，人面兽身，名曰犬戎"。(引自袁珂校译的《山海经校译》一书287页，上海古籍出版社1995年版)其历史似亦悠久，被史书记为"畎夷"、"昆夷"，至西周时可能还是属于以狩猎为生的游牧民族，无农耕；还保留纹身习俗，故说其"人面兽身"。其国在今陕西凤翔西北，是与西周相邻的西方敌国，它与西周的关系一向紧张。早在西周文王姬昌时，周人就征伐过犬戎；以后周穆王也征伐过犬戎，"得四白狼四白鹿以归"(见《国语·周语上第一》)。战利品确实是很微不足道的，估计犬戎这个"蛮荒夷狄"，国中也没其他什么值钱的财富，只有打猎得来的一些野兽而已。但穆王这场征战，却从此使犬戎与西周朝结下了"梁子"。

关于褒姒的来历，唐朝史学家司马贞在

《史记》"索隐"中补记曰：褒姒为"龙漦妖子，为人所收，褒人纳之于(幽)王，故曰褒姒"。关于"龙漦"产"妖女"事，《史记·周本纪》卷四的记载颇详细但又玄乎：

> 昔自夏侯氏之衰也，有二神龙止于夏帝庭而言曰："余，褒之二(先)君。"夏帝卜杀之与去之与止之，莫吉。卜请其漦而藏之，乃吉。于是布币而策告之，龙亡而漦在，椟而去之。夏亡，传此器殷。殷亡，又传此器周。比三代，莫敢发之。至(周)厉王之末，发而观之。漦流于庭，不可除。厉王使妇人裸而噪之。漦化为玄鼋，以入王后宫。后宫之童妾既龀而遭之，既笄而孕，无夫而生子，惧而弃之。(周)宣王之时童女谣曰："檿弧箕服，实亡周国。"于是宣王闻之。有夫妇卖是器者，宣王使执而戮之。(夫妇)逃于道，而见乡者后宫童妾所弃妖子出于路者，闻其夜啼，哀而收之，夫妇遂亡，奔于褒。褒人有罪，请入童妾所弃女子者于王以赎罪。弃女子出于褒，是为褒姒。当幽王三年，王之(至)后宫见而爱之，生子伯服……

这里所说的"龙漦"，根据《史记》中韦昭集解，即龙所吐出的唾沫，因古人认为，龙之唾沫乃是龙之精气。也就是说，当初夏后氏将龙精藏之于椟中，历经夏、商两代及西周朝之前期，帝王都不敢打开藏椟观看，只是在过分好奇心驱使下的周宣王开椟而观，才使龙精流于宫庭无法除掉。后来这龙精又化为玄鼋，致后宫幼女受精，长大而怀孕，这类事颇具妖魅和宿命。

司马迁虽是严肃的史家，由于历史的局限，使他把《水浒传》中洪太尉误走妖魔式的所谓龙漦致周宣王后宫女子怀孕而产褒姒的传说，当作信史来加以叙述，这说明《史记》所述，也不会是百分之百的科学史。就褒姒的来历而言，我认为她应该是褒国国君的女儿，证据就是褒姒的名字"姒"，按《史记·夏本纪》记载，"姒"为夏禹的姓，亦即褒国国君的姓，"褒"是封国之名兼地名，若非国君之女，谁有这样的资格以此字为姓名？

司马迁采纳龙漦生褒姒的说法，实际上妖魔化了褒姒，以"证明"了夏桀惑于妹喜、商纣败于妲己、周幽王亡于褒姒的"女人祸水"理念，在司马迁看来，褒姒本身即是妖龙之漦所化，褒姒自然就是"妖女"，幽王有"妖女"缠身，怎会不亡？所以后人就又编出妲己是成精妖狐的谎言。这是司马迁老先生的认识，我们不必苛责于他。不过，他关于褒姒来历的记载，开创了史家"美女祸水"的先例，却绝对是不争的事实。

古代的褒国在今汉中市以北，大约涵盖今略阳县、勉县、留坝县一带，为西周政权中心镐京的近邻诸侯国。褒国并非周朝所封，而是夏朝就存在了，司马迁在《史记·夏本纪》中指出，当年夏朝开国的帝禹，就是姒姓，以后分封，以国为姓，褒氏、缯氏即众多分封国之一。又：清嘉庆《汉中府志》称："禹封其子为褒君，是有褒国。"屈指算来，到西周时亦已立国上千年了。褒国一直雄踞秦岭之南为之首领，《诗经》中称其地为“南山”、“周南”（如“二雅”之《天保》《南山有台》《节南山》等）。褒国与周君关系一向交好，褒太姒以后，与周人世婚。但到周宣王时，宣王昏庸，即位后竟“不籍千亩”（即不注意发展农耕生产），又对外发动战争，史籍中出现“宣王既丧南国之师”的记载（均见《国语集解·周语上第一》，中华书局2008年版），说明他可能与褒国发生了战争。周幽王三年，周又伐褒国，褒国被打败，为免亡国之祸，被迫献出褒君女儿褒姒入幽王宫。

西周衰落源自穆王

西周自武王（姬发）伐纣、牧野大战灭殷汤朝之后，历经成王、康王、昭王、穆王、共王、懿王、孝王、夷王、厉王、宣王到最后的幽王，一步一步地从强大走向衰落，从政治清明走向昏暗。对此，《史记·周本纪第四》有详细叙述：

首先是周穆王不听祭公谋父之劝，轻启战衅，违背周朝先王“耀德不观兵”之祖训，向西邻犬戎开战，这一事件的评价，《国语》开卷就给予论定，并以此作为君王过失的首要教训。估计这场与犬戎的战役，西周朝虽胜利，但人员财力损失也颇巨大。在农耕社会之初，生产力低下，主要靠男子耕作，若男人在战争中大量死亡，田地便会荒芜，国力就会受损。所以这场战争使西周走向衰落，是不争的事实。

到周懿王（姬囏）时，周朝更是被搞得“王室遂衰，诗人作刺”。懿王劳民伤财，将国都从镐京迁至犬丘（一名废丘），搞得王室衰微，于是有百姓作诗歌批评讽刺，据说诗歌就此诞生，大约《诗经》中的《四牡》《常棣》等篇章，就是这一时期的作品。

接下来的周厉王（姬胡）又“好利，近荣夷公”。荣夷公是奸佞之徒，“好专利而不知大难”，对老百姓无度榨取，大夫芮良认为“匹夫专利，犹为之盗，王而行之，其归鲜矣。荣公若用，周必败也”。厉王不听，“卒以荣公为卿士，用事”。由于厉王行为“暴虐侈傲，国人谤（按：即批评、咒骂）王。召公谏曰：‘民不堪命矣。’王怒，得卫巫，使监谤者，以告则杀之。其谤鲜矣，诸侯不朝”。最后搞得国人“相与叛，袭厉王。厉王出奔于彘”。国家无君主，于是“召公、周公二相行政，号曰‘共和’”。

共和十四年，厉王死，其子周宣王（姬静）继位。他既“不脩籍于千亩”[1]，又于三十九年与姜氏之戎战于千亩[2]，王师败绩，元气大丧。这个周宣王，在千亩之战后又“丧南国之师，乃料民于大原”。（见《国语·周语上第一》）所谓“料民”，《史记》[集解]中韦昭称“料，数也”，《国语》注中认为“宣王料民，亦以其地近边而为之备”。大原为地名，其地约在今甘肃固原县，即西周西部边疆地，周宣王的“料民”措施，用现在的话说，是把田耕之民经过清查后强行编组为边防军，进行军事训练及战争准备。加强边境武备当然不错的，但宣王此举是为了对外发动战争，这么一来，不仅增加了老百姓的军费开支，也荒废了耕作。故大臣仲山父反对，认为“民不可料也”，主要是对经济上的影响过大。这一点，我们在《诗经·小雅》中的《出车》篇中可以窥见其一二，这首诗是描写周宣王发动对外战争情景的，其“昔我往矣，黍、稷方华；今我来思，雨雪载涂（途）。王事多难，不遑启居。岂不怀旧？畏此简书”等语，描述战士们扔下田中正开花结果的禾稼，被迫出征；途中遭逢雨雪，自然思念家园耕作农事，但又迫于严峻的军纪，只能奉命向前。所以，周宣王盲目发动对外战争，臣下是反对的；但宣王不听，坚持一意孤行“料民”，国力便更加削弱了。

接下来，便是宣王之子、西周最后一个君主周幽王（姬宫湦）登台。

这幽王上台时，西周国力已趋衰，不料“屋漏偏逢连夜雨”，西周又发生两次大灾：先是地震、后是大旱。关于这两场天灾，《国语·周语上第一》记述颇详：

> 幽王二年（前780），西周三川皆震。伯阳父[3]曰：“周将亡矣。夫天地之气，不失其序，若过其序，民乱之也。阳伏而不能出，阴迫而不能烝，于是有地震。今三川实震，是阳失其所而镇阴也。阳失而在阴，川源（按：即河流水源）必塞，源塞，国必亡。夫水，土演（按：即润湿之意）而民用也。土无所演，民乏财用，不亡何待？昔伊、洛竭而夏亡，河竭而商亡。今周德若二代之季矣，其川源又塞，塞必竭。夫国必依山川，山崩川竭，亡之征也，川竭山必崩。若国亡，不过十年，数之纪也。夫天之所弃，不过其纪。”是岁也，山川竭，歧山崩。十一年，幽王乃灭，周乃东迁。

这段记载告诉我们，周幽王败亡失国，祸起于公元前780年那场西周的特大地震，歧山崩塌，河流阻断，西周国内的主要河流泾河、渭河、洛河三大主流水源均断，又逢大旱，可以想见，在生产力低下、主要靠天吃饭的西周，遇到这样天灾，便毫无抵抗能力，农业生产遭遇毁灭性打击，故幽王治下的西周，国力更弱，这便是西周的亡国根本原因。后来入侵的犬戎，不过是向已濒临倒坍的一所大房子(西周)“踢了一脚”而已。令人值得注意的是，《国语》在分析西周败亡的原因时，根本未提及幽王宠褒姒的美女“祸水亡国”论，还顺带给妹喜、妲己“平反”了，称夏朝亡国是因为天灾大旱致伊水、洛水枯竭，商纣亡国是因为大旱致黄河水枯竭，并非妹喜、妲己之责。由此可见，在古代，水利确实掌握着国家的命脉，只有风调雨顺，农业才能丰收，国家才会稳定富强。

幽王后宫祸起萧墙

正当周王朝连年旱灾、农事荒废之时，周幽王王室后宫又发生后妃权力之争，终招致刀兵之灾。

周幽王原娶申氏为王后，这申后乃诸侯之一申伯之女。申侯本姜姓，出于炎帝之后裔，名曰伯夷[④]，“其先祖尝为四岳，(舜帝时)佐禹平水土甚有功，虞夏之际封于吕，或封于申，姓姜氏。夏商之时，申、吕或封枝庶子孙，或为庶人”。(见《史记·齐太公世家》卷三十二)据传，申国最早被封于申，其地在今陕、晋之间。周武王伐纣后，又封伯夷后人为申侯，封国在申，此时的申国，据《史记》[索隐]引《地理志》解释，已在南阳古宛县(城)，为伯爵(吕国受封于宛县之西)。申国虽是伯爵之国，但因其地近镐京，故传至周幽王时，申侯当为势力较大的侯国。因此，申侯女儿入幽王后宫，才能被立为王后。申后生子姬宜臼，依外家势力及母亲地位，姬宜臼也成为太子。

不料幽王获得褒国公主褒姒后，也生了一个世子姬伯服，姬伯服虽然比姬宜臼小，但因为其母貌美，深得幽王宠幸，于是爱屋及乌，对姬伯服也宠爱无比，一心想把王位传给小儿子姬伯服。此时，幽王后宫开始了不安定，申后为保住自己及儿子地位，多次在幽王面前攻击褒姒，说她惑乱后宫，要幽王将其打入冷宫；而褒姒呢，使出撒娇撒痴本领，千方百计笼络住幽王，逼他将自己立为王后，把姬伯服立为太子。由于幽王更喜欢褒姒，不久终于下旨正式贬废申后，后来又把她弄死了，然后晋封褒姒为王后，立姬伯服为太子，并将废太子姬宜臼赶出王宫。那姬宜臼在京城存身不住，只得逃往外公家申国避难。

姬宜臼到了申国，自然是一番哭诉。申侯听说女儿被贬废害死，外甥本来好好地当着太子，如今却弄得没了名分成为庶人，哪能不怒？于是申侯便告诉姬宜臼：他决定起兵讨伐昏君，为女儿和外甥报仇，一面下令整饬军队，一面派人去知会相交甚好的缯国和西周的敌国犬戎。

缯国本是夏禹后裔，姓姒，其封国在古沂州承县，为侯爵国。犬戎与周王朝是世仇，周穆王征犬戎，引起诸蛮夷公愤，如今听说西周内乱，申侯愿出头讨伐周幽王，双方自然一拍即合，立刻答应出兵。

此时的西周，因地震后发生连年旱灾，三川断流，禾稼歉收，经济凋零。偏偏幽王又任用奸佞虢石父为卿（首相），此人“善谀好利”，“为人佞巧”，这种腐败分子掌握国家大权，自然弄得“国人皆怨”（见《史记·周本纪》）。

周幽王十一年（前771），申侯、缯侯、犬戎联军进攻西周。估计幽王只顾带着褒姒等一班美女正在骊山宫游乐，已引发诸侯的不满，所以没人告诉他申侯起兵的消息；而虢石父这样的奸佞，更是两眼一抹黑，眼中只有钱财，根本得不到即将开战的信息，所以在战争到来之时，幽王竟毫无准备。直到三方联军杀到城下，幽王仓猝间才慌忙燃烽火向诸侯报警。那些诸侯本身都怨幽王用人不当、荒淫失政，再加上连年旱灾，大家困难，自然无力在短时期内集中军队、粮草、车乘前来增援，这就是后世司马迁《史记》所称的“幽王举烽火征兵，兵莫至”的历史真相。

随后，幽王的王宫被联军攻破，估计是申侯杀死了幽王，褒姒则被联军俘虏，最后归宿可能是去了犬戎（因若申侯将其俘获，为报仇计，必杀无疑）。申侯与诸侯商量，立废太子姬宜臼为周天子，称平王。

次年，周平王为避犬戎等寇敌兵锋，遂将周室东迁到洛邑（洛阳），建立了东周朝。

周平王二十一年（前750），褒国也为秦人所灭。

幽王亡身失国，主要责任在他自己；但褒姒未能屈身安分、守以妇道，一味地与申后争宠，又不能劝谏幽王用好人才，治水救灾，恤民善政，反而挑起后宫火拼，废掉申后，最后逼得申侯勾结缯侯、犬戎起兵造反，她也是有责任的。但说她以烽火戏弄诸侯，却恐怕不是历史真相，是冤枉的。所以，我认为司马迁写《史记》时，这“锋火戏诸侯”的“史料”，可能采自民间传说，这个事件应属历史疑案。

注释：

①《史记》[正义]应劭云：“古者天子耕籍田千亩，为天下先。”《国语集解·周语

上第一》(中华书局 2008 年版)称:“籍,借也,借民力为之。天子田千亩,诸侯百亩。自厉主之流,籍田礼废,宣王即位,不复遵古也。”

② 千亩,地名,《史记》[索隐]称该地在晋地,即西河介休县。但《国语集解》一书 21 页称应为京城的近郊。

③ 伯阳父,西周大夫,《史记》称为“伯阳甫”。

④ 此伯夷乃诸侯名,传在夏朝时执掌四岳有功,虞夏之际封之于吕,后改封为申侯,非商末之伯夷。

西施何曾倾吴国

西施是春秋时代越国的绝色美女，近现代以来，她一直是“活跃”在舞台和银幕的热门人物，有关西施的艺术作品故事情节称：吴、越两国国君夫差、勾践的争霸中，勾践战败求和，并采纳范蠡计策，将范蠡的未婚妻西施送给夫差，让她惑乱吴国。夫差政事败坏，忠臣被杀；越国发兵攻灭吴国，西施功成圆满归越，与夫君范蠡重聚，一起泛舟江湖。这个故事创自明代，核心则是把西施塑造成了一个不折不扣的“战略间谍”。不过，其故事虽然曲折、动人，又满含“爱国情怀”，但却并不是历史的真相，因为从史书记载到民间口碑流传，都不能提供西施当过“战略间谍”的证据，她的美丽魅力也不具备倾毁吴国江山的能量。依我之见，她就是当时战败者勾践向胜利者夫差奉献的“贡品”，夫差则在安享此“贡品”的时，对越王勾践的臣服给予了一些赞许。

西施确实史有其人

关于历史上究竟有没有西施这个人物，过去一直有争议的。肯定史有其人的根据，不仅西施故乡诸暨有许多口碑、遗迹，还有自墨子以来的历代学者的著述为证；否定者则认为，被誉为史家经典的《史记·越王勾践世家》在详述勾践灭吴事迹时，并没有提到西施其人，只说越国在战败后为了求和成功，以“美女宝器”贿赂吴国太宰伯嚭。（《国语》称：“越饰美女八人纳太宰嚭。”）这就是说，吴国送的美女，不但不是西施，而且这八名美女还是送给吴国大臣伯嚭而不是给吴王夫差享用的。

那么，史上到底有没有西施其人？答曰：有。

《史记》的《吴太伯世家》和《越王勾践世家》虽没有关于西施的记载，但也不说明西施其人不存在。早在《史记》作者司马迁以前的战国时代开始，史书上就有关于美女西施的记载。墨翟的《墨子》中就提到："比干之殪，其抗也；孟贲之杀，其勇也；西施之沈（沉），其美也；吴起之裂，其事也。"这是最早、又是离西施生活时代最近的记录，故明代正德年间学者杨慎在《丹铅总录》中认为，"墨子（翟）去吴越之世甚近，所书得其真"。

其次是战国时思想家庄周的《庄子》，最先描述了西施捧心并在其故乡引发效颦的效应："故西施病心而颦其里。其里之丑人（按：大约是东施吧）见而美之，归亦捧心而颦其里。其里之富人见之，坚闭门而不出；贫人见之，挈妻子而去之。"这原因，是"彼知颦美，而不知颦之所以美。当然，这个故事写得是太夸张了一点，但庄周却证明了西施是实有其人的。

成于汉代的《越绝书·越绝内经九术第十四》中记述道：

> 昔者，越王勾践问大夫（文）种曰："吾欲伐吴，奈何能有功乎？"大夫种对曰："伐吴有九术。"王曰："何谓九术？"对曰："一曰尊天地，事鬼神；二曰重财币，以遗其君；三曰贵籴粟槁，以空其邦；四曰遗之好美，以劳其志；五曰遗之巧匠，使起宫室高台，尽其财、疲其力；六曰遗其谀臣，使之易伐；七曰疆其谏臣，使之自杀；八曰邦家富而备器；九曰坚厉甲兵，以承其弊。"……
>
> 越乃饰美女西施、郑旦，使大夫种献之于吴王，曰："昔者，越王勾践窃有天之遗西施、郑旦，越邦洿下贫穷，不敢当，使臣下（文）种再拜献之大王。"吴王大悦。

尽管吴国清醒的大臣申胥（即伍子胥）力谏，称"美女，邦之咎也，夏亡于末（妹）喜，殷亡于妲己，周亡于褒姒"，但好色的吴王依旧不听，"遂受其女，以申胥为不忠而杀之"。《越绝书》成书年代史无确考，其中有一说称它为春秋末卫国人子贡（孔子弟子）所作，经后世学者不断加以丰富、整理，至东汉初会稽（今绍兴）学者袁康、吴平编定，我认为，该书中有关吴越争霸、西施贡吴的史料，当在《史记》之前就被记录下来了，这些史料当可补《史记》未记全之不足。

东汉赵晔在其所著《吴越春秋》一书中也详细描写了勾践送西施赴吴的始末：

> （勾践）十二年，越王谓大夫（文）种曰："孤闻吴王淫而好色，惑乱沉湎，不领政事。因此而谋，可乎？"种曰："可破。夫王淫而好色，宰嚭佞

> 以曳心，往献美女，其必受之。惟王选择美女二人而进之。”越王曰：“善。”乃使相工索国中，得苎萝山鬻薪之女，曰西施、郑旦，饰以罗縠，教以容步，习于土城，临於都巷，三年学服，而献于吴。乃使相国范蠡进曰：“越王勾践窃有二遗女，越国洿下困迫，不敢稽留，仅使臣蠡献之大王，不以鄙陋寝容，愿纳以供箕帚之用。”吴王大悦，曰：“越贡二女，乃勾践之尽忠于吴之证也。”(伍)子胥谏(吴王)曰：“不可，王勿受也。臣闻五色令人目盲，五音令人耳聋。……臣闻：贤士国之宝，美女国之咎。夏亡于妹喜，殷亡以妲己，周亡以褒姒。”吴王不听，遂受其女。越王曰：“善哉，第三术也！”

这段记载透露出了几个信息：一是越国献美女，是其战略计划中的一项，即《越绝书》中的第四术“遗之好美，以为劳其志”。二是越国在实施美人计时，对两名美女曾进行了严格、周到的培养，西施、郑旦皆是普通的乡间卖柴女，没有文化素养，形体不美，不懂王宫礼仪，不会歌舞，不习惯膏粱罗绮的富贵生活，所以要进行礼仪、形体、宫廷生活方面的全面培养训练，使她们不仅有清纯的美丽外貌，而且具有品位和高贵气质，这样才能迷倒吴王夫差。这是因为吴宫中不缺乏外貌皎好的美女，但品位极高的美女就不一定有。三是越王送西施、郑旦赴吴，并没有交给她们当战略间谍的任务，培养时也没有关于如何当间谍(即《孙子兵法》中的“谋间”)方面的内容。她们的任务是只要被夫差宠幸，就算圆满，亦即让夫差知道，勾践和越国是“尽忠于吴”的，这样夫差就会对勾践产生好印象。

西施史有其人的另一个证据，是 2 500 年来西施故乡浙江诸暨市，存在大量关于这位美女的口碑传说，而且历久不衰，其中包括西施的家世、她如何被越王发现等，还有关于东施效颦、西施照镜等传说，都绘形绘色，并附会出她与范蠡所谓的“爱情故事”、吴亡后范蠡携西施泛舟江湖的传说，这些至今仍留在民间。在诸暨，还有苎萝山、浣纱江、浣纱石等遗迹，造了

西施殿供奉,遗迹至今犹存。这些都证明了西施确实曾有其人,联系到《墨子》《庄子》《越绝书》等的记载,应该说很有说服力。今天,我们已不必再去讨论、质疑西施是否实有其人,因为答案早已肯定了。

西施不是越国间谍

现在一般的影视戏剧艺术作品,都把西施描写成为是越国派出的“战略间谍”,而吴国的失败,是因为夫差宠幸了西施,其实这是大谬,系后人为了让这段故事吸引人而乱编的。我们可以从《越绝书》《吴越春秋》中看到,越国确曾把西施、郑旦送往吴国,但如前所述,仅是送美人博取吴王夫差好感,并未给西施指派从事间谍活动的任务。

西施、郑旦都是山野女子,她们得当地水土之灵秀,外貌美丽,身材苗条,这只是《红楼梦》中贾母所说的“美女胚子”,真要送到吴王宫去让吴王宠幸,就不一定够格,因为吴宫早已美女如云,要想在椒房“可持续”获专宠,最后拼的是气质、妇教规矩、“妖艳功”及歌舞技能(兼及形体)等这些综合性“文化”元素,所以越国先对西施、郑旦进行培训,并以穿着打扮(“饰以罗縠”)、行为举止(“教以容步”)、歌舞文艺(“习于土城”)、礼仪素养(“临于都巷”)等为重点,这是非常正确的,而且培训一直进行了三年,显见越国下了很大的功夫。这样,西施、郑旦到吴国之后,才马上受到吴王的宠幸,后来吴国大臣伍子胥多次以妹喜、妲己、褒姒的教训来告诫夫差,要他警惕勾践耍阴谋,但夫差始终不改对勾践的信任,此中应当有西施和郑旦在勾践枕边吹风的功劳。

据《史记》《越绝书》《吴越春秋》等记载,勾践即位的第三年(即吴王夫差二年,公元前 494 年)在椒山(太湖边越地)战败,他将约五千残余有生力量兵员隐藏在会稽山中,然后亲自去向吴王夫差求和投降,被留在吴国三年,受其驱使,历尽屈辱(曾亲自尝吴王粪以辨其病)。回越国以后,勾践除送西施、郑旦赴吴之外,还采用谋臣范蠡、文种之策,全力以赴做灭吴的长期准备,实施了大量的军事、政治举措。首先是激励全国意志,勾践带头卧薪尝胆,艰苦奋斗,“身自耕作,夫人自织,食不加肉,衣不重采,折节下贤人,厚遇宾客,振(赈)贫吊死,与百姓同劳”。(见《史记・越王勾践世家》)其次是制订了十年生息、十年教训的复国方针,大力发展人口,开垦荒地,多种粮食,“女子十七不嫁,罪及父母。丈夫二十不娶,其父母有罪”。(《吴越春秋・勾践伐吴外传第十》)特别是在越王勾践十一年时,采取了谋士“生息之策”,“春种八谷,夏长而养,秋成而聚,冬蓄而藏”(《吴越春秋·勾践阴谋对外第九》)，积金积谷，逐渐使府库充裕。在军事上，勾践也充分做好强军准备，不仅秘密扩充大批军队，还在习练士卒上下功夫，先是聘请名叫“越女”的剑客教授士卒“越女剑”剑术，后又聘神射手陈音为射箭教练，教士兵射箭术，这样，越军战士的军事技能大大加强。同时，越国还使用了许多阴谋诡计，如收买吴国太宰伯嚭为内奸，施行离间计，让夫差杀掉吴国大臣伍子胥，还乘吴国缺粮之际，将蒸过的稻子冒充良种奉献吴国，使吴国大片土地绝收，国力大受影响。最后，终于在夫差十四年(前482)、越王勾践十九年夫差北上黄池争霸之际，乘其后方空虚，出兵伐吴，一举俘虏吴国太子，大大挫动吴之国力。夫差二十年(前476)，越复伐吴，次年即围困吴都城姑苏(今苏州)，至夫差二十三年(前473)破城灭吴，夫差自杀，勾践成为吴越广大土地上新的霸主。盘点越国战胜吴国的历程，前后长达二十余年之久，可以说，这是越国君臣齐心协力的结果。

西施赴吴之后，她居在深宫，主要是供夫差淫逸玩乐，从未见她向越国传递过情报，也未见她献策让吴王奢靡废政以削弱其国力，在这方面，无论是史书及越地民间口碑，都未见有传载，因此可以说，她在吴越之战中对双方成败未起到任何作用。而事实上，西施自公元前488年(或前487)被送往吴国，在吴宫前后约15年左右，至吴亡时已是32岁至35岁左右女子，早就年长色衰，不可能再受夫差宠幸了，所以，要一个色衰失宠女子助越国灭吴，亦是个不可能完成的任务。

现在，我们就可以明白司马迁为何不在《史记》中提到西施的原因了，因为司马迁在写《史记》时，凡在书中提及的女性，都有一个前提，即这女子必须对当时的时局、政治、军事起过作用，才会记述其事迹和名字；若仅是一般的美女，即使史有其人，也不会提及。我们看《史记》中写到的许多女性，都是在历史上或关键时刻起过作用的女性，如晋之骊姬、周之褒姒、秦之赵姬(秦始皇生母)、项羽之虞姬等，都实写了，因为在她们身上，都存在过一段影响历史进程或君王命运的故事，唯独西施虽入吴宫侍奉夫差，但再未见有任何事迹留下，这就证明，在吴越之战中，西施仅是吴宫普通女子，在历史事件中无足轻重，她没有充当越国派出的间谍，所以司马迁就将她省略不写了。

西施的结局是沉江

关于西施的结局，后世亦有两种讲法：一是吴亡后，她作为俘虏被越军沉江而死；二是传说她被范蠡“收回”，范蠡带着她泛舟江海，似乎成为陶朱公的夫人了。显然，这两种说法中，“沉江”之说更较可信。

为什么这么说呢？一是关于西施沉江的说法，最早出于《墨子》，这书离勾践灭夫差之战的时间最近，因而其“西施之沉”的记载应是最为可信的。二是明代文学家杨慎在其《丹铅总录》卷十三“订讹类”中为《墨子》的说法做了注解，称：“世传西施随范蠡去，不见所出，只因杜牧‘西子下姑苏，一舸逐鸱夷’之句而附会也，予窃疑之，未有可以证析其是非。……后检《修文御览》，见引《吴越春秋·逸篇》云：‘吴亡后，越浮西施于江，令随鸱夷以终。’乃嗟曰：‘此事正与《墨子》合，杜牧未精审，一时趁笔之兴也。’盖吴既灭，即沉西施于江。浮，沉也，反言耳。”这就是说，《吴越春秋》的古版本中原先是有关于西施被越人沉江记载的，其中鸱夷即指皮制口袋，我们或可以引伸为是小皮筏；而将西施“浮”于江上，则可能是越国最高统治者勾践不忍杀她，因为当初就是勾践送她去吴国的，现在她当了俘虏，杀之似难以向部下交代，于是便用小皮筏把她送到江上，让波涛吞没她，给她留个全尸，也算是格外“施恩”吧。当然，此江可能是浩渺的钱塘江，在波阔浪急的江面，西施的皮筏能维持多久？必然很快就被江水吞没了，故西施在历史上没有留下墓塚。

也曾有掉书袋呆子把“把西施之沉，其美也”一句中的“沉”字，解读为是形容西施有“沉鱼落雁”般美丽的意思，这就是误读了。因为其连续四句文字“比干之殪，其抗也；孟贲之杀，其勇也；西施之沉，其美也；吴起之裂，其事也”，其他三句中的同位置字“殪”、“杀”、“裂”均作动词用的，则“沉”字当然也是作动词用，即沉江的“沉”。至于《吴越春秋》逸文中“越浮西施于江”的“浮”，只不过具体描述了越国统治者（包括范蠡）将西施沉江的处理方式而已，并不是允许西施可以乘皮筏逃生，可以想见的是，越人将西施“浮”江，肯定是在江中心抛出去的，旁边应该有大船在监刑，实际就是故意淹死她。

那么，越国为何要抛弃这位“功臣”呢？我觉得第一个可能，是越国君臣此时已将西施视为亡国的“祸水”，而其对西施的“定性”，则受了吴国大臣伍子胥的言论的影响。据《吴越春秋·勾践阴谋外传第九》载，当初夫差刚受西施、郑旦二美女之贡时，伍子胥就警告夫差：“大王受之，后必有殃”，并认为“贤士，国之宝；美女，国之咎”，并以妹喜、妲己、褒姒三“祸水”为前车之鉴。这些话对勾践而言，亦是言犹在耳，他亲见夫差之亡，当然也会视西施为不祥，因而绝不会肯接受这个亡国俘虏的，将她沉江，正是躲避祸殃的“最佳”选择。

勾践、范蠡、文种不肯接受西施回国的另一个原因，是西施已成为吴王姬妾，在古代，女子一旦出嫁，便不再被视为娘家之人。西施入吴宫约 15 年左右，前头几年，她肯定会受夫差宠爱，作为女人，她也会逐渐爱上夫差，两个人产生感情；

而十多年被夫差占有，或许她还曾为吴王生育过子女(因史无记载，我们也只能妄测一下)。当吴亡之时，西施已成为吴宫宠姬之一，此时她应该更忠于丈夫吴王夫差了，故唐代诗人皮日休写道："半夜娃(吴)宫作战场，血腥犹杂宴时香。西施不及烘残蜡，犹为君王泣数行。"(《馆娃宫怀古》七绝五首之三)。越兵破门攻进来，此时她已不是越军的"自己人"，更非"潜伏者"，而是俘虏，她的内心一定是十分复杂的，"犹为君王泣数行"，悲伤的眼泪是为丈夫夫差流的。与此同时，无论勾践也好，范蠡也好，文种也好，都不会对这个出身微贱、又被夫差占有过十多年的"徐娘级"女子再感到兴趣，所以范蠡与西施"团圆"之说，绝对是后人的"美好愿望"的臆测。

考察证明，西施与范蠡发生爱情纠葛的说法，其实是古代文人的艺术想象而非史实。最早是唐人杜牧的误读，后又有唐代诗人李远《吴越怀古》中"姑苏一败云无色，范蠡长远水自波"句，亦采西施随范蠡泛舟说。作为文艺创作，发挥丰富想象并无不可。而正式将西施、范蠡拉扯在一起并演绎成爱情故事的，是元代剧作家宫天挺所作杂剧《灭吴王范蠡归湖》，此剧现已佚，无法窥其全豹。另一剧作家李寿卿曾在杂剧《伍员吹箫》中塑造了一位浣纱女形象，这是后来舞台上将本是"卖薪女"的西施改造成为"浣纱女"的祖本。迨至明代，昆曲兴起，昆山剧作家梁辰鱼(字伯龙)创作了第一个昆曲大戏《浣纱记》，全剧共45出，该剧第一次将西施说成是范蠡的未婚妻，吴亡后范蠡携西施出走，泛太湖赴齐国，从此，有关西施的形象便被赋予了政治因素，她与范蠡的感情纠葛也显得动人、复杂起来，这样编，戏是好看了，可惜离真实的历史太远。不过，由于吴越争战年代太久远，江、浙亦早成一家，后人在欣赏艺术之时，也就不在乎故事真实不真实，只要好看即可。这个剧本对近现代及当代戏剧、影视的创作影响极大，它最大的"贡献"，是把艺术虚构逐渐演变成为"历史"，今天人们去诸暨参观西施遗迹时，都把西施、范蠡的感情当真了，这就是艺术的力量。

西施没有充当间谍倾覆吴国，她在越国灭吴战争中也没有起什么作用，这一点，前人早有精辟见解，我想引用唐代诗人罗隐的一首《西施》诗作为本文的结束：

家国兴亡自有时，吴人何苦怨西施。
西施若解倾吴国，越国亡来又是谁？

昭君和亲的不幸与贡献

现在说起西汉元帝（刘奭）时代（前 49—34）曾经赴匈奴“和亲”的后宫美女王昭君，人们都对她当年远嫁“番邦”、促进汉族与匈奴族之间的民族团结而感到肃然起敬，肯定这是一种爱国主义的行为。不过，就王昭君个人而言，她在感情上却付出了巨大牺牲，从长成之日起，无论是被征召入汉元帝后宫备受冷遇，还是远嫁匈奴，其实都很不幸，尤其是她去“和亲”的胡地，虽有草原、骏马，但无汉地醇酒歌舞，在匈奴的王昭君，真实的生活恐怕只能以“黄沙蔽日北风曛，啖腥披裘野露沁，幔帐胡语咶不够，寄语飞雁诉归情”四句话，才能描述出她的艰苦和悲凉。

关于王昭君，历代许多文人都赋诗谈到她，对她的和亲之举，寄予十分同情。著名的有唐代大诗人杜甫的《咏怀古迹》（之三），其诗曰（引自人民文学出版社《杜甫诗选》一书，1980 年版）：

群山万壑赴荆门，生长明妃尚有村。
一去紫台连朔漠，独留青冢向黄昏。
画图省识春风面，环佩空归月夜魂。
千载琵琶作胡语，分明怨恨曲中论。

明末松江抗清英烈陈子龙（1608—1647）曾以王昭君和番为题材，写有两首诗，都收在《陈子龙诗集》（上海古籍出版社 2006 年版），其一“王明君”云：

我本弱女子，被选当雄兵。男儿畏强虏，辛勤独远行。行行汉城尽，遂见边草横。马鸣何萧萧，使者来相迎。俗殊姓氏曲，曷以称其名。河冻尘失堑，北风摇旆旌。阏氏本至贵，当之乃心惊！穹庐乱南北，无繇瞻汉京。汉京君臣薄，胡人父子轻。岂欲惜一死？恐起胡汉争。天子方厌战，妇人聊苟生。纵有归来时，耻见父与兄。日忧负君托，时闻胡马征，采采苜蓿枝，血泪相与并。愿因双飞鹄，持赠汉公卿。

其二“明妃篇”曰：

范(晔)史《南匈奴传》：“昭君以良家子，选入掖庭，数岁不得见御。积怨悲怨，乃请掖庭令求行。”故本其意成篇。

绝代良家十五余，掖庭待诏上椒除。三春花落收金钥，五夜灯微望玉舆。竟宁年中宾北国，诏选才人归绝域。胡儿已失燕支山，汉家何惜倾城色。明妃慷慨自请行，一代红颜一掷轻。薄命不曾陪凤辇，娇姿还欲擅龙城。诏赐临行建章宴，顾影徘徊光汉殿。单于亲御六萌车，侍女犹遮九华扇。一曲琵琶马上悲，紫台青海日凄其。当年应悔轻相弃，深愧君王杀画师。

上世纪 70 年代前期我在内蒙古从军时，曾与二三友人到呼和浩特市以南 20 公里的青塚(昭君坟)拜谒，见到了平原上隆起的这座高高的王昭君坟塚，当时不由思绪联翩，遥想两千多年前牺牲自己个人幸福的王昭君，来到尚未开发的北国荒漠，充当父子两代匈奴单于的妻子，对她的崇敬心情便油然而生，觉得她实在是一位伟大的女性。我想，她当年离开锦衣玉食的豪华长安宫，来到那时被中原人目为不毛之地的匈奴，先嫁给一位语言不通、年龄又很大的匈奴单于，还是当排名第三四位(或更靠后)的妻子，这需要多大的勇气呵！当时我脚下的那片土地，已是旧貌变新颜，昔日的广漠草原已成为农田，不仅有鲜花、牛羊、带设施的蒙古包，而且还矗立起了座座现代化新城，我所在的呼和浩特市，作为省(自治区)会城市一点也不落后于内地。然而，奉调到内蒙古来的我们这批青年军人，当时却仍然感到了一种莫名的失落，因为该处与内地相比，生活习俗上难免存在较大差距，而对事业理想的追求又离现实有了距离，夜间及节假日，心头更难免思乡情愫的泛起。

但是，那两千年前的王昭君呢？固然，她作为和亲政策的执行者需完成对国家(汉朝廷)的使命；可是作为女人，她牺牲掉的东西又实在太多了，“和亲”后的昭君，于她个人命运而言，其实根本就是不幸。

长成红颜，便即薄命

王昭君虽然被公认为是中国古代有名的“四大美女”之一（其他三位是西施、貂蝉、杨贵妃），但关于她的生平资料记载，在史书上是很少的，大量有关她的“事迹”，都是民间传说或文艺作品的描写，不过，有一点却是肯定的，即她确实是一位美艳绝伦的女子，堪比希腊神话时代引发了特洛亚战争的美女海伦。

这位“海伦”式女子王昭君，真名叫王嫱（亦作“墙”、“樯”），字昭君，《汉书·匈奴传》有正式的记载：“元帝以后宫良家子王墙字昭君赐单于”（见中华书局版《汉书》第94卷下）；《汉书·元帝纪》（卷9）也有“赐（匈奴）单于待诏掖庭王樯为阏氏”的文字。晋代时，因老百姓须避司马昭（被晋武帝司马炎追尊为“晋文皇帝”）的名讳，文人们遂将王昭君改名为“王明君”，唐宋以后，文人借昭君咏诗言志，又作传奇、小说，竟把王昭君在宫中地位由宫女逐次“升级”为宫妃，并以明君呼之，讹传为“汉明妃”、“明妃”并沿革至今。

王昭君何处人？过去对此曾有多说：齐国说、蜀郡说、巫山说、秭归说、荆门说、兴山说，莫衷一是，但以称她为秭归县香溪河畔之昭君村人的说法为最广泛，因为在《汉书·元帝纪》中颜师古曾引东汉末学者文颖的话注明了的：“本南郡秭归人也。”秭归是古县名，两汉时是大县，三国时属东吴所占，据《太平寰宇记》卷一百四十八“兴山县”条目载：“至景帝（孙休）永安三年（260），分秭归县之北界立为兴山县，属建平郡。隋废之，唐武德初（618—626）又置。”香溪在邑界，即王昭君所游处王昭君宅。汉王嫱即此邑之人，故云昭君之县。兴山县有昭君台，昭君台有许多六朝以来的关于题咏昭君事迹的断垣残碑；在兴山及香溪河流域还有关于王昭君的民间传说故事，这可被认为是传承的口碑。所以，昭君故里虽然汉时属秭归县，但毕竟兴山县已从秭归县分离出来近1400年，所以若以当代地名区分之，则王昭君应是兴山县人；当然，也可以称王昭君

为“西汉秭归人”，这同样是确当的。

王昭君生于哪一年？史书亦无记载。原因之一是古代人记史用文言文，越简赅越好（在纸发明之前，书都写在竹简及绢帛上，造“书”成本较贵，携带太重，只能简练），所以对人物生卒年月常略去；二是王昭君虽为匈奴的“阏氏”，但在史家正史中连匈奴单于都没资格单独立传，何况王昭君？她在汉后宫仅为未被皇帝“幸过”的宫女，地位低微，按史家立传规矩，皇帝后宫女人，职位要在贵妃以上才能获立传资格。这样，王昭君的生卒年月便属可简省之列。历史学家翦伯赞先生曾在上世纪撰过《王昭君年谱》，将王昭君的出生年份定在汉宣帝刘询甘露元年（前53），因为他推断王昭君是17岁被选入宫，此后“待诏（等待皇帝召幸）掖庭”数岁，再确定于前33年出塞（即元帝竟宁元年），称王昭君此时可能为21岁。其实，这样推算王昭君的出生年份并不可靠。因为汉朝后宫选秀的女子，年龄定在自13岁起，此源于古人早婚习俗，当时认为这个年龄女子即已及笄（发育），故古代十四五岁、乃至13岁就出嫁的女子甚多，而皇家选秀的对象，当然亦自13岁起选。《后汉书·皇后纪序》就明确记载：汉“武（帝）、元（帝）之后，世增淫费，至乃掖庭三千，增级十四”，称“汉法常因八月筭人，遣中大夫与掖庭丞及相工（即今可俗称之选美评委）于洛阳乡中阅视良家童女，年十三以上，二十以下，姿色端丽，合法相者，载还后宫，择视可否，乃用登御”。汉元帝是好色之徒，为了充填后宫，大肆采择，像王昭君这样的普通民女，估计13岁时被选入宫的可能性极大。因为平民女子婚嫁一般较早，系出于减少家里吃饭的人及收取聘金的考虑，所以官府就得与民“抢”秀女，即在选美时把年龄放宽至偏小的13岁童女。

13岁的王昭君入宫时，她虽身形姣美，但尚未完全发育丰满，故入宫后在众多美女中并不出挑，因而便不可能送给元帝去“承御”。待等她“入宫数岁，不得见御，积悲怨，乃请掖庭令求行”（见《后汉书·南匈奴列传》）时，此刻她经过后宫的锦衣美食数年调养，已发育得光彩照人，所以才能获得“光明汉宫”的盛誉。那么，昭君入宫后的“数岁”又是几年？现在我们讲“数岁”、“数万”，一般指的是不确定的数字即几年、几万，但在汉时，称“数岁”是有明确数目的，即“三岁”（三年）的代称。《三国志·吕蒙传》称关羽水淹七军后，“尽禽（擒）（于）禁等人马数万”；《三国志·孙权传》说到，此战役后“（关）羽以舟兵尽虏（于）禁等步骑三万送江陵”，可知“数万”即泛指三万。据此，王昭君在汉宫待诏可能为三年，进而可推算出她是在16岁时远嫁匈奴的，而这也正好符合古人“二八佳人”之数，16岁的王昭君年华正当，其美确可“光明汉宫”。按：王昭君赴匈奴的时间是明确的，即竟宁元年（前33），那么，刚交16岁的王昭君，其出生之年就应为宣帝黄龙元年（前

49)。王昭君与元帝失之交臂,大概自有宿命,因为王昭君的出生之年,正是汉元帝即位之年;而王昭君远嫁匈奴之年,又是元帝崩逝之年。也有人提出王昭君生于宣帝甘露元年(前 53)(见林干、马骥所著之《民族友好使者王昭君》,内蒙古人民出版社 1994 年版第 5 页》),但我认为这不可能,因为假如王昭君生于甘露元年(前 53),那么到竟宁元年(前 33),王昭君就已是 20 岁了,虽从现代人角度看仍是早婚年龄,但在汉时,就是"大龄女"了,元帝不会选这么大年龄的女子去和亲的,因为汉朝人心目中最妙龄的女子,应该是 13 至 16 岁,最多放宽至 17 岁,因而我认为此说不大可信。综上所述,我认为王昭君出生年份定在黄龙元年(前 49)可能更准确些。

王昭君家境如何?史书也没有说,但我们可以进行一些推断。首先,昭君出生地在古代的秭归县香溪河畔山村,她是达官贵人家女子可以排除。昭君入宫后的身份是"良家子",《汉书·匈奴传》称"元帝以后宫良家子王墙字昭君赐单于"。所谓"良家子",据《史记·李将军列传》索隐指出,是指"非医、巫、商贾、百工(之子女)也",也就是说,王昭君既非出身官宦,也不是出于医、巫、商贾、百工这类人家,那么,在旧时所剩下的职业,就只能是务农了。所以王昭君应该出身于农民家庭。至于其家庭经济状况,我估计不会是贫困户,可能系小康生活的富裕农民家庭(中小地主或富农),因为若王昭君家境赤贫,史书会称她系贫家女的,不会称她为"良家子"。至于王昭君的民族属性,我认为应为汉族,少数民族一般不会被当地官府选秀的。

现在再来探究,王昭君相貌究竟美到何等程度?王昭君被入选后宫,外貌肯定是好的,但她入宫时还只是"美人胚子",即系一种朴素的天然美,清纯、可人,恐还谈不上艳丽,因为她年仅 13 岁(或 14 岁),乡下人又不大会打扮,气质中缺乏高雅,所以她当时在美艳度评选中,"得分"应该是不高的。这样,掖庭丞在筛选进呈皇帝的美女时,她连皇帝最低等的小老婆即属第十四级(可享六品官秩)的"无涓"、"共和"、"娱灵"、"保林"、"良使"、"夜者"也评不进去(据《后汉书·皇后纪》注,实际上汉元帝时后宫分十五级,即正妻皇后以下,依次有婕妤、娙娥、容华、充衣、昭仪、美人、良人、七子、八子、长使、少使、五官、顺常),只能屈当宫女。但是,女大十八变,王昭君进宫三年之后,学会了打扮,逐渐锻就了高雅的气质,于是,昔日的美女胚子便变成了真正的美女。所以后来她去和番时,经过精心盛装打扮,使元帝产生惊艳的感觉,是十分可能的。

关于昭君之美,班固的《汉书》中未提及,但《后汉书·南匈奴列传》有精彩描述:"时呼韩邪单于来朝,(元)帝勅以宫女五人赐之……呼韩邪临辞大会,帝召五

民国北京戏画《汉宫秋》

女以示之。昭君丰容靓饰，光明汉宫，顾景裴回，竦动左右，帝见大惊，意欲留之，而难于失信，遂与匈奴。”经过精心打扮的王昭君，自然貌若天仙，所以她的出现光彩照人，殿上君臣及侍从人员见了都啧啧赞羡于她的妖美，汉元帝更是为其美丽惊呆，很舍不得将这么美的女子送到匈奴去。

另一部可能成书于西晋时的《琴操》也曾描写过王昭君的美丽，该书传为晋朝时孔衍(268—320)所撰(各时代版本不一)，梁刘孝标《世说新语注》中引《琴操》中有关王昭君外貌描写时，有“王昭君者，齐国王穰女也，年十七，仪形绝丽，以节闻国中”等文字，肯定其为美女。

东晋葛洪的《西京杂记·燕丹子》卷二则有《画工弃市》的记载，讲述汉元帝错过王昭君，是因为元帝召幸后宫，全凭画像决定，有钱的宫人便以钱贿赂画工，少则五万，多达十万，王昭君恃美不肯行贿，画工就丑化她，所以元帝不知其乃绝色。及至以王昭君赐匈奴单于，元帝才见其“貌为后宫第一，善应对，举止闲雅”，由于要“重信于外国，故不复更人”，但元帝依旧懊恼，将画工毛延寿(杜陵人)、陈敞(安陵人)、刘白和龚宽(均新丰人)、阳望(下杜人)及樊育等均同日处斩，一时“京师画工差稀”。这个故事第一次出现了画工毛延寿这个人物，是《汉书》、《后汉书》及《琴操》中之从未见过的，这对于衬托昭君之美有大作用。不过，我认为它属于“小说家言”，虚构的可能性很大，因为昭君在入宫前，早已由选官及地方官评选过，他们当然希望自己选送的美女能被皇帝宠幸，也好借此邀功，所以，昭君所在的那批美女中，真出挑的早就名声远播了，皇帝岂会不知？但元帝并未宠幸昭君，故只能说刚入宫时的王昭君，尚不属美艳妖冶，所以与画工无关。但这个艺术虚构的人物毛延寿，不仅使王昭君故事增添了曲折情节，也为后来有关王昭君题材的艺术创作提供了很大的空间，尤其经过元代杂剧作家马致远在《汉宫秋》中的渲染，毛延寿竟由虚构人物变成为大家都相信的“历史人物”了。当然，后世的艺术作品中，对昭君之美的艺术烘托也更加强烈，王昭君的绝色美艳遂成为铁定的事实。

三次婚姻，都是悲剧

无疑，今天我们对王昭君自愿远嫁匈奴的行为，是应该着力歌颂的，因为有利于促进民族融合，因此才有了曾任共和国代主席董必武的诗句“昭君自有千秋在，胡汉和亲识见高”和上世纪60年代曹禺先生的大型话剧《王昭君》的问世。但是，世上红颜常薄命，美丽的王昭君，却从没有经历过爱情，她的婚姻不是幸运，她并未享受过哪怕是刘兰芝、崔莺莺、祝英台那样的两情相悦，其婚姻则根本使她承受着许多生理的和精神上的痛苦。

探究这一点，不妨从对王昭君生平产生过影响的三个男人说起。

王昭君于十三四岁被选秀入宫，并不是正常的婚配，而是为汉元帝这个好色的男人充当性奴。然而更不幸的是，她因容颜尚未丰美，甚至连被这第一个男人蹂躏的“资格”都没有。没入后宫掖庭的王昭君，只是被圈养着，若不是她后来自己想办法，她就将永远被锁闭在深宫不见天日，也就是说，将以处女之身守一辈子活寡。当时汉元帝后宫美女人数是多少？《后汉书·皇后纪》有明确记载，称武帝（刘彻）和元帝之后，世增淫费，“至乃掖庭三千”，对这三千多宫女，由皇后及掖庭令按级别层层管理着，宫女此时想争取出头，一是必需具备沉鱼落雁的殊色，二是要获得后宫一级级女官的提携，三是获负责皇帝召幸事务的太监的青睐，这样，她才有机会接近皇帝。与此同时，还要面对众宫女及皇后以下有品级帝姬的倾轧。这些对于没有背景的王昭君而言，想在三千宫女中脱颖而出受皇帝召幸，是实在太难了。可以想见，这么多被圈养在后宫的女子，她们大部分人的最后结局，一个个将会是盼望、失望、绝望，入宫数年的王昭君，她岂能不听到过年长宫女的抱怨？又岂能不为自己未来的生活感到迷茫？也正因为如此，聪明的王昭君必然会思考：在汉宫获得元帝的宠遇，是要凭运气的，而更大的可能，是让命运消耗掉自己的美色，让青春终身被禁锢在后宫，然后慢慢地老去。所以，她对自己可能侍奉的第一个男人，已完全失去了信心，必须想办法挣脱这樊笼，不论是遭遇什么命运，总比在后宫“等老”强一些。于是，当她一听说有个远嫁匈奴单于的机会，便立即很自愿地表示要走这条路。此时她的想法，是不顾一切地先争取离开后宫，这对她而言，是最理想的抉择，也是争取平生有一次婚嫁的唯一机会。

于是，她便迎来了生命中的第二个男人：南匈奴呼韩邪单于。

据《汉书·匈奴传》，西汉时雄据漠北的匈奴族，其祖先原为“夏侯氏之苗裔，曰淳维”，颜师古注：此一支系“以殷时始奔北边”，这样说起来，匈奴亦出自于中原的黄河流域。但自秦朝至西汉初，匈奴一直成为边患，掠夺粮食与牲畜、屠杀边民，汉武帝、汉宣帝时，均出兵猛烈打击过匈奴势力，此后匈奴内部分裂，其一部分贵族势力共立稽侯姗为呼韩邪单于，击败了凶猛的握衍朐鞮单于，但呼韩邪归单于庭仅数月，又被匈奴新立的屠耆单于击败。不久，匈奴内部进一步发生分裂，次年呼韩邪单于以四万兵击杀屠耆单于，又被郅支单于击败。甘露元年(前53)，呼韩邪单于听从部下计，率领部落南来向汉朝臣服。甘露二年(前52)，呼韩邪单于入朝，获得汉宣帝隆遇，在长安住了一个多月方归国，并于次年又入朝。汉元帝即位后，呼韩邪单于欲北归收聚匈奴各部，行前与汉使车骑都尉韩昌、光禄大夫张猛盟誓，相约“自今以来，汉(朝)与匈奴合为一家，世世毋得相诈相攻”。与此同时，汉康居都护甘延寿和副都护陈汤发兵斩郅支单于，这一行动既让呼韩邪去掉了竞争对手，也让他震慑于汉朝的强大。于是，他赶快向汉元帝上书表示臣服之心，言：“常愿谒见天子，诚以郅支在西方，恐其与乌孙(国)俱来击臣，以故未得至汉。今郅支已伏诛，愿入朝见。”至竟宁元年(33)，呼韩邪单于“复入朝，礼赐如初……单于自言愿婿汉氏以自亲。元帝以后宫良家子王嫱字昭君赐单于。单于欢喜，上书愿保塞上谷以西至敦煌，传之无穷”。

这位匈奴呼韩邪单于愿做汉朝女婿，其实他并非是光棍或寡男，长成后他便拥有许多胡女为“阏氏”(即有名分的妻妾)。呼韩邪单于正妻后即大阏氏为呼衍王小女儿，生下四个儿子：雕陶莫皋、且麋胥、咸、乐；呼衍王大女儿也嫁了呼韩邪单于，称为颛渠阏氏，生子且莫车、囊知牙斯。呼韩邪单于还与其他阏氏生子十多人，所以，他后庭女人究竟有多少，也是个无法弄清的问题，但有一点是肯定的，他向汉元帝求和亲时，实际已处于老年，因为他已经在单于位置上干满26年了，而长期的东征西讨，又使他不免体弱而多病。

由于后宫养着三千佳丽，所以汉元帝在赐给匈奴单于美女这一点上，倒一点也不悭吝，《后汉书·南匈奴列传》说他一出手就送出了五名美女，其中王昭君是自己要求和番的，原因便是她“入宫数岁，不得见御，积悲怨，乃请掖庭令求行”。“积悲怨”三个字虽简单，其中却包含着多少寂寞、期盼、眼泪呵！看来，王昭君作出自愿入匈奴的决定，并不是心血来潮，而是希望能像鸟儿一般挣脱樊笼束缚，到自由的天空去翱翔。实际上，这只是这位深宫少女的一厢情愿，她肯定不知道自己争取到的这场政治婚姻，并不可能给她个人带来幸福。呼韩邪单于是否对王昭君怜香惜玉？史书上未载，但这种习俗、语言、品位都迥异的老夫少妻之间要产生爱情，恐怕无异于缘木求鱼吧？

现在，她面对自己的第二个男人，必须正视严酷的事实：即呼韩邪单于并不会立她为大阏氏，而仅是众多宠姬中的一位，她嫁到匈奴单于庭后，呼韩邪给了她一个宁胡阏氏的封号，意为匈奴获得安定。她在匈奴后庭的地位排名，史书上没有说，但至少是排在大阏氏及颛渠阏氏姐妹之后，因为她毕竟没有汉室公主的身份，所以只能当呼韩邪单于的妾氏。不过，名分问题好像对王昭君障碍并不大，她在汉后宫本来就只是个宫女，到匈奴后地位提升了，但仍是泄欲工具和生育机器。第二年，王昭君为呼韩邪单于生下一子，取名听伊屠智牙师，后成为右石逐王。

不久，另一个考验又接踵而至：汉成帝刘骜建始二年（前 31 年），呼韩邪单于病死，王昭君仅仅嫁过来两年，就当了寡妇，这使她又不得不面对平生的第三个男人。

这个她"法律"上的第三个丈夫，便是呼韩邪单于的儿子雕陶莫皋。

前已说过，雕陶莫皋是呼韩邪单于大阏氏所生的嫡子，又是呼韩邪单于十多个儿子中最年长者，呼韩邪单于临终前，打算立他喜爱的、颛渠阏氏所生的儿子且莫车为嗣，但被颛渠阏氏以"且莫车年少，百姓未附，恐复危国"的理由否定了，并提出"我与大阏氏一家共子，不如立雕陶莫皋"；颛渠阏氏的妹妹大阏氏则谦逊地说："且莫车虽少，大臣共持国事，今舍贵立贱，后世必乱。"呼韩邪单于认为还是立嫡以长较好，有利于政权稳定，遂马上决定采纳颛渠阏氏的意见，立雕陶莫皋为嗣，并要他保证将来死去时把单于的位置传给弟弟且莫车。在呼韩邪单于立嗣的大计上，王昭君虽然是宁胡阏氏，但丝毫也没有发言权，说明她对于呼韩邪单于而言只是一位后宫的女人而已。很快，呼韩邪单于死去，雕陶莫皋立，称复株粲若鞮单于。

这时，汉成帝突然收到王昭君从匈奴单于庭送呈的一封报告，称老单于已死，新单于逼婚，要求允许召她回归中原。原来，匈奴复株粲若鞮单于一上台，见王昭君年轻美貌，便要她"从胡俗"嫁给自己。此风俗实际上是从夏代传下来的，夏朝时，民间还保留有原始社会的群婚遗俗，即"父死，妻其后母；兄弟死，皆取其妻妻之"（见《汉书・匈奴传》）匈奴是夏侯氏的后裔，为姒姓，因浪迹草原，无文书，礼仪文化方面未跟上中原进化发展步伐，故还保留着夏朝时的婚俗，王昭君受中原儒家思想熏陶，自然无法接受此习俗。另外，她要求归汉，恐怕还有不习惯北地艰苦的生活条件和思乡的情愫。但汉成帝出于边境安宁的考虑，竟不批准王昭君的归汉请求，下达诏旨命她"从胡俗"。可以想见，这对翘首以望盼着朝廷召回自己的王昭君，是多么重大的精神上的打击！于是，她的第三次婚姻便在

“从胡俗”下开始了：复株絫若鞮单于获准正式娶父亲的小遗孀为妻，名号未变。王昭君是无奈中再嫁的，我们可以想象，这次婚姻像她的前两次一样，都是一种身心的被蹂躏，没有真正的爱情，只有占有，她心中的痛苦又有谁知道呢？

再婚后的王昭君，为复株絫若鞮单于生下两个女儿，长女名叫“云”，称须卜居次，小女为当于居次。“居次”的名号在匈奴中相当于汉朝的公主。“须卜”和“当于”不是名字，都是匈奴贵族的姓氏，说明王昭君两个女儿后来嫁了须卜氏和当于氏家族的男子。

苦果自吞，功在万世

王昭君自告奋勇赴匈奴和亲，这是感情痛苦在长期积压下的冲动，但这苦果却只能由她一个人吞下。设身处地，她在和亲过程中的痛和苦，除了享受不到爱而被两代匈奴单于占有的婚姻和乱伦心结难以解开以外，在胡地生活，还有许多难以言表的困难需要克服。

首先是胡地的恶劣的气候及住宿环境。汉文帝刘恒曾在给匈奴单于的信中就指出“匈奴处北地，寒，杀气早降”（见《汉书·匈奴传上》），时匈奴占据着长城以北直至今俄罗斯贝加尔湖的广大地域，既有草原，亦有沙漠。由于匈奴是游牧民族，其地无农耕，故漠北大地并无城垣、寨栅及乡村。匈奴地域虽广，肥沃草原却不多，主要以阴山之南（即今内蒙古大青山以南，东起集宁、留至五原、南到黄河）的广阔平原地区为最佳，而匈奴大帐以北，则“少草木，多大沙……从塞以南，径涤山谷，往来差难”，后来匈奴各部“失阴山之后，过去未尝不哭也”（见《汉书·匈奴传》）。更令中原人不能习惯的是，漠北的冬天来得早，寒冷天气时间长，西汉初，一次汉高祖刘邦亲自率兵击匈奴部，就是因为冬天大寒雨雪，士卒手指被冻坏者达三成，造成汉军战斗力大减，遂被匈奴围困于白登，差点当了俘虏。草原上夏天虽美，但阴山以北冬天的温度可达到摄氏零下 30 度至 40 度，而且漠北地区当年农历 9 月初即会下雪，长年不融化，下一场积一场，直到来年农历 5 月才会积雪化去。匈奴族的人冬天只能躲在帐篷中靠烧干牛粪取暖。试想，王昭君离开长安的巍峨宫殿，到漠北住帐篷、挨风雪，她要熬下来，该是多么不容易！

其次是饮食方面，王昭君也会经受考验，即需对自己的饮食结构进行改变。匈奴人的饮食习惯，是“自君王以下，咸食畜肉，衣其皮革，被旃裘，壮者食肥美，老者食其余”，“人食畜肉，饮其汁，衣其皮，畜食草饮水”（见《史记·匈奴列传》），既然匈奴单于及臣民们的主食以牛羊肉为主，王昭君当然也不可能例外。

第三是她还将面对匈奴掖庭中的大小阏氏们的倾轧。前面已说过，王昭君虽号为宁胡阏氏，但她的地位其实不高，当头的有大阏氏及其姐姐颛渠阏氏，而另外的一些阏氏名号史虽未载，但资格都比王昭君老，故王昭君在单于庭中全无势力，她对呼韩邪单于的影响力很有限，呼韩邪挑选继承人，她就无权参与。她和其他单于阏氏关系如何？由于她年轻貌美又受老单于宠幸，其他女性之间对她吃醋、倾轧是免不了的。正是这一系列因素，才使王昭君产生了向汉成帝“上书求归”的想法，这反映出她内心的复杂和痛苦。

有人说，由于王昭君赴匈奴和亲，使匈奴臣服，让汉朝北部边境保持了数十年的稳定。我认为这话对，但不全面。

呼韩邪单于抱得美人归，他内心是非常快乐的。成为汉朝女婿后，在与匈奴其他各部落的角逐中他获得了优势地位，因此，他曾对儿子囊知牙斯说：“有从中国（即中原）来降者，勿受，辄送至塞，以报天子厚恩。”（见汉书·卷九十四下）呼韩邪单于之后的好几代单于，即他的儿孙后代复株絫若鞮单于、搜谐若鞮单于、车牙若鞮单于、乌珠留若鞮单于（囊知牙斯）都继续向汉朝称臣，维护了汉北边的安定。

但是，要使和亲政策能起作用，前提是汉朝必须强盛、匈奴则在相对弱势情况下才能实现。其实，与匈奴和亲并非汉元帝时才开始，早在西汉初年，汉高祖因白登战败，就被迫命刘敬与冒顿单于结和亲之约，也送上美女，但此后仍不断来扰掠边境，汉文帝三年（前 177）匈奴大举入寇河南地，汉文帝六年（前 174），汉派使者送上许多礼物给匈奴。但到汉文帝十四年（前 166），匈奴又出动 14 万骑兵入寇大劫大掠，汉文帝只得送美女去“和亲”。汉武帝初年，匈奴又南侵，后来武帝下了决心，对匈奴用兵开战，把匈奴势力打回漠北，又经过汉宣帝的打击，匈奴实力大损，并分裂为南匈奴和北匈奴，汉朝又帮助南匈奴把北匈奴势力驱逐至中亚一带，和亲政策才开始起作用。实际上，在昭君和亲之前，南匈奴呼韩邪单于早已依附于汉朝，边境开始安定。因此可以说，昭君远嫁匈奴，虽然对胡、汉和平相处起了作用，但是需要一个前提，即汉强胡弱局面的出现。所以，我们既肯定昭君的和亲爱国之举，但似不应无限扩大其和亲的作用，只有实力才是和亲的后盾和保证。

昭君和亲，对后世促进民族团结、和睦相处，其宣传作用意义极大，元人马致远作杂剧《汉宫秋》，谴责汉元帝软弱，反对和亲，并让王昭君入番前投黑龙江而亡，既违背史实，又不符合各民族和睦的战略大计。但《汉宫秋》一剧是借古喻今，旨在谴责元朝统治者压迫汉族人民，反映元代中原人民“人心思汉”的心情，所以，我们亦不必批评和苛求马致远。而在当代，我认为不妨再演演曹禺先生在上世纪 60 年代创作的话剧《王昭君》，将更具现实意义。当然，王昭君的思想境界不要拔得太高，不能把她奉为自觉贯彻朝廷民族团结政策的典范，从而忽视了和亲本身对王昭君带来的伤痛，这样演，观众也不易接受。我认为，在肯定她的贡献时，对王昭君个人感情和命运的遭遇，也不应该被忽视，不能为了要她“被贡献”，而让其心安理得“被和亲”。

王昭君在匈奴活了多少年？缺少史料佐证，我估计她的享年不会超过 40 岁。她先为呼韩邪单于生下一子伊屠智牙师，又为复株絫若鞮单于生下两个女儿，即须卜居次（亦称伊墨居次）、当于居次，此后即无有关她的记载。她终于再无机会回故国探亲，不过她的女儿须卜居次却在汉平帝刘衎（公元 1—5）时，被新都侯王莽召回，入汉朝太后王政君宫中为侍女。须卜居次的丈夫须卜当任职匈奴用事大臣。王昭君的两个侄子都被汉朝封侯，王歙为和亲侯，王飒为展德侯，曾为王莽的新朝出使过匈奴。王莽还封王昭君女婿须卜当为后安公，封须卜当儿子（王昭君外孙）须卜奢为后安侯。须卜当死后，王莽又将自己庶女嫁给嗣为后安公的须卜奢。不久，新朝败亡，汉兵诛杀王莽，须卜奢和他的母亲须卜居次亦都被害。

代三个男人受过的杨贵妃

杨贵妃是中国老百姓耳熟能详的一位美女，她生活于唐代，是玄宗李隆基的宠妃，由于这一身份，杨贵妃及其一家过着大红大紫的奢侈生活，使士庶百姓无比羡慕，“遂令天下父母心，不重生男重生女”（白居易：《长恨歌》）；唐天宝年间爆发安史之乱，杨贵妃随皇帝逃往蜀中，在马嵬驿被大将陈玄礼所率六军强逼玄宗赐死。故后来《新唐书·玄宗纪》（北宋欧阳修、宋祁撰）卷五评赞时说：“呜呼，女子之祸于人者甚矣！自高祖至于中宗，数十年间，再罹女祸，唐祚既绝而复续，中宗不免其身，韦氏遂以灭族。玄宗亲平其乱，可以鉴矣，而又败于女子……及侈心一动，穷天下之欲不足为其乐，而溺其所甚爱，忘其所可戒，至于窜身失国而不悔。考其始终之异，其性习之相远也至于如此。可不慎哉！可不慎哉！”

唐玄宗从来就不认为杨贵妃“有罪”，按古代后宫处置后妃的惯例，若后、妃被处死，都会先废贬，或死后追贬为庶人，但杨贵妃生前未遭废黜，死后也未遭贬，后来继位的肃宗、代宗、德宗也没有追贬她，她的贵妃名号一直未失。大诗人白居易（772—846）为她写了长诗《长恨歌》，叙述了她和玄宗的爱情生活；唐文宗太和三年（829）任过朝廷尚书主客郎中的陈鸿（一说其为贞元、元和间文人）为她写了“纪实文学”《长恨歌传》，将其描述为仙界人物。到了宋朝，史官乐史更为她编撰了美丽的《杨太真外传》，清人洪昇撰写了长达50出的传奇戏曲《长生殿》。看来，历朝历代都没有把杨贵妃当成罪人。

历史真相也确实如此，称杨贵妃为“祸水”，证据并不充分，其实，她只是代三个强大的男人唐玄宗（李隆基）、杨国忠、安禄山受过而已。

唐皇室的乱伦败笔

杨贵妃不是吕后、武则天式的人物，她并无任何政治野心，也从未主动引导唐玄宗败坏朝政，亦未教唆残害大臣或庶民。

先说一下此人来历。杨贵妃，蒲州永乐人，小字玉环，曾因入后宫道观，号“太真”，生于唐玄宗开元六年(718)，死于肃宗至德元年(756)，年仅38岁(虚龄40)。杨贵妃的祖上是官宦之家，曾祖杨汪是隋朝的梁郡通守，祖父杨令本任职唐金州刺史，父亲杨玄琰为蜀州司户。她从小就失去父母，由任河南府士曹的叔父杨玄璬抚养长大，自小出落得“肌态丰艳，晓音律，性警颖”(见《资治通鉴》，中华书局版卷二百一十五，第15册6862页)。成年时，正逢玄宗第十八子寿王李瑁选妃，李瑁虽系玄宗宠妃武惠妃所生，但他自小便交与“让皇帝”李宪(唐睿宗长子、玄宗兄，时封宁王)的王妃元氏抚养，元氏亲为哺乳，视如己出，故这个李瑁也一直住在李宪府中，至开元十三年(725)三月才封寿王。由于杨家小女出身世宦，又加上美艳绝色，遂于开元二十三年(735)十二月乙亥日，被玄宗正式下诏册为寿王妃，这一年，杨贵妃刚交17岁，她初嫁的第一任丈夫，算得上是一位与她年貌相当的如意郎君。

初即位时的玄宗李隆基，是位有作为的君主，他任用的几任宰相都颇称职，史称“姚崇尚通，宋璟尚法，张嘉贞尚吏，张说尚文，李元纮、杜暹尚俭，韩休、张九龄尚直，各具所长也”(《资治通鉴》中华书局版15册6825页)，玄宗依靠这些良相，把国家治理得井井有条，社会经济也有较大发展，造就了“开元盛世”。但盛极之时，玄宗便开始惰于政事，任用李林甫等奸肖之徒，开元二十四年(736)，“口蜜腹剑”的李林甫为中书令，上台后便使玄宗闭塞贤路，结党营私。玄宗又信任宦官高力士，高力士本姓冯，潘州人，武则天时就入宫了，后因过被逐，投靠了李隆基。李隆基当了皇帝，高力士“倾心奉之，接以恩顾”，成为“皇帝办公厅主任”，朝中“每(接)四方进奏文表，必先呈力士，然后进御，小事便决之”。玄宗靠了李林甫、高力士这样两个奸伪、刁阉办事，怎能不走向昏聩?

后果很快显现出来。玄宗开元二十五年(737)四月，李林甫联合奸党杨洄制造冤案，诬太子李瑛、鄂王李瑶、光王李琚等有“异谋”，三王子均被赐死。本来武惠妃想通过与李林甫的勾结，让玄宗立李瑁为太子，结果未能成功，武惠妃也于当年十二月忧死。李林甫曾力主玄宗立李瑁为太子，玄宗拿不定主意，心里烦躁，遂问高力士如何办? 高力士说：不如推长而立，省得大家争位子。玄宗称是，于是立忠王李亨为太子。经这一番折腾，玄宗越发滋生享乐之心，想以享乐来逃避现实政治烦恼。

玄宗本性极喜欢女色，原先他最喜欢的是武惠妃，但武惠妃离世了，此时很想寻找称心如意的美女来侍奉自己。阅尽后宫春色，虽有美女数千，竟无一个当意者。这时，有人“言(寿王李瑁)妃姿质天挺，宜充掖庭，遂召内禁中，异之，即为自出妃意者，丐籍女官，号‘太真’，更为寿王聘韦诏训女，而太真得幸。善歌舞，

邃晓音律，且智算警颖，迎意辄悟，帝大悦。遂专房宴，宫中号'娘子'，仪体与皇后等”。（见《新唐书·后妃上》，卷七十六）

玄宗为满足自己的情欲，不惜夺占儿媳即寿王李瑁的王妃，这事应该发生在开元二十五年(737)，时李瑁与妃杨氏结婚已有两年多，杨玉环时年 19 岁，正是体态丰盈、如花似玉的妙龄女子，自然很中玄宗的意。但要将儿媳妇变成自己的小老婆，也不能直接行事，必须办一个掩耳盗铃的“手续”，于是便先将她度为女道士，还说是杨氏自己提出的愿望，皇帝亲自准奏；当然也不必送往宫外，直接在后宫布置一个道观，杨氏改名为“太真”，然后由皇帝再从道观接出来安放到龙床上去，这样，就不是皇帝老子抢儿子的老婆，只是纳了个“无夫女道士”，避免了道义的自责。

是谁向玄宗推荐杨玉环的呢？《新唐书》《旧唐书》都没有记载，只称是“或言”、“或奏”，即“有人说”，未点出是谁。依我看，最初可能是一般的近侍小太监或宫女多嘴，随便说“要是像寿王妃那样美丽就好了”，玄宗听进去了，再询问高力士，高力士去调查一番（或玄宗干脆宣寿王夫妇进宫一见），玄宗满意，于是再询问高力士可行否？用什么办法公开夺媳又掩世人之口？高力士便会献策先度女道士而后纳入宫的办法，此后一切皆由高力士这位“皇办主任”去办妥。

高力士为何竭力赞同唐玄宗干这件事？这要从开元二十六(738)五月说起，当时因前太子李瑛已死，李林甫与武惠妃内外联合，劝玄宗立武惠妃所生的李瑁为太子，若此策成功，则李林甫有建储之功，李瑁接了皇位，李林甫权势就会更盛，这就会威胁高力士切身利益。高力士为了与李林甫博弈，便乘机来一个从根本上的反制，即让皇帝纳寿王李瑁王妃为后宫宠妃，这样，便可彻底打消玄宗再立李瑁为太子的心思，给李林甫一个打击。故在玄宗奸占杨贵妃的问题上，无论是向玄宗推荐，还是最后决策、实施，操作者都只能是高力士。这也是为什么后来李林甫、杨国忠虽然都是奸臣，却水火不相容的根本原因。

天宝四年(745)八月，玄宗正式册封前女道士杨太真为贵妃。为了提高杨贵妃的门第身份，其家族亦被殊封：杨贵妃已故的生父杨玄琰追封为兵部尚书，叔父杨玄珪任为光禄卿，堂房兄杨铦（即杨国忠）为殿中监，另一堂兄杨锜为驸马都尉。贵妃三位堂姊分别被封为韩国夫人、虢国夫人、秦国夫人，各赐房舍于京师，宠贵赫然，杨氏一门从此都进入了大唐最显贵阶层。

玄宗的豪奢纵容了杨贵妃声色

杨贵妃给人们的印象，就是生活上太追求奢侈享受，太会玩，太腐化堕落。

对此，史书及唐宋时文人作品都有详尽描写。

首先是对高档物质的追求。就像今天的富豪大款不惜以奢侈物质财富供养二奶、三奶等“金丝鸟”一样，唐玄宗对所宠爱的杨贵妃，其物质上的供养可以说是穷极奢华，仅以穿戴方面而言，用绮罗满身、珠翠缠绕来形容就太简单了，头上、臂腕、指上、脚上所戴的饰物，金的银的都不屑一顾，全部是稀世珍宝类的东西，宝石、玛瑙、珍珠、玉环，只要她喜欢，不论产自东土、西域、高山、海外，玄宗都会给她弄来。《新唐书·后妃传》卷七十六称杨贵妃每次随玄宗出游，“凡充锦绣官及冶瑑金玉者，大抵千人，奉须索，奇服秘玩，变化若神。四方争为怪珍入贡，动骇耳目”。《旧唐书·后妃传》卷五十一对杨贵妃穿戴的描述更为详尽：“宫中供贵妃院织锦刺绣之工，凡七百人，其雕刻镕造，又数百人。……玄宗每年十月幸华清宫，（杨）国忠姊妹五家扈从，每家为一队，著一色衣，五家合队，照映如百花之焕发，而遗钿坠舄，瑟瑟珠翠，璨瓓芳馥于路。”为了满足杨贵妃一个人穿戴的需求，朝廷专门在后宫建了一座规模达 700 多人的织锦刺绣手工生产工场和一座有数百名工匠的金银饰物生产工场，这大约是中国最早的特供生产企业了。吃的方面，天上飞的、地上跑的、山上长的、海里游的，美酒佳肴，珍馐百味，杨贵妃样样全有，宫中每日大宴小宴，这都是“很小”的事了。杨贵妃生于蜀地，那里盛产荔枝，故《新唐书·后妃传》称：“（杨贵）妃嗜荔枝，必欲生致之，乃置骑传送，走数千里，味未变已至京师。”看来，在荔枝成熟的时候，玄宗为杨贵妃建立了一条从岭南至长安的荔枝特供快递“绿色通道”，保证她能及时吃到最新鲜的荔枝，这一点在唐朝不是什么秘密，诗人杜牧（803—852）在《过华清宫绝句（之一）》中这样描写道：“长安回望绣成堆，山顶千门次第开。一骑红尘妃子笑，无人知是荔枝来。”其会享乐生活，于此可见一斑。

玄宗对杨贵妃，不仅言听计从，而且凡逢出游视察，他的身边都带着她，寸步不离。杨贵妃的三个堂房姐姐，大姊封韩国夫人，三姊封虢国夫人，八姊封秦国夫人，这三位杨家女子都长得极美貌，史称她们“并承恩泽，出入宫掖，势倾天下”，“韩、虢、秦三夫人岁给钱千贯，为脂粉之资”，杨氏“姊妹昆仲五家，甲第洞开，

僭拟宫掖，车马仆御，照耀京邑，递相夸尚。每构一堂，费逾千万计，见制度宏壮于己者，即彻而复造，土木之工，不舍昼夜。玄宗颁赐及四方献遗，五家如一”。（见《旧唐书·后妃传》）

在繁华中享受的杨贵妃，倒不像武则天、韦庶人（中宗皇后）那样嗜爱权力，也从未在枕席间就国事、家事或后宫的事向唐玄宗进言，只一味地在物质上无限制地傍着皇帝享受。玄宗因为对杨贵妃很称意，自然变着法儿去满足她。开元以后，唐朝府库充盈，玄宗对会享受的杨贵妃也确实供养得起，不过，在富贵神仙窝的杨贵妃，有时候已经没有了感觉，认为她的奢华享受是理所当然，使起小性子来仍无所顾忌，常常会在感情上折腾一下玄宗，这样的事较典型的共有两次：一次是天宝五年(746)七月，“妃以妒悍不逊，上怒，命送归兄铦之第”。（见《资治通鉴》唐纪三十一）估计是年轻的杨贵妃为生活琐事用粗话骂了皇帝，玄宗脸上挂不住，发了大火，把杨贵妃赶出了后宫，送往其堂兄杨铦（即杨国忠）家。可是，视杨贵妃为命宝的玄宗，怎么能离得开她？所以这一天贵妃走后，玄宗一直在发脾气，临到中午，玄宗连饭也拒绝吃，侍奉他的人说错一句话，便遭到一顿毒打。内监高力士窥知玄宗心事，他试着启奏玄宗，是否将皇帝赏赐给杨贵妃的供帐、器玩、麋饩等用具全部送到贵妃家去？玄宗答应了，这些财物器皿竟装了一百多车；玄宗又将御膳房进呈来的食物，每样分出一半送给杨贵妃。到了夜里，高力士揣知玄宗心情平静下来，于是忙启奏皇帝，恭请把杨贵妃宣接回宫。玄宗自然欢悦，下诏特开安兴里禁门迎接贵妃。杨贵妃见了皇帝马上伏地请罪，一番眼泪鼻涕外带娇滴滴、嗲溜溜的功夫，把玄宗哄得格外高兴，从此两人的感情又增添了一层，史称“自是恩遇日隆，后宫（其他妃嫔）莫得进矣”。（见《资治通鉴》唐纪三十一）第二天，宫中举行宴会大肆庆贺，“韩、虢（两国夫人）进食，上（按：指玄宗）作乐终日，左右暴有赐与。自是宠遇日隆”。（见《旧唐书·后妃上》）第二次杨贵妃与玄宗发生争吵，是在天宝九年(750)二月，杨贵妃小性子复发，《旧唐书·后妃上》载：“贵妃复忤旨，送归外第。时（大臣）吉温与中贵人善，温入奏曰：‘妇人智识不远，有忤圣情，然贵妃久承恩顾，何惜宫中一席之地，使其就戮，安忍取辱于外哉！’上（即玄宗）即令中使张韬光赐御馔，妃附韬光泣奏曰：‘妾忤圣颜，罪当万死。衣服之外，皆圣恩所赐，无可遗留，然发肤是父母所有。’乃引刀剪发一缭附献。玄宗见之惊惋，即使力士召还。”这一次，杨贵妃打动皇帝的功夫更加了得，所以此后，两人再也未发生龃龉，因为杨贵妃也知道，这种“发嗲游戏”是不宜多玩的。

那么，拥有后宫三千的玄宗，为什么只爱杨贵妃而不再爱别的美女呢？我以为，这其中性的占有当然是一个重要原因，而更重要的是，唐玄宗与她都具有对文艺的天赋和共同爱好，他们是一对真正的“知音”。唐玄宗喜欢玩演艺，通晓音律，他在宫廷中提倡一种叫“参军戏”（亦称“弄参军”）的演艺方式，代表了中国传统戏曲发展的初级（雏形）阶段。据周贻白先生《中国戏剧史长编》一书考证，唐玄宗开元年间，有优伶李仙鹤善演两人一挡的戏剧，大得玄宗喜欢，特授其为韶州同正参军一职，以食其禄，其表演形式即称参军戏，当时，优伶黄幡绰、张野狐等亦精于此道。玄宗不仅支持、提倡，传说他还常亲自上阵参加演出，故后世梨园界在后台供他的像，称他为菊坛的祖师爷。玄宗对音律更是精通，也常参加演出，在开元、天宝年间，音乐舞蹈事业发展进入全盛时期。杨贵妃呢，恰恰也是个爱玩、会玩、精通音律的女子，故他们两个在演艺事业上颇有共同语言。他们的爱玩，有男女间的戏谑，更主要是玩演艺：既观赏，也进行创作和演奏。

关于天宝宫中玄宗与杨贵妃的演艺事业，宋代史官乐史所撰《杨太真外传》中描写极为详尽：“（皇）上又宴诸王于木兰殿，时木兰花发，皇情不悦。妃醉中舞《霓裳羽衣》一曲，天颜大悦，方知回雪流风，可以回天转地……上尝梦十仙子，乃制《紫云回》……又制《凌波曲》……二曲既成，遂赐宜春院及梨园弟子并诸王。时新丰初进女伶谢阿蛮，善舞。上与妃子钟念，因而受焉。就按于清元小殿，宁王（玄宗之兄李宪）吹玉笛，上羯鼓，（杨贵）妃琵琶，马仙期方响，李龟年觱篥，张野狐箜篌，贺怀智拍。自旦至午，欢洽异常。”这场大型音乐会演奏完后，玄宗还开玩笑向秦国夫人“讨赏”，秦国夫人一出手就是三百万“赏钱”。而其宫中所用乐器，皆稀世珍品，杨贵妃所用琵琶，为逻逤檀材质，是寺人白季贞使蜀后所觅得献上的，“其木温润如玉，光耀可鉴，有金镂红文，蹙成双凤；弦乃末诃弥罗国永泰元年所贡者，渌水蚕丝也，光莹如贯珠瑟瑟”。杨贵妃见谢阿蛮贫，特赐她红粟玉臂支。又称：“妃善击磬，拊搏之音泠泠然，多新声，虽太常梨园之妓，莫能及之。上命采蓝田绿玉，琢成磬，上方造簴，流苏之属，以金钿珠翠饰之，铸金为二狮子，以为趺，彩缯缛丽，一时无比。”（以上均见汪辟疆校录《唐人小说》一书附《杨太真外传》卷上，上海古籍出版社 1978 年版）这些描写，一定离史实较近。

不嗜权的杨贵妃被斥为“祸水”，可能是因为她太会玩，弄得唐玄宗为此花去了大量的国库钱财，“三千宠爱在一身”，“从此君王不早朝”。根子在玄宗身上，是玄宗想找乐子、图享受，并非杨贵妃刻意“勾引”；就是杨贵妃本人，也不过是玄宗的泄欲工具而已。杨贵妃会玩、会吃、会享受，玄宗喜欢她，便一味满足、纵容。其实玄宗在纳杨贵妃之前，就追求奢华生活，得到杨贵妃后，更无节制，《资治通鉴》指斥玄宗称：“上在位久，用度日侈，后宫赏赐无节，不欲数于左、右藏取之。”

户部郎中王鉷“深知上指，岁贡额外钱百亿万，贮于内库，以供宫中宴赐，曰：‘此皆不出于租庸调，无预经费。’上以鉷为能，富国，益厚遇之。鉷务为割剥以求媚，中外嗟怨。丙子，以鉷为御史中丞、京畿采访使。”王鉷为满足玄宗私欲，在宫中建皇帝个人专用金库，私贮钱百亿万贯，不纳入国家财政的计划，逃避了户部及国库吏役的监管，使玄宗花钱更方便，它的背后，是对老百姓加征赋税。于是，老百姓及后世学者便把怨咎都记在杨贵妃身上。

杨国忠贪腐造成小妹的“民愤”

杨贵妃代为受过的第二个男人便是杨铦即国忠。据史书记载，杨国忠并不是杨贵妃亲兄，而只是“从祖兄”（堂兄），即国忠的祖父与杨贵妃祖父是亲兄弟。由于杨贵妃自己是父母“独苗”，无亲骨肉兄弟姐妹，故她视杨国忠为亲兄长。

但这个杨国忠却不是一个好货色。杨国忠本名钊，父亲叫杨珣，娶武则天男宠张易之妹妹为妻，生国忠。《旧唐书·杨国忠传》之卷一百六称杨国忠“无学术拘检，能饮酒，蒱博无行，为宗党所鄙”；《新唐书·杨国忠传》卷二百六称他“嗜饮博，数丐贷于人，无行检，不为姻族齿”，30岁时，这个流氓无赖只好去蜀中当兵，本来表现好可获升迁的，但益州长史张宽“恶其为人，因事笞之”（《旧唐书·卷一百六），只给他提拔为新都尉，后改任金吾卫兵曹参军。天宝年间，杨贵妃得宠，剑南节度使章仇兼琼为搭上贵妃的线，遂请杨国忠到身边当幕宾，表为推官，让属吏鲜于仲通助杨国忠赴长安活动。为筹措经费，鲜于仲通将郫县钱粮粟帛指给他，杨国忠获蜀货百万，至京城长安，给杨贵妃的堂姐妹们处送礼，并与新寡的虢国夫人乱伦宣淫，随后终获玄宗接见，当上金吾兵曹参军、闲厩判官。玄宗发现杨国忠会算账，竟说他可以当度支郎，后又任他

明万历顾曲斋刊《古杂剧·梧桐雨》

为监察御史。

杨国忠开始得宠，引起了宰相李林甫的注意。时太子李瑛对李林甫奸恶行为不满，使李林甫感到恐慌，李林甫欲扳倒李瑛，便想借助杨国忠之力，在玄宗面前多进谗言。两个奸贼一拍即合，先由李林甫死党、侍御史杨慎矜出面诬告太子妃的哥哥与皇甫惟明"私谒"太子，然后让京兆府法曹吉温写成诬陷文书，由杨国忠递给唐玄宗，终于锻成大冤案。开元二十五年(737)，在李林甫、杨国忠的挑拨下，玄宗下诏废太子李瑛及与太子交好的鄂王李瑶、光王李琚为庶人，随后将三王一起赐死于城东驿，天下无不惜之。这是杨国忠勾结李林甫犯下的第一桩罪行。

查阅史书，在此后杨国忠无数次向唐玄宗进谗言及被提升的过程中，并没有杨贵妃在其间活动的蛛丝马迹，所有的事件，全部都是杨国忠直接向唐玄宗进言。估计玄宗是吸取高宗宠武后、中宗宠韦后的教训，从不与杨贵妃谈论政事，也不听杨贵妃有关朝政的任何进言，而是直接听杨国忠的奏言。但玄宗不知道，他所信任的这个杨贵妃堂兄，比杨贵妃更坏一百倍，听他的话，犹如服慢性毒药。很快，杨国忠羽毛渐丰，他就想扳倒势力比他大的宰相李林甫，先是利用御史中丞王铁打倒李林甫的心腹杨慎矜，接着又因妒忌王铁(此时已升为御史大夫、京兆尹)权重，在玄宗跟前扳倒了王铁，将其兄弟诛杀；玄宗遂命杨国忠担任御史大夫、京兆尹，并赐名国忠。从此，李林甫权势受抑制。

杨国忠一朝权在手，便干倒行逆施事。天宝八年(749)他为建功业，命其党羽鲜于仲通以益州长史名义，率军八万征讨南诏部阁罗凤，不料全军覆没。天宝十年(751)，杨国忠又挑起边衅，命司马李宓率兵七万再征南诏，又败，人员损失达七八成。两场大战，死者达二十多万，皆"弃之死地，只轮不还(回)，人衔冤毒"(《旧唐书》卷一百六)，但杨国忠却隐瞒失败的真相，谎报胜利。玄宗大喜，便要杨国忠再挂帅出征，彻底平南诏。李林甫欲让杨国忠离朝，亦乘机赞同。杨国忠知前途险恶，李林甫是借刀杀人，于是在陛辞时，哭着说：他一旦离朝，一定会被李林甫排挤，身家性命不保。玄宗此时正与杨贵妃打得火热，于是便很快从前线将杨国忠召回朝中。也是他合该官运亨通，此时李林甫突然病死，玄宗就命杨国忠代右丞相，兼吏部尚书、集贤殿大学士、太清太微宫使、判度支、剑南节度使、山南西道采访使、两京出纳租庸铸钱使等要职。自此，杨国忠位高权重，公开卖官纳贿，结党营私，重要政务就在自己家里处理，《旧唐书》称他"自侍御史以至宰相，凡领四十余使，又专判度支(财税)、吏部三铨(人事)，事务鞅掌，但署一事，犹不能尽，皆责成胥吏，贿赂公行"。

不用说，杨家此时已财富暴涨，其来源，除了对佃户的盘剥以外，皇帝的赏赐更是无度。天宝初杨贵妃第一次使小性子与玄宗和好后，第二天，“诸姨上食，乐作，……由是愈见宠，赐诸姨钱岁百万为脂粉费”。杨氏兄弟姐妹五家第舍联亘，“拟宪宫禁，率一堂费缗千万”。（括《新唐书·后妃上》）“诸杨汤沐馆在宫东垣，连蔓相照，帝临幸，必遍五家，赏赉不訾计，出有赐，曰‘饯路’，返有劳，曰‘软脚’。远近馈遗阉稚、歌儿、狗马、金贝，踵叠其门”。（见《新唐书·外戚传》，卷二百六）

随着杨国忠进入朝政的核心圈子，杨家不单倚仗贵妃而贵，杨国忠自己也变得炙手可热起来。杨家诸姐妹，与杨国忠联手，把个玄宗哄得团团转，从而使杨氏兄妹势力比皇族还大，时“十宅诸王百孙院婚嫁，皆因韩、虢为绍介，仍先纳赂千贯，而奏请罔不称旨”。天宝十年(751)正月望夜，广平公主夫妇与杨家骑从争先穿西市门，杨家的奴才竟挥鞭痛打公主及驸马，公主哭诉至玄宗前，玄宗命杀杨氏家奴，但却将驸马程昌裔停官。（均据《旧唐书·后妃上》）杨国忠的两个儿子、杨贵妃的另一个堂弟都娶了公主为妻，杨贵妃父、祖都获立庙祭享的荣誉。

杨国忠越会搞腐败享乐，就越博得玄宗的青睐。据《旧唐书·杨国忠传》卷一百六称：“贵妃姊虢国夫人，国忠与之私，于宣义里构连甲第，土木披绨绣，栋宇之盛，两都莫比，昼会夜集，无复礼度。有时与虢国并辔入朝，挥鞭走马，以为谐谑，衢路观之，无不骇叹。玄宗每年冬十月幸华清宫，常经冬还宫。国忠山第在宫东门之南，与虢国（夫人）相对，韩国（夫人）、秦国（夫人）甍栋相接，天子幸其第，必过五家，赏赐宴乐。每扈从骊山，五家合队，国忠以剑南幢节引于前，出有饯路，还（回）有软脚，远近饷遗，珍玩狗马，阉侍歌儿，相望于道。”与皇帝这样亲近的结果，便是杨国忠立即被封为卫国公、又进位司空，食实封达三百户。

玄宗任用这样的货色来把持朝政，其政事腐败程度可想而知。《新唐书·外戚传》指出，由于杨国忠为宰相身兼四十余职，而财政、人事大权又独掌，故所有需他签署的大批文书，每份只写一个字，他都写不过来，下面吏役自然受贿舞弊，其“性疏悦捷给，砭砭处决枢务，自任不疑，盛气骄愎，百僚莫敢相可否，官属悉苛督句剥相甚。又便佞，专徇帝嗜欲，不顾天下成败”。此时，昏聩的玄宗又引狼入室，重用骄横跋扈的燕边蕃将安禄山，任他为节度使。安禄山收买许多朝官，在玄宗面前为他说好话，天宝元年(742)玄宗第一次召安禄山进京，安禄山在玄宗面前大表忠心，获得玄宗好感，玄宗开始信任他。这引起杨国忠的妒忌和警惕，杨国忠以为安禄山入朝是想谋取宰相职位代替自己掌握大权，于是转对安禄山产生忌恨，便在玄宗处奏告，称安禄山有反叛之心，但玄宗不相信。这时的安禄山虽有反心，但尚未决定何时造反，“禄山虽逆久，以帝遇之厚，故隐忍，伺帝一日晏驾则称兵”。(《新唐书·外戚传》)不久,安禄山被任命为尚书右仆射,还兼河东、范阳、平卢三镇节度使。杨国忠愈不悦。安禄山感到杨国忠逼迫得更紧了,于是便赶快回到幽州。杨国忠为抓到安禄山谋反证据,派京兆尹李岘抄了安禄山在长安的住宅,又捕杀安禄山党羽。安禄山听到消息,上书玄宗为自己辩护,又指斥杨国忠二十大罪状。玄宗为化解二人矛盾,贬李岘为零陵太守。这种和稀泥手段,已失去效果,杨国忠对玄宗说:如果安禄山真不反,陛下可以试一下,将他调来京师,供平章事要职,边庭兵权都予解除,另派大将赴三镇任节度使;他若不来的话,肯定就想造反。玄宗派大臣辅璆琳去幽州调查安禄山,安禄山送给辅璆琳许多财物,辅璆琳回来向玄宗报告安禄山不会造反。玄宗大喜,说:“禄山无二心,前诏(指杨国忠要玄崇草拟的调安禄山入朝的诏书)焚之矣。”(《新唐书·外戚传》)天宝十四年(755)十一月,安禄山举兵造反,他以诛杨国忠为号召,率蕃汉兵十五万,号二十万众,开始攻城略地。

那时,在长安深宫的玄宗,开始还不相信安禄山会造反,而作为宰相的杨国忠,却洋洋得意,庆幸自己过去一再揭发安禄山会造反的话,现在终于应验。他对玄宗说:反叛的仅安禄山一个人,他手下将士都不想造反,不过十来天就可平定。然而,由于叛军来势凶猛,各地守城官兵久不经战事,应对无方,使局势越来越糟,叛军终于攻陷洛阳,逼近潼关。当权的玄宗和杨国忠拿不出很好的作战计划,却无端错杀了大将封常清、高仙芝。是年十二月,玄宗萌生退位想法,下令让太子李亨监国,并对杨国忠说:“朕在位垂五十载,倦于忧勤,去秋已欲传位太子;值水旱相仍,不欲以余灾遗子孙,淹留俟稍丰。不意逆胡横发,朕当亲征,且使之监国。事平之日,朕将高枕无忧矣。”(《资治通鉴》卷二百一十七)按此部署,玄宗将正式任命太子李亨为天下兵马元帅,监抚军国事。

杨国忠得知玄宗要把权力移交给太子李亨,十分恐惧。由于他权倾朝野,与太子一向对立,如今让太子监国,无异于玄宗内禅;而李亨一旦上台,头一个被收拾的就会是杨国忠。这就形势紧迫了。杨国忠回到家后,赶快把三个姊姊韩、虢、秦国夫人找来商议,大家觉得此事凶多吉少,哭了一阵后,认为唯一的办法,还是由杨家兄妹紧急晋见杨贵妃,让杨贵妃出面劝说玄宗取消让太子监国的想法,这样,杨家的富贵就能保住。

很快,杨贵妃就出面劝阻玄宗亲征、让太子监国,这是历史记载中杨贵妃唯一的一次干政行为。关于杨贵妃如何劝止玄宗内禅的过程,史书中未透露细节,但似乎运用了撒娇、耍泼、自杀的手段,终于逼玄宗就范。《新唐书·外戚传》的记录是“妃以死邀帝,事遂寝”;《新唐书·后妃上》的描述是“诸杨大惧,哭于廷。

国忠入白妃，妃衔土请死，帝意沮，乃止”。《旧唐书·后妃上》称“贵妃衔土陈请，帝遂不内禅”；《旧唐书·杨国忠传》称玄宗“自欲亲征，谋于国忠。国忠大惧，归谓姊妹曰：‘我等死在旦夕。今东宫监国，当于娘子等并命矣。’姊妹哭诉于贵妃，贵妃衔土请命，其事乃止”。杨贵妃都到了“衔土”请命地步了，玄宗面对心爱的宠妃，他怎能过了这一关？自然允准，太子监国的事作废了，但军事形势却更加严峻了。

杨国忠让玄宗任用正生着病的原陇右节度使哥舒翰为兵马副元帅，以兵八万坚守潼关，试图保卫长安。可是，杨国忠却又怀疑哥舒翰会叛变，一面在京城招收三千“监牧小儿”组成一支后备军守禁苑，调万余军人守灞上防哥舒翰，一面却督促哥舒翰冒险向东面安禄山叛军进攻。当时，大将郭子仪等一再向朝廷建议：要坚守潼关，拱卫长安，由他率军从山西向河北进攻，直捣安禄山老巢，使叛军进退失据。但杨国忠急于解长安之威胁，希望哥舒翰大军去与叛军拼打。这样，哥舒翰只得哭泣着以病躯之身贸然发动进攻，结果出关后即中了埋伏，他自己被部下蕃将出卖，裹挟至安禄山军中当了俘虏，唐朝拱卫都城的最后一支军队被消灭，最后一座雄关被攻破。玄宗和杨国忠获知消息，仓皇丢下都城、百官、皇族、百姓，连夜逃出长安，打算往蜀中去避难。

搅乱朝政、祸国殃民的一切罪行都是杨国忠犯下的，杨贵妃除为他说过一次情之外，其他杨国忠的恶行，她都没有分。但杨国忠及其他杨氏姊妹的滔天大罪，却都是在杨贵妃这棵“大树”庇护下干成的，因此，他们造成唐朝天宝衰乱的罪行，杨贵妃就得为他们背书，所以后来在马嵬驿，兵变军人杀了杨国忠后，就不肯放过杨贵妃。

安禄山叛逆让玉环背上骂名

让杨贵妃代为受过的第三个男人，是胡人安禄山。

安禄山是唐朝从全盛走向衰落的一个关键人物，由于他在天宝年间谋反，不仅屠杀了大批人民，洗劫了两京（长安、洛阳），而且严重打击了唐政权。此后，唐王朝对地方控制削弱，出现了藩镇割据局面，经济上也一直未彻底恢复，此后的唐朝皇帝都不是英主，只是勉强延续江山而已。

安禄山出生于营州柳城杂胡种，无姓氏（《新唐书》称其姓康），名轧荦山，其母阿史德氏为突厥巫师，因其母被突厥将军安波至掠去，遂嫁安波至之兄安延偃，禄山遂冒姓安。开元初，仅十余岁的安禄山逃出突厥，长大后因其懂六种蕃族土语，当了边贸市场的牙郎（营业员）。一次，安禄山盗羊被逮捕，幽州节度使张守珪欲杀他，临刑时安禄山大叫："大人你不是想灭两蕃吗？为什么杀我这样的能人！"张守珪壮其言，见他又白又胖，于是当场释放，收罗他为"捉生将"（特种侦察骑兵）。不久，他率四骑兵俘虏契丹数十人，张守珪认为他能干，提拔为偏将，又收为养子，至开元二十八年（740），安禄山升到平卢兵马使、幽州节度副使。安禄山虽是胡人，但聪明狡猾，能说会道，很讨人喜欢，又深谙官场之道，凡上司衙门，特别是朝廷下来视察、巡查的吏役，他都招待服务得特别周到，临行前还要送许多财物进行贿赂，请求他们在上司和朝中大臣处说好话。有时他派人赴京办事，亦带去许多财物分送给朝中掌权大臣。御史中丞张利贞到河北采访（巡抚），安禄山千方百计献媚送礼，连张利贞手下人也获利甚丰，回朝后，他们盛赞安禄山的才干。由此，玄宗逐渐了解到平卢有个安禄山，遂任命他为营州都督、平卢军使。天宝元年（742），安禄山又当上平卢节度使，兼柳城太守，押两蕃等四府经略使，又摄中丞事。天宝二年（743），安禄山应召到长安，第一次晋见玄宗，因其"奏称对旨"（《新唐书·逆臣下》卷二百二十五），竟进位骠骑大将军；次年，又兼范阳节度使、河北采访使。安禄山离京时，玄宗还"诏中书门下尚书三省正员长官、御史中丞饯鸿胪亭"。（同上）

天宝四年（745），安禄山得李林甫支持（李林甫怕用汉臣有了战功会对他构成竞争，故力主用蕃将，这样他的相位就能永固），掌北征军旅事宜，击契丹建功，入朝后大得玄宗信任。他表面上装愚憨，实际上用尽心计。一次看到玄宗旁边没人，便乘机表忠心称："臣生蕃戎，宠荣过甚，无异材可用，愿以身为陛下死。"（《新唐书·逆臣下》）玄宗认为他很忠诚，十分怜惜，遂要他去拜见皇太子。不料，安禄山见了太子却装模作样不肯拜，左右侍卫责骂他，他假装不懂，对玄宗问道："臣不懂朝廷礼仪，不知道皇太子是什么品级的官？"安禄山已是节度使、骠骑大将军了，怎么会连太子是什么品级也不知道？这明明是假话，可是愚蠢的玄宗却一本正经告诉他：太子就是朕百年之后的接班人，安禄山一听，忙一边拜见太子，一边假意诚惶诚恐地称："臣脑子里只知道有皇帝陛下，不知道有太子，真是罪该万死！"这种奉承话，玄宗自然是很听得进去的。安禄山身体肥大，为了在皇帝面前获得好感，他以此为奉承的资本。一次朝廷举行文艺会演，他在玄宗面前亲自表演《胡旋舞》，身段快捷如风。玄宗指着他的大肚子问："你这胡人，腹中长了什么东西，使你的身体这么肥大？"安禄山诚惶诚恐地说："臣腹中只长了一颗忠于陛下的赤心。"安禄山体重肥壮，以致上朝时中途要换马，否则马负重吃不消会累倒于地，他骑的马，负重能力必须达到五石才行，其在半路上换马之地被称为“大夫换马台”。·玄宗还在京城为安禄山建造住宅，命亲信宦官督工，事先告诉他们：安禄山眼睛大，要造得气魄一点。故安禄山官邸“琐户交疏，台观沼池华僭，帟幕率缇绣，金银为筹筐、爪篱，大抵服御虽乘舆不能过”。（《新唐书·逆臣下》卷二百二十五）一次玄宗登勤政楼，其幄座的左面有张金鸡大障，前面安放一张侍榻，诏赐安禄山坐。这个待遇太隆重了，太子觉得幄座不能让臣下坐，因如此待遇，禄山必骄慢。玄宗解释说：此胡人有异相，我是故意折他的福运。

安禄山见玄宗宠爱杨贵妃和杨家姐妹，于是便竭力奉迎杨贵妃和她三位堂姐虢国夫人、韩国夫人、秦国夫人。一次在宫中，他见到玄宗与杨贵妃在一起，便先拜贵妃，玄宗觉得怪异，安禄山回答说：我们胡人习俗，先拜母亲，后拜父亲。如此巧言令色，却使玄宗心花怒放，于是便让贵妃的姐妹认安禄山为兄弟，又让杨贵妃收安禄山为养子。禄山在宫中，与杨贵妃开始了频繁而无节制的交往，以致产生暧昧关系。据《资治通鉴》卷二百一十六记载：天宝十年(751)“甲辰，禄山生日，上及贵妃赐衣服、室器、酒馔甚厚。后三日，召禄山入禁中，贵妃以锦绣为大襁褓，裹禄山，使宫人以彩舆舁之。上闻后宫欢笑，问其故，左右以贵妃三日洗禄儿对。上自往观之，喜，赐贵妃洗儿金银钱，复厚赐禄山，尽欢而罢。自是禄山出入宫掖不禁，或与贵妃对食，或通宵不出，颇有丑声闻于外，上亦不疑也”。杨贵妃嫁玄宗，两人年龄相差大，到了此年，玄宗已66岁，进入老年，在房事上自然不能满足年仅35岁的杨贵妃的需求，而她平昔与别的男子接触，是绝对不可能的；现在好不容易在皇帝纵容庇护下，能接近胡人安禄山，偷尝“禁果”而不会招惩罚，两人自然色胆如天大。玄宗对杨贵妃与安禄山的秽事，岂会无一丝觉察？作为男人，他绝不至于昏庸到如此地步，胡三省在注中只好认为：“观明皇所以待禄山者，昏斋之主何不为，殆天夺之(魂)魄也。”这当然是宿命的论调，我看主要还是玄宗是在不得已情况下，于房事上为杨贵妃请了“替工”。这也是后来杨国忠及朝臣们一再称安禄山会造反、玄宗始终不相信的最根本原因，玄宗的想法是：我的贵妃与安禄山都建立起了特殊关系，安禄山怎么还可能会造反？看来，玄宗、安禄山及杨贵妃三人中肯定有一种不为外人知的秘密约定。

失身于安禄山的杨贵妃，对这个胡人十分忠诚，据宋史官乐史所撰《杨太真外传》载：时交趾国进贡蝉蚕状之龙脑香五十枚，此香世所罕见，“波斯言老龙脑树节方有，禁中呼为瑞龙脑，上赐妃十枚”。如此宝贵物件，杨贵妃也只获得十枚，她就赶快派一种叫“明驼使”(该驼腹下有毛，夜间视力好，日行达五百里)的快骑奉持三枚龙脑香飞驰幽州送给安禄山;“妃又常遗禄山金平脱装具,玉合,金平脱铁面碗”等物。(引自《唐人小说》130 页)贵妃获赐皇帝十枚龙脑香,就赶快赠安禄山三枚,他们的亲密程度,俨然超越杨贵妃与杨国忠诸兄妹关系了。想来二人的丑闻,在朝野都是公开的秘密,难怪安禄山发动叛乱,这笔账也要双倍算到杨贵妃身上去:一是朝野认为,是杨国忠的错误政策逼反了安禄山;二是认为杨贵妃与逆贼秽乱后宫,安禄山既反叛,杨贵妃亦堪比同谋。

《长恨歌》传递太真的奥秘

唐肃宗李亨至德元年(756)六月,安禄山叛军攻破潼关,玄宗获报,慌忙召杨国忠商议,杨国忠认为京城已无险可守,竭力主张赶快逃往蜀地避难,他又让韩国夫人、虢国夫人进宫,劝玄宗快走。

那时,长安已经发生混乱,人心惶惶,市井萧条。甲午日,玄宗假意在勤政楼大会百官,下诏表示要亲征。时都城已无劲旅,群臣当然都不相信。当夜,玄宗命龙武大将军陈玄礼整顿六军为护卫,选闲厩马九百余匹,带领着杨贵妃四姐妹、皇子、皇孙、皇妃、公主等及杨国忠等少数官员、宦官、宫人,出延秋门南逃,其他妃子、公主、皇孙凡不在宫内者,都未通知,把他们连同大批朝官全丢在长安了,这些人后来大都成了叛军俘虏。一行人刚过渭河便桥,杨国忠又干了一件坏事:放火烧毁便桥。玄宗也看不过去,对内监高力士说:“官员庶民为了逃避叛军,都要靠这座桥逃生,怎么可以断了他们逃难的路?”于是命高力士将火扑灭后再跟上来。杨国忠这一倒行逆施,实际又增加了军士们对他的厌恨。

以杨家为代表的“利益集团”成员最后的末日终于到了。丙申日,玄宗君臣逃至京兆兴平县(今陕西)西之马嵬驿,将士们日夜奔命,又饥又累,不免愤怨。陈玄礼认为,造成朝廷被动祸乱(指潼关失守),都是杨国忠之罪,遂与太子心腹李辅国一起,建议太子能建策杀杨国忠,太子不敢作主。此时正好有二十多名随行的吐蕃使者拦住杨国忠马头,诉说未得到食物。有军士看到,便诳喊:“杨国忠与胡虏在密谋造反!”顿时便发生兵变,乱军先追杀了杨国忠,将其首级悬于驿门外,又杀了韩国夫人、秦国夫人。玄宗听到外面喧哗,知有异常,忙出门慰劳,命军士散归。但士卒仍在门外呼喊,玄宗派高力士问有何要求?陈玄礼说:“杨国忠谋反,贵妃不宜陪侍在君侧,希望陛下割弃恩爱,将她正国法。”此时,朝廷六军的人都认为是杨贵妃带来了“祸根”,她实在是在劫难逃了。

玄宗的办法,是想再拖一拖。他对陈玄礼等说:“贵妃的问题,由朕来处理。”

他进门后倚杖而立，头靠在杖上，内心发生着激烈的斗争，每时每刻都难熬呵。过了一会儿，京兆司录韦谔怕事情耽搁会出意外，上前劝玄宗说："陛下，众怒难犯呵！国家的安危，就在此一刻，恳请陛下速速决策！"他叩头求告，叩得额头都出血了。玄宗仍舍不得，说："贵妃常居深宫，她怎么知道杨国忠会谋反啊？"高力士劝道："贵妃确实是无罪的，但是将士们已经杀了杨国忠，贵妃却供奉在陛下身边，他们能安心吗？希望陛下设身处地为将士们思虑，将士们安心了，陛下就安全了。"话说到这种地步，实际上就是一场逼宫，玄宗再也不敢保杨贵妃了，于是只得让高力士将杨贵妃送到佛堂绞死，一代美女，就此香消玉殒；昔日荣华富贵，遂成南柯一梦。杨贵妃死后，玄宗还让陈玄礼等将士入佛堂验尸，陈玄礼等才免胄向玄宗谢罪，山呼万岁，开始整顿入蜀队伍。得知兵变的杨国忠之妻和儿子及虢国夫人仓皇逃到陈仓，亦被县令诛斩。至此，权倾朝野、炙手可热的杨氏家族势力，终于随杨贵妃的去世而灭亡。玄宗虽将杨贵妃"割恩正法"，但每念及此，总是于心有所不忍。安史之乱平定后，已成为太上皇的玄宗想给杨贵妃平反，由于没权了，未能成功；他回长安路过马嵬驿时，曾想改葬杨贵妃，也让礼部侍郎李揆制止了。

白居易在《长恨歌》诗句中描写玄宗对贵妃的思念和派遣"临邛道士鸿都客"去"上穷碧落下黄泉"，寻找杨贵妃，希冀她未死，其中可能透出一点重要的历史信息：即在安史之乱平定、玄宗在深宫当太上皇时，分外思念杨贵妃，希望肃宗李亨能体念自己的心，正式下旨为杨贵妃昭雪并以礼改葬。但是，玄宗的这些"寻找杨妃"举动终未能打动肃宗。因为肃宗当太子时，杨国忠打击过他，又由于杨妃的进言，使他未能在潼关失守前当上兵马大元帅、监国，由于这些原因，肃宗当然不肯为杨贵妃昭雪，而玄宗也只能"此恨绵绵无尽期"了。肃宗后来也未追贬杨贵妃为庶人，看来是他不想再往父亲受伤的心灵上撒盐，他对父亲思念、痛悼杨贵妃的举动，采取不参与、不干涉、不关心的态度。白居易是唐朝人，他不便把这段历史写出来，所以便以艺术夸张的手法，来为玄宗与杨贵妃的历史透露一点信息。

另一个吊诡的情况值得注意：玄宗既如此喜欢杨贵妃，为何一直不立她为皇后？这个问题，恐怕还是与杨贵妃的来历有关。杨贵妃本是玄宗儿子寿王李瑁的王妃（正妻），玄宗若立杨贵妃为皇后，那么，在朝廷重大典仪上，面对母仪天下的杨贵妃，她的前夫李瑁就要对杨贵妃行朝拜母后之礼，这就别扭了。玄宗可以宠杨贵妃，但他也不能不考虑儿子们的感受，所以玄宗只能让杨贵妃享受皇后的一切待遇，而无法给予皇后的名分。好在杨贵妃是个享乐至上的女子，她不像武则天那样有政治野心，所以亦不在乎名分，安于当她的贵妃。顺便说一下：杨国忠此人，虽然坏事干得太多，但他僭逆之心确实也没有，他的目标便是掌权、为所欲为、享乐腐化。天宝十二年(753)，杨国忠与虢、韩、秦三姊妹随玄宗幸华清池，他陶醉于“车马仆从，充溢数坊，锦绣珠玉，鲜华夺目”的排场，对宾客说：“吾本寒家，一旦缘椒房至此，未知税驾之所，然念终不能致令名，不若且极乐耳。”不顾社会矛盾激化的后果，一味极乐至上，正是杨国忠与虢、韩、秦三国夫人醉生梦死生活的写照，也是玄宗与杨贵妃人生的真实写照。

红颜陈圆圆不是“祸水”

“红颜祸水”，一直是中国古代统治阶级因废政弛事而亡国失身的借口，他们肆意霸占美女，尽情纵欲，招致腐败堕落，却把责任推给无权力的女子，常常拿周幽纵褒姒、商纣迷妲己、夫差宠西施、石崇恋绿珠、玄宗醉玉环、孟昶惑花蕊等作为例子来说事，其实历史真相根本不是如此。明末清初也曾有一位才艺俱佳的绝色女子陈圆圆，因为曾被吴三桂、李自成这些“大人物”占有过，并被认为由于她的原因而“改变”了中国的历史进程。1644 年，李自成、吴三桂、多尔衮逐鹿神州的结果，使汉民族不得不接受历时 267 年满洲贵族清王朝的统治，因而她也被认为是“红颜祸水”。其实，对陈圆圆而言是一桩很不公平的冤案，现在，应该还她的历史清白了。

红颜的身份：常州奔牛镇的农家女

陈圆圆出生于明朝晚期，即天启末或崇祯初，大致在 1625 年至 1628 年间，她本是常州府武进县奔牛镇人，但因从小离开家乡，今天奔牛镇乃至常州地区的人都几乎把她忘记了，为此，我曾在 1998 年 2 月 9 日的《新民晚报 · 夜光杯》上发表过《故里不记陈圆圆》一文，感叹这位曾与一段中国历史改变相关的弱女子，身后遭际凄凉而被家乡忘记，希望她的出生地奔牛镇能把她“接回去”。前两年，得知我在奔牛高中的同学戴网网参加镇志编撰，便嘱他一定把陈圆圆写进去。2011 年 2 月 1 日，我收到由武进区奔牛镇政府编撰出版的《奔牛镇志》，内中第四编二十五章“文化”之第十节“掌故传说”，为陈圆圆专列了两大条目：“冲冠一怒为红颜”、“陈圆圆传奇”，较详细地叙述了陈圆圆坎坷生平及结局，这使我感到欣慰：家乡人终于“接回”了漂泊在外三百多年的奇女子陈圆圆，使她“重回”温暖的江南大运河畔故土。

奔牛为江南著名古镇，它因传说而曾称“金牛里”。东汉光武（公元25—57）初，此处开古渠（即今孟河渎）引长江水南下灌溉农田，为节制潮水，遂筑闸建栅守护，逐渐人口辐凑而成集镇，南宋《咸淳毗陵志》引《舆地志》载：“汉时，有金牛出山东石池，到曲阿（丹阳），人栅断其道，牛因骤奔，故名。”又据《四蕃志》称：“万策湖中有铜牛，人逐之，上东山入土，掘，走至此栅。今栅口及堰皆以此号。”《毗陵志》称，齐高帝萧道成曾与大臣共登当地之金牛台遗址，于是有奔牛之名。该镇的久远历史，产生了丰富的人文资源，传春秋时俞伯牙与钟子期的“知音”故事即发生于此。1958年我考入奔牛高级中学就读，母校东围墙外仍有小河沟及石桥，我常去该处散步，镇民称此即“伯牙渎”和“子期桥”，河沟中有一种小鱼称“琴鱼”。此外，奔牛镇还有孙权建的射虎亭、梁武帝的遗迹传说，陆游为奔牛闸所赋诗篇及能仁寺、金牛山、奔牛八景、乾隆驻跸叶家码头等掌故。

据《奔牛镇志》（南京大学出版社2010年版）叙述：陈圆圆老家在离镇东北方约八里的陈巷村，此地处于大运河北面。圆圆家世代务农，三岁时父母双亡，由叔父陈玉郎收养。陈玉郎是位穿村走巷的生意“货郎”，他生一子，名叫陈士进，比陈圆圆小两岁，陈圆圆无兄弟，故与堂弟陈士进情同亲姐弟。

圆圆自小肌肤凝脂如玉，五官端正，身材皎巧，且伶俐可人，颇得叔父珍爱。她八岁时江南大水，禾稼绝收，陈玉郎带全家逃荒至昆山圆圆姑母处。姑父邢阿山在油坊当厨师，生计无愁，夫妇俩膝下无后，见圆圆漂亮可爱，遂将她留下为养女，从姑父姓改称邢婉芬，教授其女红刺绣、裁剪缝衣技能。一日，县衙要陈圆圆等去缝制衣服，知县杨永言的夫人喜欢上了这个来自常州的寒女，遂将其留在衙中给女儿伴读，陈圆圆凭聪慧天姿也学得很快，不仅知书识字，还会作诗填词。时昆山拍曲之风普及，杨知县附庸风雅，常传艺人至衙署唱昆曲助兴，圆圆耳濡目染，久而久之也学会唱曲，又兼嗓音圆润，天生丽质，备受杨知县青睐，他让曲家为圆圆教习指点，使她技艺日精，筵席间常让圆圆唱曲，名声逐步传出。

时有太仓籍榜眼吴伟业（梅村）赴京莅任途经昆山，特拜访杨知县，于座中为陈圆圆所倾倒，欲收为妾。15岁的圆圆不为心动，为“雅拒”纠缠，便以昆山城中酒坊桥、通河桥、无不利桥出题为上联曰“酒坊通河无不利”，称若能对出，便愿嫁为小妾。吴伟业虽对昆山景物熟悉，但一时却无法对出极工的下联，大诗人竟被难住，遂无颜再提纳陈圆圆为妾事。10年后，吴伟业依旧思念陈圆圆，写下长诗名篇《圆圆曲》，记述陈圆圆命运，内有“金牛道上车千乘”句，指陈圆圆出自奔牛。此时，吴伟业再赴昆山，见城中有果老弄、管家弄、东太平弄，恍然大悟，遂对下联云“果老管家东太平”，但此刻圆圆早被吴三桂所占，昔日才子佳人美梦已断。当然，也有人认为这段传说是附会，吴伟业认识陈圆圆应在崇祯帝宠妃田氏家的宴席上，《圆圆曲》中有“相见初经田窦家”之句可为证。

陈圆圆为奔牛镇人，还有两大硬证，一是清道光年间修《武进县志》，内中点名陈圆圆为本邑奔牛乡人；二是清代光绪间武进籍进士钱名山曾作《摸鱼儿》词：“君知否？乡里风流掌故，金牛曾有神女。红掌一代关兴波，曾有梅村乐府。”此词不仅点明了陈圆圆是奔牛人，还把陈圆圆誉为“金牛神女”。陈圆圆自长成后，富于文采，曾写下许多缠绵凄恻的词篇，其作品收入了《全清词钞》，还因擅昆曲艺术，被时人列入“秦淮八艳”。

红颜的选择：注定要“被薄命”

美丽而多才多艺的陈圆圆，注定了是红颜薄命。据陆次云《圆圆传》（见张潮辑《虞初新志》，文学古籍刊行社 1954 年 12 月版）云：

> 圆圆，陈姓，玉峰歌妓也，声甲天下之声，色甲天下之色。崇祯癸未(1643)岁，总兵吴三桂慕其名，赍千金往聘之，已先为田畹所得。时圆圆以不得事吴怏怏也，而吴更甚。田畹者，怀宗（按即崇祯帝）妃之父也，年耄矣，圆圆度“流水高山”之曲以歌之，畹每击节，不知其悼知音之希也。甲申(1644)春，流氛大炽，怀宗宵旰忧之，废寝食。妃谋所以解帝忧者于父。畹进圆圆。圆圆扫眉而入，冀邀一顾，帝穆然也，旋命之归畹第。

原来，16 岁时，适值苏州城里的玉峰昆曲班到昆山招伶人，陈圆圆心仪演剧，遂经姑父母同意，正式加入昆班学艺，因其天赋不凡，很快技压群芳，且又倾国之色，一时成吴地名伶。时值崇祯帝田贵妃之父田畹（弘遇）奉周皇后父周奎（封嘉定伯）命赴苏州选美，闻陈圆圆之名，立即召见，惊艳之下，以高价将陈圆圆买下带回北京，打算献给崇祯帝（朱由检）。但此时大明帝国风雨飘摇，内有李自成、张献忠农民造反大军蜂起中国北方，关外有新崛起的满清势力虎视眈眈随时准备来夺取江山，内忧外患之下，崇祯帝无心思于女色，退回了田畹送去的陈圆圆，这样，陈圆圆便落入田畹之手。

据《明史·后妃传》，田畹为陕籍扬州人，官至左都督，仗崇祯恭淑田贵妃之势，骄奢佚游，田妃病亡后恶习未有稍减。他获得陈圆圆这样的美女，自然心满意足，于是在权贵聚宴间令陈圆圆侑酒，以示夸耀。崇祯末，李自成农民军逼近京师，崇祯帝急召宁远总兵、平西伯吴三桂入卫。吴三桂所率宁远部号称50万众，他简阅步骑入京，因兵强马壮，势焰熏天，权贵争相向他献媚。田畹见危机迫近，急欲结交一位武将使自己能获庇护。吴三桂为扬州附近的高邮人，两家亦堪称小同乡，田畹邀吴三桂至家，盛宴招待。陈圆圆率歌伎在宴会上表演，歌喉婉丽的江南绝色佳人，怎不让吴三桂销魂夺魄？陈圆圆见了吴三桂，也以为遇见"英雄"，国难当头，她知田畹乃不足倚靠的冰山，期盼能托身于吴三桂这样的武将，而且她在苏州时就闻过吴三桂之名，今日见了，亦颇动心，席间频频以目顾盼吴三桂，两人都寄情于对方。田畹问吴三桂："寇至，将若何？"吴三桂答道："能以圆圆见赠，吾首先保护君家无恙。"话一旦挑明，田家亦无奈，听凭吴三桂立马将陈圆圆带去。从此，陈圆圆的命运便与吴三桂结合在一起。不久，宁远前线吃紧，朝廷饬吴三桂出军御敌，吴三桂只得将陈圆圆留在家中托父亲吴襄（原锦州总兵）照顾，自己赶赴宁远。

崇祯十七年（1644）二月，李自成军围攻北京，吴三桂闻警回师救援，大军刚行至丰润县境内，李自成已攻破京城，崇祯帝自缢于煤山，混乱中明廷众大臣投降，其中包括吴襄。李自成派降将唐通、白广恩进攻滦州，被吴三桂击破，吴三桂驻兵山海关待机。

李自成农民军入北京后军纪紊乱，轰轰烈烈的"起义"顷刻成为"打劫"，将校们肆意抢掠国库及降臣财物、人口，毫无纪律约束，"汝侯"刘宗敏一边拷掠明室勋臣的金玉珠宝，一边渔猎美色，他得知陈圆圆乃国色，遂率人强闯吴府，将圆圆抢去，又转献于李自成。

李自成将吴襄一家软禁，让他招降吴三桂，许以官位利禄，吴襄写信给吴三桂要他投降。为保父、妾身家性命，吴三桂决定投降，刚走到滦州，吴府家人吴元冒死从京城逃出见吴三桂，说出陈圆圆失陷"贼军"消息，吴三桂十分震惊，愤而立誓："闯贼，我与你誓不两立，不把圆圆夺回，何以为人！"他立即回军，击破李自成派去接替他守山海关的大顺军，重占山海关。此时的吴三桂，视陈圆圆为其性命所在，但凭他这么点人马，想攻进北京夺回陈圆圆是不可能的，怎么办？他想到借助关外的强悍清军，于是便派副将杨坤、游击将军郭云龙持亲笔降书去见清军统帅睿亲王多尔衮，请求"合军讨贼"。清廷正欲攻打山海关，大军行近宁远，接到吴三桂降书，遂日夜兼程赶赴山海关城下受降。李自成闻听吴三桂降清，便亲率20万大军来进攻，还将吴襄逮捕，挟持于军前，逼吴三桂选择，但吴三桂此时只要爱妾，对父亲死活亦毫不在意，率兵与李自成军激战；多尔衮大军赶到，两家夹击大顺军，李自成大败，退回北京后杀死吴襄全家三十余口，又要杀陈圆圆。此时，陈圆圆误认吴三桂借清兵是为恢复明室，不知他已是死心塌地的汉奸，还痴情盼吴三桂救她，便对李自成说：“吴将军卷甲归来矣，徒以妾故，又复兴兵，杀妾何足惜，恐其为王死敌，不利也。”(见《圆圆传》)此番话说服了李自成，她以机智保得自己一命。李自成见北京存身不住，便于三月二十九日在武英殿匆匆“登基”，过了把大顺朝皇帝瘾，第二天一早，传令焚毁宫殿及九门城楼，带着“皇后”、“太子”南下，还欲挟持陈圆圆离京。圆圆决心在北京等待心中的“英雄”来“救美”，便诓骗李自成云：“妾既事大王矣，岂不欲从大王行？恐吴将军故，而穷追不已也！王请度之：王能敌吴将军，妾即褰裳，跨征骑为王前驱。”李自成沉吟不语，陈圆圆又说：“妾为大王计，不如留妾缓敌，当说彼不追，以报王之恩遇也。”李自成为摆脱吴三桂大军纠缠，只得将陈圆圆留下。

果然，一路追杀李自成的吴三桂军，至望都县即停止，原来他急于返北京去找陈圆圆。陈圆圆见吴三桂已剃发留辫，一副满人装束，更无心恢复明朝社稷，她惊呆了，昔日心仪的“英雄”已为“降虏”，但自己落入吴三桂之手，已无处可去，只得忍辱偷生。后来，她曾悄悄地劝吴三桂弃清复明，尽忠义之道，但此时吴三桂认贼作父，只愿为清廷效忠，他协助清廷扫灭了诸反清势力，建藩于云南当上平西王，还要请朝廷册封陈圆圆为王妃。圆圆觉得因自己的缘故，而使吴三桂背叛民族，两人都已成千古罪人，无颜安享富贵，坚辞拒绝。这时的吴三桂，府中也不乏美女新欢，于是逐渐疏远陈圆圆。

红颜的“孽债”：365 年尚未还清

陈圆圆虽在平西王府栖身，但却无时不记挂家乡的堂弟陈士进，日久郁积成疾。吴三桂知自己行为有愧于陈圆圆的期盼，于是派人到常州奔牛找到陈士进，将他接到昆明王府。陈圆圆见到家乡亲人，心里稍稍感到宽慰，她也不去管吴三桂的事，更不想再邀宠于吴三桂，天天吃斋念佛以资赎罪，常与堂弟叙旧，满足粗茶淡饭生活。

清康熙十二年(1673)十一月，吴三桂起兵叛清，陈圆圆闻变大惊，知道吴家已临灭族大祸，私下对陈士进说：三十年前，我因错把三桂当“英雄”，没想到他引狼入室，我也背负着骂名。如今成为叛逆，又不占天时、地利、人和，因此他必败无疑，定要株连九族，你赶快回家，到常州后也不要再回奔牛陈家村，可另觅他地，变换姓名隐居避祸。我也将离开王府出去修行。说罢，便将自己积蓄悉数交给陈士进。陈士进走后，她即削发，改法名为寂净，入庵为尼。陈士进潜行至常州，在南门外60里处蒋湾桥陈家村买宅避居，他盼望姐姐圆圆平安归来，就出钱建“望姑庵”，并于五里外之周徐两家村间另建“迎姑亭”一座。

康熙十七年(1678)八月，吴三桂病死，三年后，清廷剿灭了以其孙子吴世璠为首的叛军。关于陈圆圆的结局，至今未有统一的说法，大致分为三种：

第一种说法，称吴三桂起兵叛清，与清军作战时，陈圆圆亦随侍在吴三桂身边。据印鸾章著《清鉴》卷四记载：时吴三桂称帝并攻陷郴州，其婿胡国柱见朝廷军势浩大，密谋降清，部将马宝急“驰告三桂。值中秋节，三桂方拥歌姬，与所嬖陈圆圆临轩玩月，闻变大呼曰‘吾事去矣！’即气噎仆地，遽绝不复苏。三桂既死，马宝等即与诸将迎三桂孙世璠于云南至衡阳立之，改元洪化，始发丧、拥柩归云南。”此说吴三桂病死时，陈圆圆亦在身边，说明她仍受吴三桂宠爱，后来可能随马宝一同扶吴三桂灵柩回昆明，再出府另居。当地传称清军攻破昆明后，她知难免株连，先自沉湖而亡，死后未留下葬处。

第二种说法，是陈圆圆故乡《奔牛镇志》的叙述，称陈士进回乡后的第15年，陈圆圆以尼姑身份回到常州，凭着“迎姑庵”、“望姑亭”，竟然找到陈士进，还在“迎姑庵”住了三天，手植两株银杏，将“迎姑庵”改名为“善庆庵”，“望姑亭”改为“小留凉亭”，此后，“小留凉亭”周边数村即称为小留村。陈圆圆还游了奔牛的三里庵、雨香庵，后来在其修行的尼庵圆寂，享年84岁。

第三种说法，是陈圆圆善终贵州岑巩说。1983年，岑巩县学者黄透松在调查中发现，该县水尾镇马家寨有“陈老太婆”墓，存阴镂“故先妣吴门聂氏之墓位席”之石碑，落款为孝男吴启华等，“皇清雍正六年(1728)岁次戊申仲冬月吉日立”，墓碑除“聂”字外均为繁体。当地村民称：吴三桂死后，马宝知吴世璠必败，为保留吴氏一脉，遂秘密将陈圆圆和吴三桂庶子吴启华从衡阳护送至贵州，沿沅水、龙鳌河至岑巩木洞隐居下来，后以鳌山寺为基地，逐步在荒地上建马家寨，现该寨所居皆吴氏后人，称马家寨是为纪念马宝救护之恩。陈圆圆亦在此终老，“陈老太婆”墓实为陈圆圆墓，“吴门”代表墓主为江南人，“聂”字是专为她生造的，双“耳”喻指陈圆圆曾姓陈、姓邢的偏旁。吴三桂后人慑于清廷报复，又因吴三桂被史书铁定为国贼，故族人300年来不敢稍露形迹，目前寨中吴裔已达千人。

无论哪种结局，弱女陈圆圆都是悲剧人物，史书虽未斥她为褒姒、妲己，但对她亦无正面评价，其历史地位，与同是嫁降清丈夫的柳如是不可同日而语。陈圆圆被诟病，主要是吴三桂为她降清并打开了山海关，致使关内各族百姓被清朝统治267年,又由于髡发、文字狱等给汉族百姓带来灾难,故陈圆圆本人虽无罪,但她"存在即是罪",尤其是诗人吴伟业在《圆圆曲》中"冲冠一怒为红颜"之句,明指吴三桂嬖爱陈圆圆才有降清之举,于是,陈圆圆不得不为吴三桂的罪孽债背书,终被戴上"红颜祸水"的帽子。尽管吴伟业写诗本意是为颂扬圆圆的美丽,抒发对其的思念,但"歪打正着",却让圆圆365年无法还清这笔孽债。

陈圆圆真该为吴三桂降清并导致此后267年中原被满州贵族统治的历史负责吗?非也。若从1644年的实际情势去考察,可知此说实妄。当时,崇祯帝已死,有三股力量在进行夺天下的博弈,即:李自成的大顺军、包括吴三桂在内的明朝军事势力和关外的清军。大顺军虽众,但进入北京后即腐败,已无战斗力,不可能建立稳固的政权,失败指日可待。明朝军事势力包括宗室福王朱由崧、鲁王朱以海、唐王朱聿键、桂王朱由榔的军事力量,明军将领吴三桂、左良玉、何腾蛟等军事力量和民族英雄史可法、郑成功、张煌言、李定国等,虽地广兵众,但后来的历史证明,他们都不具备与清军抗衡的能力,明军虽多,建不起统一的统帅部,更没有能站出来战胜李自成、张献忠和多尔衮的统帅人物,这是明朝长期腐败的用人制度造成的恶果。反观满洲贵族中却人才济济,不仅有多尔衮、多铎、豪格等这样智勇巨帅,更有范文程、洪承畴这些汉族智士为谋主。还有,经李自成攻灭崇祯,京畿已残破,经济秩序已毁,吴三桂即使与李自成联手,也无力阻止清军入关。所以,纵没有陈圆圆,吴三桂也守不住山海关,他不是战死,便会投降,时间亦仅在早晚间,而失败是必然的。历史已证明,吴三桂非史可法、张煌言式忠烈之士,他贪享乐、有野心,甘认贼作父,陈圆圆被掠,只是为他的投降本性触动了爆发点。还要指出的是,陈圆圆虽被吴三桂占有,但在吴三桂的所有孽行中,她并未助纣为虐,相反,是吴三桂害了她一生。

陈圆圆卷入1644年的国家剧变,完全是被动的、偶然的,个人根本无所作为,所以,她不应担负"失国"之责,也毋须为吴三桂降清和引狼入室罪衍负债。但是,"冲冠一怒为红颜"的污水,还是使她百口莫辩,不得不背负着365年也未还清的吴三桂"孽债",至今无法作名誉上切割,实在是一个悲剧,这对她极不公平。

红颜的赞诗:吴伟业和他的名篇《圆圆曲》

陈圆圆与吴三桂的感情纠葛故事在当时就广为流传,又加上自晚明入清的文人及民间对吴三桂开山海关引"夷狄"之清军入塞,在北京俨然成了"正统"王朝，并坐稳了江山，人们不敢在舆论上诋毁、讽刺清廷，便选择吴三桂为一介红颜陈圆圆而背叛祖宗投降清朝作为话题，以“春秋笔法”进行谴责、挖苦。其中，以吴伟业的《圆圆曲》最具有代表性。

吴伟业(1609—1672)，字骏公，号梅村，苏州太仓人。生于明万历三十七年，长于乡村儒生之家，自幼聪悟，明崇祯元年(1628)考中秀才，崇祯三年(1630)中举人，次年会试，殿试取进士第二名(即“榜眼”)，授编修，年仅23岁。崇祯帝曾亲阅其试卷，并在试卷上批下“正大博雅，足式诡靡”八个字，后成为他老师张溥创建的复社重要成员。

晚明时，东林、复社与阉党争斗不断，吴伟业在仕途上颇不顺利。崇祯十年(1637)任东宫讲读，十三年(1640)改任南京国子监司业。他见明王朝风雨飘摇，日薄西山，遂辞左中允、左谕德、左庶子等官，拒绝赴职。弘光朝时，他被召任少詹事，发现控制朝政的马士英、阮大铖实为腐败国贼，仅两月便愤然辞归。清初，他被迫于顺治十年(1653)赴京，次年任秘书院侍读，十三年(1656)转任国子监祭酒，年底以母丧丁忧归家，此后即在乡间生活，毕生羞于失足仕清廷为官。

《圆圆曲》作于清顺治八年(1651)，时吴三桂尚大红大紫之际。全诗如下：

鼎湖[①]当日弃人间，破敌收京下玉关。恸哭六军俱缟素，冲冠一怒为红颜。红颜流落非吾恋，逆贼天亡自荒宴。电扫黄巾定黑山，哭罢君亲再相见。相见初经田窦家，侯门歌舞出如花。许将戚里箜篌伎，等取将军油壁车。家本姑苏浣花里[②]，圆圆小字娇罗绮。梦向夫差苑里游，宫娥拥入君王起。前身合是采莲人，门前一片横塘水。横塘双桨去如飞，何处豪家强载归？此际岂知非薄命，此时只有泪沾衣。熏天意气连宫掖，明眸皓齿无人惜。夺归永巷闭良家，教就新声倾坐客。坐客飞觞红日暮，一曲哀弦向谁诉？白皙通侯最少年，拣取花枝屡回顾。早携娇鸟出樊笼，待得银河几时渡？恨杀军书底死催，苦留后约将人误。相约恩深相见难，一朝蚁贼[③]满长安。可怜思妇楼头柳，认作天边粉絮看。遍索绿珠围内第，强呼绛树出雕栏。若非壮士全师胜，争得蛾眉匹马还。蛾眉马上传呼进，云鬟不整惊魂定。蜡炬迎来在战场，啼妆满面残红印。专征箫鼓向秦川，金牛[④]道上车千乘。斜谷云深起画楼，散关月落开妆镜。传来消息满江乡，乌桕红经十度霜。教曲妓师怜尚在，浣纱女伴忆同行。旧巢共是衔泥燕，飞上枝头变凤凰。长向尊前悲老大，有人夫婿擅侯王。当时只受声名累，贵戚名豪竞延致。一斛明珠万斛愁，关山飘泊腰支细。错怨狂风飏落花，无边春色来天地。尝闻倾国与倾城，翻使周郎受重名。妻子岂应关大计，英雄无奈是多情。全家白骨成灰土，一代红妆照汗青。君不见，馆娃[5]初起鸳鸯宿，越女如花看不足。香径尘生乌自啼，屧廊人去苔空绿。换羽移宫万里愁，珠歌翠舞古梁州。为君别唱吴宫曲，汉水东南日夜流。

吴伟业写此诗时，吴三桂正进军陕西并驻节汉中。诗中除叙述陈圆圆来历之外，还以“冲冠一怒为红颜”这一名句，揭露了吴三桂为美女陈圆圆而开关降清的本质，戳穿了吴三桂内心中的秘密。因为在此之前，吴三桂把开关降清说成是为崇祯帝复仇，以春秋时楚国忠臣申包胥哭秦庭借兵复国的故事自喻，将自己打扮成忠义的“当代申包胥”。实际上，吴三桂的降清行为，在当时对国家、民族而言是“引狼”入室；对吴家而言，是包括其父吴襄在内的三十余人口被大顺军杀死的后果，“全家白骨成灰土”，吴三桂实为最大不忠不孝之人。故此诗对吴三桂杀伤力特别大，也引起了他的恐慌，担心清廷会对自己产生疑忌。清陆次云在《圆圆传》篇后即指出：“而世之不知者，以三桂能学申胥，以复君父大仇，忠孝人也。曷知其乞师之故，盖在此（指陈圆圆）而不在彼哉？”他称赞“梅村效《琵琶》《长恨》体，作《圆圆曲》以刺三桂”，是吴三桂日后毁败的征兆，“于甲寅（康熙十三年）之乱（指吴三桂造反），似早有以见其征者。呜呼！梅村非诗史之董狐也哉？”据他透露，吴三桂得知吴伟业写此诗，曾想以重金赂遗他，“求去此诗”，使其毁版绝迹，但为吴伟业所拒绝。《虞初新志》一书主编张潮也指出：“吴三桂未叛时，予读祭酒（按：指吴伟业）《圆圆曲》，不解所谓。甲寅后，友人因为予言其故，深服先生先见之明，今读此传，益知《圆圆曲》之妙也。”我认为，吴伟业“预见”吴三桂必败之征象，其根据大约是出于一种“女人祸水”的见识，并非他真有先见之明。不过，在吴三桂政治地位如日中天之时写出此诗，亦是需要有勇气的。也正为因如此，《圆圆曲》才终成清代名篇，传诵之今。这首长诗，连同陆次云的《圆圆传》，成为研究陈圆圆的重要材料。

综观陈圆圆的一生，她并没有改变历史，只是“被”卷入历史的漩涡，所以，陈圆圆绝不应被认为是“红颜祸水”。

注释：

① 鼎湖，原意指黄帝铸鼎于荆山下，有龙垂须接其上天，该地成湖，后人名之曰

鼎湖。此处引伸喻指明崇祯帝。

② “家本姑苏浣纱里”句，因吴伟业不知陈圆圆生于常州奔牛的史实，误将陈圆圆乐妓院所在的苏州当作故乡了。

③ 蚁贼，是作者对李自成农民军的蔑称。

④ 金牛，是陈圆圆故乡常州武进之奔牛镇的古名，当地民间传说称此处曾有金牛从常州武进北乡暗巷里奔至此，而后不见，旧时奔牛镇曾有金牛墩古迹，今废圮。又一说：指沔阳至四川古栈道。

⑤ 馆娃，指吴王夫差为越国进宫美女所筑之宫殿，其遗址在苏州灵岩山下。

才女篇

蔡琰的悲情诗怨愤谁

中国文学史上最早的著名女诗人，当推东汉三国时期的蔡琰（字文姬），她经过传统京剧《文姬归汉》及郭沫若话剧《蔡文姬》等的渲染更加知名。但是，这位才女却又是个很不幸的人，一生尝尽颠沛流离之苦，还饱受与子女、第二任丈夫左贤王骨肉分离的煎熬；而最不幸的是，她在文学史占据显赫地位的两部悲情诗《悲愤诗》和《胡笳十八拍》，以及她和曹操的关系，至今一直被人们误读，其中《胡笳十八拍》的"著作权"，从唐、宋以来还一直被某些研究者质疑。那么，蔡琰的两部悲情诗中隐藏着怎样的秘密？她在诗中表现出来的怨愤情绪究竟针对的是谁？

近期，由于我对这个问题突然发生一些兴趣，遂仔细研读了历史著作及蔡琰的《悲愤诗》《胡笳十八拍》，以及一些研究文章、有关蔡琰的剧作，有了一些不同于郭沫若等前辈观点的新想法，现提出来供学界参考。

经学大儒的名门宠儿

一切首先要从她的身世说起。

蔡琰，东汉陈留圉（今河南杞县南）人，出身于名门，父亲蔡邕（字伯喈）是当时著名的大儒、文学家、经学家，《后汉书·蔡邕列传》称其"好辞章、数术、天文、妙音律"，初为司徒桥玄属官，曾任郎中、议郎，熹平四年（175）他上书汉灵帝，获准重校已传讹的《六经》文字，命工匠镌刻后立于京师太学门口，称为"熹平石经"，供天下士子们校阅、摹写，据说每天有千余辆车子在此进出，把街道也堵塞了。汉灵帝死后，董卓入朝废少帝、立献帝，控制政权，为了装潢门面，改善其残暴形象，董卓不惜以威胁其性命的手段，迫使蔡邕入朝为官，拜侍御史、左中郎将，封高阳乡侯。

蔡琰为蔡邕独生女儿，生在这样的家庭，便会朝夕受父亲耳濡目染影响，《后汉书·列女传》称蔡琰"博学有才辩，又妙于音律"。蔡邕家藏无数的古版本书籍，共四千多卷，这使蔡琰有条件从小就遨游于父亲的书海，获得丰富的知识。蔡琰不仅博学，而且极懂琴律，因为她的父亲蔡邕也是当时著名的古琴艺术大师。在陈留家乡时，有一天蔡邕应乡人之邀去赴宴，因迟到，在门外听到里面所弹之琴声有"杀心"，遂立即折返。主人闻知急追问其原因，蔡邕实告；弹琴者解释说：我弹琴时偶见螳螂欲捕蝉，心中"耸然"，这大概是"杀心"起而"形于声"吧？后来蔡邕在吴地流浪，偶见当地人以某株桐木为薪，其燃烧时发出特殊的"火烈之声"，遂将该木材买下做成古琴，果然成为一张好琴，只是其尾部木质烧焦，被誉为"焦尾琴"。蔡琰从小懂音律，幼年时某天夜间，她父亲蔡邕独自在院中抚琴自娱，琴弦突然断裂，蔡琰在内室喊："父亲，你的琴弦第二根断了吧？"蔡邕不信女儿有此本事，认为事属偶然，便说："你是猜的吧？"他续好弦后，在弹奏中又故意弄断一根弦，便问女儿："你说，是第几根弦断了？"蔡琰又嚷："第四根。"蔡邕一看，果然分毫不差。

一代才女婚姻不幸

蔡邕此人，虽然学富五车，但他心志高傲，常常认死理"一根筋"，他知道自己不适合做官，但却又因文名太大不得不"被做官"，汉桓帝（146—166 在位）在位时，朝廷就征他出仕，他看出桓帝是昏君，走到偃师便称病，返回家乡陈留隐居，从此不再交接官府。建宁三年（170），他因文名被司徒桥玄辟为幕僚，后任河平长、郎中、议郎一类小官，因刻定《六经》声名大著，又引起汉灵帝（168—189 在位）注意，当时宦官擅权，朝政紊乱，灾异屡见，光和元年（178）七月，灵帝召一些大臣于金商门商量关于灾异"消改变故所宜施行"的对策。蔡邕不顾忌讳，指名道姓揭发宦官集团成员罪行，遂遭宦官陷害下狱，虽"减死一等"，仍被处以"与家属髡钳徙朔方"之刑，而且不许赦免。此时，才女蔡琰虽在幼年，也无法幸免，遭父案株连，与父亲及叔叔蔡质一起，充军到了远边的朔方郡。

光和二年（179），灵帝因"嘉其才高"，允赦蔡邕回本郡，经过九个月跋涉，蔡琰与父亲才回到故乡陈留。但此时又发生了一件事：蔡邕遇赦后，宦官集团头目之一中常侍王甫的弟弟、五原太守王智设宴拉拢他，喝醉了酒的王智提出要蔡邕起舞侑酒，这是侮辱人格的，蔡邕予以拒绝，王智脸上搁不住，当场威胁称："你竟敢轻蔑我！"蔡邕也乘醉拂袖而去，酒宴不欢而散。王智便向朝廷诬告蔡邕在

放逐中"谤讪朝廷"，这是死罪；蔡邕得知宦官集团要报复他，连忙离家潜行，远涉江海、吴会之地亡命流浪。这次出行，他应当未挈带蔡琰前往。

自光和二年离家出外避难，蔡邕这一去就是12年之久。中平六年(189)，汉室江山倾颓，都城洛阳因灵帝去世而大乱，宦官势力被铲除，西凉军阀董卓乘机入朝，当上司空，实际把持朝政。此时，蔡邕也得到赦免，回到家乡。董卓久闻蔡邕文名，征他去做官。刚与女儿蔡琰重聚的蔡邕称病不往，董卓遂狂叫"谁不听我的话，我可是要杀人的"相威胁，蔡邕害怕了，只得赴召。董卓大喜，先任他为祭酒，很快又将蔡邕提升至侍中之职，位列三台。这段时期，蔡邕与担任着典军校尉的同僚曹操关系亲近，结为友谊。可能正是在这短暂的时光，曹操在与蔡邕的交往中见到过逐渐长大的蔡琰。由于生活稍为安定，蔡邕当于初平元年(190)或初平二年(191)将16岁的蔡琰嫁与河东卫仲道为妻。但这段婚姻随卫仲道的去世而成为悲剧，因无子嗣，蔡琰只得仍回到父亲家中来。蔡邕无子，他便把传承学业的希望放在女儿身上，估计蔡琰后来对曹操所说的"昔亡父赐书四千许卷"这件事，就发生在这个时候。需要指出的是，郭沫若在《再谈蔡文姬的〈胡笳十八拍〉》一文中推想蔡琰在初平三年(192)春天嫁于卫仲道，这是不准确的。因为这一年的四月，随着董卓的被杀，蔡邕就被祸了。若蔡琰在这一年出嫁，她不可能刚嫁卫仲道两个月就寡居吧？而蔡琰嫁卫仲道，是不可能在蔡邕被杀之后的；史书称蔡琰寡居后"归宁于家"，说明她父亲蔡邕尚在居官生活，若蔡邕亡故，就不能是"归宁于家"了。

蔡邕所依附的董卓虽强(此时已是相国、郿侯)，但实为冰山，他废少帝刘辩，立献帝刘协，关东诸侯群起讨伐他，引发更大大战乱。初平二年(191)四月，董卓为避诸侯兵锋，劫汉献帝烧毁洛阳宫室，迁都长安，蔡琰自然亦随父亲被挟持至长安。初平三年(192)夏四月，司徒王允与中郎将吕布联手杀死董卓，时已封为高阳乡侯的左中郎将蔡邕有感于董卓对自己的器重，不免表示惊叹；王允大怒，当即命人将蔡邕逮捕下狱，太尉马日磾等多人解救无效，蔡邕遂被杀。蔡邕虽因书生气十足而同情董卓，但他本人并未做任何坏事，他的死应是冤杀。这场家庭变故来得异常突然，给蔡琰的打击是毁灭性的，蔡琰在长安顿时处于无所依恃的境遇。

这时已是汉献帝兴平元年(194)，董卓余孽李傕、郭汜杀王允，他们把持朝政不久，又在长安互相争斗残杀，长安成为人间地狱，蔡琰在京城存身不住，只得逃难返乡。这时，在中原混乱中，北方少数民族南匈奴部骑兵乘机不时前来劫掠(史载中平六年时南匈奴单于於扶罗就率数千骑劫掠河内等郡国)，孤身弱女蔡琰在逃难返乡途中，可能遭遇匈奴游骑的劫掠，她年轻漂亮，又出身于名门，被南匈奴骑兵掳获后，送到了左贤王处。按匈奴的政制，左贤王是单于储副(即俗称的太子)，蔡琰被左贤王得到后，当然会被其强占，从此，蔡琰又流落在南匈奴，据《后汉书·列女传》记载，她这段生活整整12年之久。(《艺文类聚》卷三十载曹魏时文人丁廙之《蔡伯喈女赋》中亦有“我羁虏其如昨，经春秋之十二”句，可资佐证)。

蔡琰沦入匈奴，生活自然很不适应。一者她是“虏获物”、“战利品”，地位低，备受匈奴人的凌辱，对此，《胡笳十八拍》中有真实描述：“烟尘蔽野兮胡虏盛，志意乖兮节义亏。对殊俗兮非我宜，遭恶辱兮当告谁？笳一会兮琴一拍，心愤怨兮无人知”；“戎羯(指匈奴左贤王)逼我矣为室家，将我行兮向天涯……人多暴猛兮如虺蛇，控弦被甲兮为骄奢”。二是她对漠北的生活习俗极其不适应，发出了无奈的控诉：“越汉国兮入胡城，亡家失身兮不如无生。毡裘为裳兮骨肉震惊，羯羶为味兮枉遏我情”；“殊俗心异兮身难处，嗜欲不同兮谁可与语！”她还在《悲愤诗》中描述过当时处境：“边荒与华异，人俗少义理。处所多霜雪，胡风春夏起，翩翩吹我心，肃肃入我耳。”她的心是极其寂寞的，故此，她会“感时念父母，哀叹无穷已”。但是，她只能面对现实，同意被自己根本不爱的匈奴左贤王占有，并为他生下两个儿子。

文姬归汉实有无奈

正当蔡琰沦落匈奴之际，她父亲的好友曹操事业却如日中天，已经当上武平侯、司空行车骑将军、冀州牧，朝中大权在握。他想起了被冤死的好友蔡邕，痛心于这个有才情的人竟然无后，听说其女儿蔡琰流落在匈奴，遂派遣使者带着金璧等重礼赴南匈奴单于庭，要求赎回蔡琰。此时南匈奴的单于叫呼厨泉，本身是依附汉室的，他惧怕曹操势力，遂迫使左贤王交出蔡琰，给汉使带归中原。蔡琰回到汉朝，由于战乱，已经无家可归，故乡全非往昔情景，且又举目无亲，处处是“既至家人尽，又复无中外。城郭为山林，庭宇生荆艾。白骨不知谁，从横莫覆盖。

出门无人声，豺狼号且吠。茕茕对孤景，怛咤糜肝肺。登高远眺望，神魂忽飞逝”的惨象，（见蔡琰《悲愤诗》）已无亲人的蔡琰，只能依傍曹操。曹操虽好色，但他出于对蔡琰的爱怜，于是便做主将她嫁于屯田都尉（相当于县令级的“农垦处长”）、陈留人董祀为妻。董祀出身望族，一表人才，通史书，懂音律，但他与三嫁的女人蔡琰结合后，两人的感情实际上并不好，对此，蔡琰在《悲愤诗》中有所流露，即“托命于新人，竭心自勖厉。流离成鄙贱，常恐复捐废。人生几何许，怀忧终年岁”。她虽把命运交给了董祀，其实是很无奈的。

关于蔡琰的归汉日期，史无明载，且蔡琰被匈奴人掳掠的时间亦无记录，只知道她陷入匈奴共 12 年。怎么推算蔡琰归汉的时间？郭沫若认为时间应在建安十二年或十三年（207—208），因为史载兴平二年（195）南匈奴单于呼厨泉命右贤王去卑率数千骑护送汉献帝由长安返洛阳，蔡琰很可能是在逃难路上或家乡陈留被掳走的。这样，她归汉应该在建安十二年（207）较准确。同时，还有一点也可以证明，即建安十一年（206），曹操彻底击灭了对他威胁最大的袁氏集团势力，次年春二月，曹操回到“陪都”邺城，大封功臣二十余人，在稍为安定的时候，他才有时间办理赎回蔡琰的事宜。

蔡琰归汉又获得再嫁，而且丈夫既是同乡、又当着官，从此结束了漠北餐风浴沙、披毡食腥的日子，按一般人感觉她的归宿应该是“不错”了。为此，这段经历引起了后世艺术家的注意。元代即有金志甫所编杂剧本《蔡琰还汉》，明代时陈与郊创作杂剧本《文姬入塞》，叙述曹操派人把蔡琰赎回、蔡琰与其子分离的悲喜交集心情；另又有南山逸史的《中郎女》杂剧。清代时又有尤侗所编《吊琵琶》。最著名的则是现代京剧大师程砚秋编演的京剧《文姬归汉》，青衣应工，并将《胡笳十八拍》融入唱腔中。不过，蔡琰还汉的事迹也有演绎得走了样的，如 1959 年郭沫若编创的话剧《蔡文姬》就是一例，剧中的左贤王面对自己的小老婆要抛弃他和他们的两个幼子、即将回到中原去，竟然“大度”地表示要蔡琰“安心回去”，“依照曹丞相的意愿”撰修汉书，还称这比让蔡琰留在匈奴“更有意义”，这无疑是为了贴一个“促进民族团结”的标签，硬给左贤王按上去的语言。剧中的曹操更是描写得如同蔡琰的父执，曹操的卞夫人对蔡琰也关怀得无微不至，曹、卞夫妇的节俭生活，也宛如当代的优秀干部，传说当年郭老请一批高层领导看这个戏，在征求意见时，陈赓大将调侃说，曹操可以介绍入党了。

真实的历史是，曹操虽然赎回了蔡琰，但此后对她的态度亦很一般，并无特殊的关爱；不仅如此，曹操还把她耍弄过一回：那是蔡琰与董祀结婚之后不久，董祀因“犯法当死”，蔡琰闻知，焦虑万分，她顾不上梳洗打扮，顾不上天寒，连鞋袜头巾也未穿戴，蓬头垢面的便赶去相府，求告曹操宽赦董祀。曹操正与公卿名士及远来使者在厅堂开会，他听说蔡琰来了，便对众僚属说："蔡伯喈女儿在外边求见，大家一起见见。"蔡琰赤脚进去时，"蓬首徒行，叩头请罪，音辞清辩，旨甚酸哀"，众僚属都不忍心。由于蔡琰为丈夫辩诬有力，曹操也只得假惺惺地说："我也真诚地同情你的遭遇，然而处死董祀的文书已经发出去了，怎么办呢？"蔡琰知对方是遁词，便提醒他说："明公，您马厩中有上万匹快马，又有成批的虎士，为什么不能请一名勇猛的虎士骑上快马，立即带上赦书，去救下一位快死的被冤者呢！"蔡琰这是在哀求曹操，这时的曹操当然要考虑了：在众位公卿、名士面前，若铁石心肠不赦免董祀，使自己好友的孤女失望，他也会失去人心的。这样，曹操才终于做了个顺水人情，派人去传达文书，赦免了董祀。为了表示对蔡琰的"关爱"，曹操当场赐给蔡琰头巾鞋袜，让她穿戴好以御寒。当然，赦免董祀也不是无条件的，曹操不失时机地提出要蔡琰通过回忆写出其父四百多篇"坟籍"，并决定派 10 名文秘人员去缮写；蔡琰以"男女有别，礼不亲授"而拒绝，反过来提出希望曹操"乞给纸笔"，由自己来回忆缮写后送到曹操处，曹操只得答应了。

《后汉书·列女传》记载的这段史料，至少说明了四个问题：一是蔡琰归汉后，曹操并未继续给予她关照，他们之间的关系一般，决不是现代人郭沫若在话剧《蔡文姬》中描述的宛然"准父女"那样的关系，所以，曹操对于蔡琰，怜悯多于关爱，最主要的恐怕还是为了笼络文人之心。二是董祀涉及的这桩案子，恐怕本身也是冤案，曹操在处理此案中有失误，故才同意赦免。三是蔡琰归汉后生活困窘。董祀官俸看来不多，从蔡琰穿戴中即反映出其经济状况，作为一名才女，家中贫穷，连纸笔也备不起，是很悲哀的，说明曹操在经济上未照顾过蔡琰。四是在董祀冤案发生前，曹操自己虽然吟诗作文，其子曹丕、曹植文名也不小，但曹氏父子似并未把蔡琰当作文坛中人，证据是曹丕在那篇议论当时著名文人的《典论·论文》中，只提到"建安七子"而未提到蔡琰，相信这不是疏忽，而是蔡琰在曹操及二子心目中没有分量，曹操仅是对蔡琰给了一些同情，而且还主要是看在其父蔡邕的面子上。

"胡笳"之声怨愤了谁

蔡琰这个人还有一件很悲哀的事，那就是后世文人对她是否拥有《胡笳十八拍》的"著作权"发生过质疑，关于这件事的争议，从宋代一直争论到上世纪 50 年代。

由于《后汉书·列女传》只载了蔡琰的《悲愤诗》，对《胡笳十八拍》未予提及，再加上嗣后的《晋书》《宋书》中"乐志"均未提到蔡琰的《胡笳十八拍》，因此便引起后世某些文人的怀疑。但长期以来，《胡笳十八拍》却一直在民间流传着，唐代诗人李颀在《听董大弹胡笳兼寄语房给事》诗中一开始就写道："蔡女昔造胡笳声，一弹一十有八拍。胡人落泪沾边草，汉使断肠对归客。"董大即董庭兰，是唐玄宗时一位著名古琴演奏者，他所演奏的应是由《胡笳十八拍》改编的琴曲《胡笳弄》。这说明《胡笳十八拍》在当时很普及，该诗也点明确系蔡琰所作的事实。但唐代稍晚时的进士刘商在《胡笳曲序》中，却妄称"胡人思慕文姬，乃卷芦叶为吹笳，奏哀怨之音，后董生以琴写胡笳声为十八拍，今之胡笳弄是也"。这段话变了味，说《胡笳十八拍》的诞生是胡人思慕蔡琰而卷芦叶吹笳所创，董大则改编胡人笳曲为"十八拍"，凭空做了《胡笳十八拍》的"作者"。

北宋时，郭茂倩编《乐府诗集》，虽正式将《胡笳十八拍》选入并归在蔡琰名下，但却又将刘商的《胡笳曲序》附录于前，致"两锤"而不能"定音"。不过，大学者朱熹在所辑录的《楚辞后语》中把这首长诗增入其中，并明确提出："《胡笳》者，蔡琰所作也。"可宋代另一学者宋文长又打横炮，在其《琴史》中称是唐朝董庭兰(董大)"以琴写胡笳声，为大小胡笳是也"。据《中国音乐史略》(吴钊、刘东升编著，人民音乐出版社 1983 年版)所述，"大胡笳"即指《胡笳十八拍》，小胡笳是一首表现"雁归思汉"主题的抒情小曲，其与第十六拍的"对萱草兮忧不忘，弹鸣琴兮情何伤"相同，说明"小胡笳"可能是从"大胡笳"中幻化而来。此后，对《胡笳十八拍》是否蔡琰所作的争论一直未停止。现代学者胡适、郑振铎、刘大杰等都认为《胡笳十八拍》是"伪作"，而郭沫若则坚认此诗为蔡琰所作。

我是认同郭老看法的，因为像《胡笳十八拍》这样高水平的诗歌，没有在胡中生活的经历，没有经受过母子、夫妻生离永别伤痛感情的人，是绝对写不出的。《胡笳十八拍》与《悲愤诗》表现的主题思想和情感，是一脉相承的，很可能是蔡琰先写了《悲愤诗》，引起当时民间乐界人士注意，乐界将其改为歌唱的曲子，蔡琰在民间乐人的影响或请求下，正式创作了适合于在民间流传的"胡笳之音"。朱熹是位严肃的学者，他下断语认为蔡琰写了《胡笳十八拍》，应当不是虚妄之言。再则，即使《后汉书》《晋书》《宋书》等正史不载，也不等于蔡琰未作《胡笳十八拍》。中国历史上的许多名篇，正史也常常不载，但却在别的书中被保存下来，都是真实的，如诸葛亮的《后出世表》、岳飞的《满江红》词等就是最著名的例子。因为古人修史，或因追求简略，或因掌握资料不全，常常会漏掉史实，故陈寿《三国志》出，而裴松之要予以加注补充史料。

还有个因素也不能忽略，即在后汉、曹魏之交，被文人视为“正统文学”（即当代之“高雅文学”）的样式应为诗、赋和文，而《胡笳十八拍》是一种表演体的说唱文学，是以胡笳为伴奏器乐、按胡笳音律写就的通俗唱词，它更可能在民间流传，因此，在曹魏统治时期不可能有登大雅之堂的机会。也正因为此，蔡琰的《悲愤诗》会进入《后汉书》，而《胡笳十八拍》只会流传在民间乐界。

而更重要的原因，则可能是蔡琰在《胡笳十八拍》中所流露出来的因离胡归汉而与二幼子永别的那些悲愤情绪，已超出了诗歌中描写、比喻的情感极限，变成为由悲伤而愤懑的一种情绪的失控渲泄，从而演化成了一种控诉。事实也正是如此，在《胡笳十八拍》的 18 段节拍中，开篇及前几拍中描述了汉祚衰微而造成“戎羯（指匈奴）逼我兮为室家”，描述蔡琰尝遍“毡裘为裳”、“羯羶为味”、“鼙鼓喧”、“胡风浩浩”之“殊俗”，过着“不知愁心兮说向谁是”的生活。长诗中前面有关沦落胡地到听说可以归汉的描写，总共为十拍；而从第十一拍起，便一再渲染她与所生的两个胡儿的母子骨肉之情、与胡儿生离永别时的悲苦，及归汉后梦中对胡儿的思念，其中一些诗句，读来颇摧人肝肠：

第十一拍：“胡人宠我兮有二子。鞠之育之兮不羞耻，愍之念之兮生长边鄙……，哀响缠绵兮彻心髓。”

第十二拍：“嗟别稚子兮会无因……，去住两情兮难具陈。”

第十三拍：“汉使迎我兮四牡骓骓，胡儿号兮谁得知？与我生死兮逢此时，愁为子兮日无光辉，焉得羽翼兮将汝归。一步一远兮足难移，魂销影绝兮恩爱遗。……肝肠搅刺兮人莫我知。”

第十四拍：“身归国兮儿莫之随，心悬悬兮长如饥。……山高地阔兮见汝无期，更深夜阑兮梦汝来斯。梦中执手兮一喜一悲，觉后痛吾心兮无休歇时。”

第十五拍：“子母分离兮意难任，同天隔越兮如商参，生死不知兮何处寻！”

……

够了，我们从这五拍中透露出来的对离别儿子的伤痛、思念，难道还不能体会到蔡琰作为一个母亲此刻的怨愤心情吗？在第十六拍，她更明白地喊出了“旧怨平兮新怨长，泣血仰头兮诉苍苍”，甚至萌生出了“胡为生兮独罹此殃”生不如死的心情。这种控诉，不是明白无误地在针对着曹操吗？要知道，正是曹操采取赎蔡琰还汉的举动，才造成她与两个幼小儿子永远分离的悲剧。这种“怨气”，蔡琰是不敢在曹操面前发泄的，她只能在传唱的诗歌中去发泄；而另一方面，这种有针对性的“诋毁文字”，蔡琰自然不敢将它送给曹操或曹魏集团上流社会文人，因为曹操曾多次诛杀过对他有讥讪谤毁的文人，如孔融、崔琰等。

还要指出的是，蔡琰在《胡笳十八拍》和《悲愤诗》中对两幼子离别的思念，仅是一个方面，内中更包含了对丈夫左贤王夫妻生活的怀恋。在《胡笳十八拍》中就有三处流露出了这种感情，如第十一拍中有“胡人宠我兮有二子”，第十三拍中“魂销影绝兮恩爱遗”，第十四拍的“更深夜阑兮梦汝来斯”等，应该都是借思念儿子为名，抒发着对左贤王情爱的思念。同样的描写，在《悲愤诗》中也是一致的，其中就有“已得自解免，当复弃儿子。天属缀人心，念别无会期。存亡永乖隔，不忍与之辞。儿前抱我颈，问母欲何之？人言母当去，岂复有回时？阿母尚仁恻，今何更不慈？我尚未成人，奈何不顾思！见此崩五内，恍惚生狂痴。”故清人张玉谷读至此感慨地说：“夫琰既失身，不忍别者岂止于子？子则其可明言而尤情至者，故特反复详言之。”曹操的“好意”，既造成了蔡琰与二子的骨肉分离，又造成了蔡琰与丈夫左贤王的分离，蔡琰心中感情上的苦楚，又能向谁去说？况且，曹操为她指配的董祀，既非高官(她在匈奴好歹是一人之下、万人之上的左贤王之小妻)，又非杰出的文学之士，心高气傲的蔡琰岂会满意这样的婚姻？

也许有人会说，蔡琰与左贤王的婚姻是一种性占有，即“戎羯逼我为家”，并非是爱情的结合。这当然是事实，但由于他们毕竟在一起生活了 12 年，又有婚姻的结晶，所以，他们之间日久生爱也是可能的，况且在曹操派人去赎她回来之前，蔡琰是从不奢望能重返中原的，故她的感情早已全部倾注在了左贤王身上。如今突然被外力造成夫妻分离永隔，让她再去面对新一任丈夫，她在夫妻生活中不可能不将董祀与前夫的感情进行比较，在更“男人”方面，董祀肯定不及左贤王，她只能借“思儿”在诗中抒发对左贤王的思念，这是很符合人性的。

还有一点也颇蹊跷：据《晋书·后妃传》(唐房玄龄等撰)载：晋景帝(是追谥的，曹魏时为景王)司马师的“皇后”羊徽瑜，据说是蔡琰的女儿，而此女之父叫羊衜，曾任上党太守，称：“后(指羊徽瑜)(之)母陈留蔡氏，汉左中郎将(蔡)邕之女也。”司马师死后，其侄司马炎灭魏称帝，将羊徽瑜迁入弘训宫，号弘训太后，又称晋献羊皇后。晋太始九年(273)，晋皇室还追赠蔡琰为济阳县君，赐谥号为“穆”。蔡琰的这个女儿即景献羊皇后崩于咸宁四年(278)，享年 65 岁。以此推算，其当生于汉献帝建安十八年(213)。若照前文考证，蔡琰于建安十二年(207)年归汉并嫁董祀，则五年之后，其婚姻必然发生变故，因为她后来生下的女儿并未姓董而姓了羊，可能蔡琰第四次嫁羊姓丈夫，即上党太守羊衜。至于蔡琰为何又再嫁？是不满董祀而发生婚变，还是董祀去世了？史无记载，至今仍是个谜。

很明显，蔡琰的《胡笳十八拍》与《悲愤诗》一样，在思儿中表达了怨愤之情，不同的是，《胡笳十八拍》走得更远，发出了"旧怨平兮新怨长"的控诉。"旧怨"是指东汉朝政腐败和胡虏的暴行，"新怨"则直指曹操造成她与丈夫、儿子骨肉的分离。我在想，既然当时南匈奴已归附汉朝，曹操为何就不能让蔡琰偕丈夫左贤王携二子到中原定居呢？当然，这对曹操这位古人而言是苛求了；况且，在朝中炙手可热、叱咤风云的曹操，是不会在意小女子蔡琰内心感受的，他觉得赎她回来、又把另一个男人赐给她当丈夫，已是"关怀备至"了。据此，可知郭沫若的话剧《蔡文姬》，实在是误读了历史上的蔡琰，而歌颂曹操逼蔡琰别夫抛子，从当代人价值观而言，亦颇缺乏人性。当然，我们也不能苛求于上世纪五六十年代的郭老，联系到郭老自己的同样经历，他在话剧《蔡文姬》中所体现出来的人生价值观也就不足为奇了。

至于近年有人认为曹操为何没有娶蔡琰，并认为是个"谜"，这是近乎荒诞和无聊了。曹操是好色之徒不假，他的相府也不缺美女，但他有兴趣占有的女人，决不是蔡琰这种已经二嫁、又生过两个孩子的半老徐娘；况且，蔡琰又在胡中生活了 12 年，早已失去了中原女人的魅力，曹操岂会再看上她或娶她？曹操赎蔡琰回中原的本意，就是只想为故旧好友做一件"好事"，以体现其不忘好友、关怀遗孤的美德，达到收买人心的目的，仅此而已，岂有他哉！

上官婉儿：美丽才女是罂粟

中国历史上有许多才女传名于后世，如春秋时无盐，西汉时的卓文君，东汉时的班昭、蔡琰，唐朝女诗人薛涛、鱼玄机，宋代的李清照，明末清初有柳如是等等，都有精良作品及业绩被保留下来，传诸后世，她们是具有真才实学的文坛女中豪杰（鱼玄机人品勿论）。

盛唐时，也有一位美丽的女性被史书奉为“才女”，但奇怪的是，这位“才女”虽然在唐玄宗时由朝廷给她编了一部文集，还是著名的文人宰相张说为之作序，但该“才女”文集中的所有文章，都被历史大潮冲刷殆尽，竟然一篇也没有流传下来，在《全唐文》（清代编）中找不见此“才女”大作的影子；她的诗，虽然《全唐诗》中存有 32 首于其间，但无论是前人所编《唐诗三百首》，还是今人编的《唐诗鉴赏辞典》等选本，选家都不收选。也就是说，她没有一篇文章、一首诗曾获得广为流传过，在文学史上谈不上有什么地位，这样的“才女”，也实在太名不副实了。

她，就是历唐高宗、武则天、唐中宗三朝的后宫女子上官婉儿，其在宫中的最高“职位”是唐中宗李显的昭容（皇帝小老婆之一）。如果真要用形容词来描述上官婉儿的话，我觉得用“唐宫罂粟”可能更为确当：虽然花开得十分美丽，但果实却是有毒的。

相府千金襁褓中沦为掖庭奴婢

据史书记载，上官婉儿长得十分美貌，但是她的名声却并不怎么好。武则天当政时，她主要从事秘书工作，曾为武则天起草了许多诏书、勅令；武则天死后，作为中宗的后宫昭容，她依然从事诏勅的起草工作，生活上则与武则天之侄武三思淫乱，攫取了很大权力；之后，她又依附中宗的皇后韦氏，进行篡权逆谋，参与了谋杀唐中宗李显，并欲危害相王李旦（即唐睿宗）父子。这样一个“疑似武则天"式的女人，其所作所为令人感慨。

上官婉儿成为武氏家族死党，又实际上成为武则天的"影子"，令人无法理解，因为，她与武则天是有祖、父被杀之仇的。

论来历，这个女人确实不一般，襁褓时曾是相府的千金小姐。婉儿的祖上原籍为陕西陕县，经过曾祖、祖父两代人打拼，她家也算得上是一个书香门第兼官宦家庭。上官婉儿的曾祖父叫上官弘，是隋炀帝杨广所营建的江都宫副监，为此，她们祖上全家移居江都。隋炀帝大业末年(617)，天下大乱，江都隋宫发生兵变，忠于隋炀帝的上官弘被将军陈稜所杀，其子上官仪(即上官婉儿祖父)尚年幼，因躲藏得快，才幸免于难。上官仪失去家庭生活依靠，于是未经仪式便入寺庙，当了不在籍的小和尚。他刻苦攻读佛学典籍，尤其在研读《三论》上独有建树，还努力学习传统的儒学经史，崇尚南朝齐梁体诗歌，并擅长写文章、作诗，终于成为一位有成就、有名气的学者。

唐太宗贞观元年(627)，扬州都督杨仁恭仰慕其文名，开始与上官仪交厚，并深深敬礼、优待之。经杨仁恭推荐，上官仪蓄发赴京师参加科考，他以《对求贤策》和《对用刑弃宽猛策》两篇策论，考中第三名进士(即俗称的"探花")。唐太宗李世民久知其盛名，遂召他至京都长安，授为弘文馆直学士，不久升授秘书郎，正式步入官场。

时玄奘法师(唐三藏)向李世民上呈他新撰的12卷本《大唐西域记》，又为皇帝讲解所译之经书《经论》，大得李世民欢心，玄奘乘势请李世民为《经论》作序，李世民便写了有名的《大唐三藏圣教序》一文，在庆福殿召群臣正式公布，当时仅玄奘法师被赐座。上官仪奉命宣读了皇帝亲撰的雄文，因而获得了莫大的荣耀。此文很可能是由上官仪为唐太宗操刀代作，或者至少也是太宗口述、上官仪记录整理，或是虽太宗亲撰、但经上官仪润色过，《旧唐书·上官仪传》(中华书局版)中一段话"太宗雅好属文，每遣仪视草，又多令继和，凡有宴集，仪尝预焉"就是明证。上官仪还预撰《晋书》，完稿后被提拔为起居郎，专门记录皇帝言行，并获得加薪加级，成为太宗时代文苑一员。

高宗时代，上官仪继续获重用，提升为秘书少监。龙朔二年(662)，加授银青光禄大夫、西台侍郎、同东西台三品，仍兼弘文馆学士。

但上官仪犯了个知识分子常犯的毛病，即恃才凭势，目空一切，不知夹紧尾巴做人，用现代人通俗讲法，叫做自我感觉良好。尤其是他的文章，文词优美，其所工之五言诗，承传南朝永明诗人沈约、汪淹等人的齐梁绮靡诗风，专以此歌颂朝廷圣明及供风花雪月之酬唱。由于他当了大官，遂影响初唐诗风，许多人仿效，这类诗竟自成一派，被称为"上官体"。不过，也正因为他"太有才了"，故亦遭朝中许多达官文人的妒忌。更要命的是，这个书呆子自以为受唐高宗李治重用，可以左右政坛，与铁腕皇后武则天较量一番。

当时武则天已当上皇后，她一旦得志，便作威作福，朝堂上弄得连高宗李治说的话也不灵了，高宗常在上官仪面前发牢骚。上官仪看在眼里，便想为主分忧。麟德元年(664)冬十二月，宦官王伏胜勾结道士郭行其等人在京中搞"魇祷"诅咒皇后武则天，高宗又密召上官仪商议如何对付武则天，上官仪乘机向高宗进奏："皇后武氏太过专制，恣意妄为，请求皇上废掉她！"高宗同意，命上官仪立即起草废后诏书。哪知皇帝身边的太监、宫女早被武则天收买，成为她的耳目，一见皇帝与上官仪在商量废后之事，赶快奔告武则天。武则天匆匆赶到，责问皇帝自己犯了什么罪过？高宗见皇后气势汹汹的样子，她身边的太监、宫女都把眼瞪着，连自己身边的侍役也站在武则天一边，便先慌了神，迫于危急情势，高宗便软了下去，反而把上官仪出卖了，称："我本来没废后的想法，都是上官仪逼我做的。"武则天将已起草好的废后诏书当场毁去，随后便命她的死党、侍中许敬宗制造了一个冤案，诬上官仪勾结被废的前太子李忠及王伏胜等人"谋反"。嗣后，李忠被赐死，上官仪等人被杀，武则天还搞株连，连带杀了上官仪之子、周王府侍从上官庭芝，家产、人口尽行抄没，上官庭芝妻郑氏及他们襁褓中的幼女上官婉儿，均解送后宫贬为奴婢。

据史书载：郑氏怀孕时，曾梦有一巨人送上一杆大秤，对郑氏说："这秤送给你的孩子，让他(她)将来去称量天下。"这梦是吉兆，意味着上官家孩子将来要为国家担当重任。谁知郑氏临盆，竟产下一个女婴，即上官婉儿。郑氏自然失望，待上官婉儿满月时，郑氏拍着女儿戏弄说："生你前有巨人说我们家孩子要称量天下，你能担当起这个重任吗？"哪知这个襁褓中的女婴却在喉咙中发声应对，郑氏深感诧异。这个女婴在"称量"降生不久，上官家却遭遇家难，襁褓中便沦为后宫奴婢，这实在让人啼笑皆非。

好在上官婉儿天姿聪慧，又加上其母郑氏知书达理，她自小在服宫役之余，在母亲帮助下发愤攻读史书、诗章，在经史、文学等方面打下了良好的基础。当然，她的地位仍一直是后宫下等婢女。

喝"权力狼奶"长大的女人

上官婉儿虽然没有家了，但是，襁褓中的她总算还能和母亲郑氏在一起，没有被朝廷扔掉或掠卖掉，事实上一个女婴也没人要，这样，她可以吃着母亲的奶、跟着母亲在后宫掖庭生活。这掖庭当然不是享受的地方，实际上是后宫的“总务处”或“后勤部”，干活的都是罪奴或下等宫女。上官婉儿渐渐在母亲的怜护中长大。作为大文学家上官仪的儿媳妇，郑氏肯定也是个有才情的女子，固然，她可能不会写“上官体”诗篇，但公公的“上官体”诗，她大概是能背诵下来的，会把它们当儿歌般地给女儿吟唱。她也会教授女儿识字，读一些后宫能弄到的书，例如武则天亲撰或组织文士编写、又由女皇帝审定的《玄览》《古今内范》《青京纪要》《少阳政范》《维城典训》《凤楼新诫》《孝子列女》《内范要略》《兆人本业》《臣轨》《垂拱格》之类。

随着上官婉儿长大，她会作诗擅文的特长也逐渐在后宫传开。14 岁时，出落得一表才貌的上官婉儿，有机会被武则天亲自召见。武则天试其胸中才学，上官婉儿对答如流，获得武则天好感，大约武则天认为这个幼弱女子是可以使唤的，此后便常召她到自己身边，让她学做一些文案方面的事。上官婉儿天生机敏过人，亦会写一些对武则天阿谀奉迎的应景诗，例如她那首《九月九日上幸慈恩寺登浮图》，就可能是这一期间写下的，其诗曰：

> 帝里重阳节，香园万乘来。却邪萸入佩，献寿菊传杯。
> 塔类承天涌，门疑待佛开。睿词悬日月，长得仰韶回。

此诗中“却邪萸入佩”之“却”字，应为“祛”，在古代，此二字是通用的。诗中描摹武则天出行的排场，并将武则天比喻为“佛”。在登浮图塔时，武则天也做了诗，上官婉儿遂将武则天的诗称为“睿词悬日月”，而她和一群侍从则“长得仰韶回”，对武则天威仪和圣德感佩得五体投地。

毫无疑问，一个 14 岁的女孩，由于在后宫中所见所闻，全是女皇帝武则天的冲天权势、奢华生活、万众震慑的威仪、恣意而为的任性，这种看得见的引诱，要想不在其中迷失，几乎是不可能的。而父亲上官庭芝与祖父上官仪的惨死，在她脑海中似乎又太远，并没有留下任何印象。何况在那个时候，臣子犯了“罪”被君主处死，乃“天经地义”的事，小小的上官婉儿，完全不会对女皇帝给上官家族带来灾难而耿耿于怀。

现在，对上官婉儿而言，是如何凭借自己的美貌和才华，去向武则天邀宠，以便获得重用，将来亦能像武则天那样在唐宫叱咤风云。因为武则天是 14 岁上被太宗皇帝召进后宫的，她也有幸在 14 岁上被女皇帝召见，这种巧合，难道不是冥冥中的天意吗？

总之，在后宫的上官婉儿，小时候她吃的是母亲的乳汁，而长大后她天天喝下的，是女皇给她调制的“狼奶”：权力。

不久，武则天将她调至自己身边从事秘书工作，《新唐书·后妃传》（中华书局版第十一册）称“自（万岁）通天以来，内掌诏命，掞丽可观”，自公元696年起（武则天于天授年即公元690年即位称帝），上官婉儿便开始为武则天起草诏旨，进入朝廷中枢，参预最高层的机密大事了。

当然，上官婉儿的爬升也不是一帆风顺。由于年轻，对女皇所处理的一些事，她不会全部赞同，因此，偶尔与武则天发生冲突是不可避免的。史称她“尝忤旨当诛，后（按：指武则天）惜其才，止黥而不杀也。然群臣奏议及天下事皆与之”。（见《新唐书·后妃传》）此后，上官婉儿大概学乖了，知道不顺着女皇性子来，是没有好果子吃的，于是她一切都以女皇的意志为最高意志，渐渐便被变成为武则天的影子，她钦佩武则天，在行为上开始学着武则天的作派。

作为年轻女子，上官婉儿深知外表的美貌，是女子在后宫立足最基本的条件，因此，她非常追求身材的姣美、衣饰的打扮。武则天将她处以黥刑后，前额中皮肤上留下了被刺的疤痕，她觉得难看，于是后来便将疤痕改刺为一朵梅花，以红颜色涂抹，结果竟起到了美容化妆的效果，使其面貌显得分外美丽。于是其他宫女纷纷仿效，在唐宫中兴起了一股刺“梅花妆”的时尚风气。

关于爱情，由于她长年被禁锢在后宫，理论上便身属于皇帝，不准赎身出宫嫁人，平时，她便只能与太监为伴，接触不到有性能力的男子，当然没有可能、也不允许她追求爱情。武则天身边倒不乏男宠，但她是决不敢与之染指的，若与武则天男宠偷情，肯定就是死罪。所以，她只能把希望寄托在几个太子的宠幸上，希望借此播下龙种，好使自己命运改变。传说她先曾侍候过前太子李贤，可能李贤认为她太小，看不中，未宠幸过她，她也就只能把这一点爱意悄悄地藏在心底里。

武周圣历元年（698）三月，武则天在同平章事（宰相）狄仁杰和控鹤监供奉吉顼的劝说下，借口庐陵王李显（原名李哲）有病，突然召回李显。同年九月，懦弱的武周皇嗣李旦坚辞太子之位，武则天遂改立李显为皇太子，兼河北道元帅；前皇嗣李旦则改封相王，搬出了东宫。

上官婉儿在前太子李贤被贬后，李旦是她可以委身的人。但李旦不仅早纳了太子妃，还是一个政治地位十分脆弱的接班人，在母亲武则天的高压下，他什么事都不敢管，什么话都不敢说。但即使如此软弱退让，还是被户婢团儿到武则天处去诬告其妃子刘氏“魇咒”，刘氏妃当即被武则天杀害，他连辩护的话也不敢说一句。武周长寿二年(693)，酷吏来俊臣制造上方监裴匪躬“私谒皇嗣案”，案子立刻牵连到皇嗣李旦，幸赖宫人安金藏在被刑讯时自己用刀剖腹，辨皇嗣之忠，李旦才总算幸免于难。如此朝不保夕的皇嗣，自然不会是上官婉儿的选择对象，她认为李旦早晚会厄运降临，她不能做殉葬品。

李显入主东宫为太子后，上官婉儿对自己的委身对象看到了希望。她认为李显废贬后被再次起用，争当太子的竞争对手武承嗣又死了，估计武则天老死后，太子李显是会继位的，所以，她就认准了李显。李显重新入主东宫后，上官婉儿主动接近李显和他的太子妃韦氏，并拍好韦氏的马屁，在韦氏的默许下，她终于获得李显的好感并委身于太子。本来后宫普通宫女就是男性皇帝及太子的玩物，他们有任意占有之权，故武则天即使知道李显占有了上官婉儿，也不会责怪李显“好色”。

从李显及韦氏方面看，他们能攀上武则天身边这棵虽不大、但“参天”的“花树”，便能让上官婉儿在女皇武则天面前多为他们夫妇说好话，同时又可及时了解武则天的思想动向，所以，不仅李显、尤其是太子妃韦氏，都是希望与上官婉儿这样的权势人物建立亲密关系的。渐渐地，上官婉儿成为韦氏的心腹，她们之间的关系变得很不一般。《旧唐书·韦庶人传》卷五十一(中华书局版第七册)中描述她们的勾结时认为：“时昭容上官氏常劝后(按指韦氏，此时是中宗皇后)行则天故事”，“受上官昭容邪说”。《新唐书·后妃传》也写到，在中宗朝时，中宗李显及皇后韦氏对上官婉儿是言听计从的。

应该说，上官婉儿投靠新主子的决策是对的。神龙元年(705)正月，张柬之等发动政变拥中宗复辟成功，恢复了大唐国号，立韦氏为皇后。景龙二年(708)冬，中宗便马上立上官婉儿为九嫔之一正二品的昭容。母以女贵，上官婉儿的母亲郑氏亦被封为沛国夫人，后来病死，又获谥为节义夫人。

野心膨胀终遭杀身之祸

由于终身未生育子女，母亲郑氏死后，上官婉儿的直系亲骨肉一个不存，故她十分悲恸，便仿官员“守制”之例，上奏中宗，主动要将自己在后宫的地位由昭容(正二品)降级为婕妤(正三品)。这当然只是演戏而言，因为此时的中宗和韦后在政治上已离不开上官婉儿了，因而降级游戏刚玩起来，中宗便“俄还昭容”(之号)(见《新唐书·后妃传》，卷七十六)，游戏大概也就是玩个几天或一两个月吧。倒是唐中宗李显同意上官婉儿“起复”为婕妤的诏制，却在《全唐文》中被保留了下来：

起复上官氏为婕妤制

门下易著鸣谦礼称辞：贵以崇让而退，满心自得，其道弥光。前昭容上官氏，相门积善，儒宗雅训，文学冠时，柔嘉顺则，内守恬淡，外防奢侈，发于少长，持以周旋；乐无靡嫚，衣必浣濯，珠玑不珍，坟籍为宝，故诚切一室，功宣两朝。说议旧闻，屡援楚笔，忠规岁纳，方轻汉辇，惟此邦媛，郁为宫师，遂能德十伦，孝高百行。顷罹仓巨，爰命权夺，秩茂左嫔，忠被光宠；志齐班女，恳陈为挹。而贤明之业，经济之才，孝风逾迈；清辉盖远，不成厥美，将敞斯言。今依表奏，以宪图史，可起复婕妤，主者施行。（据清《全唐文》第一册卷十六，中宗篇，中华书局1998年印影本）

上官婉儿成为昭容后，凭借她在后宫的地位，立刻更加深深地与韦皇后勾结在一起。韦皇后虽然曾在中宗贬所房陵与李显相依为命，吃了许多苦头，但是，她并未以此为教训夹紧尾巴做人，更不以太宗的长孙皇后贤淑为垂范，一朝有权，便野心毕露，竟想步婆婆武则天后尘，以便再次上演一出女皇“君临天下”的戏剧。不过，韦皇后虽有武则天之野心，却无武则天驾驭权力的才能，后来她竟毒死丈夫唐中宗，找了个小皇帝即位，自己想搞皇太后垂帘听政，结果反而弄得性命不保，说明她的手段、眼光是低劣的。因为武则天尽管对晚年的高宗昏庸懦弱不满，也知道上官仪起草废她的诏书，实际是丈夫高宗李治的意思，但武则天绝不说破，也决不杀害高宗，因为她知道，此时自己羽毛未丰，高宗活着便是对她的保护。而韦皇后急于上台，却把中宗弑了，自己一下子成为逆贼和众矢之的，被政变者找到讨伐的借口。凭这一条，韦皇后在机略权变上就不如武则天高明。

上官婉儿执意却要与这样的女人搞在一起，最终的悲剧结局自然在等待着她。

上官婉儿并不是奉韦皇后之命做坏事，而是主动引导韦皇后干坏事，助长其野心不断膨涨。如《新唐书·后妃传》所说：“于是昭容以武氏事动后”，诱导韦皇后“数改制度，阴储人望。稍宠树亲属，封拜之”，又出花头，如“表增出母服；民以二十三为丁，限五十九免，五品而上母、妻不繇夫、子封者，丧得用鼓吹”等。

上官婉儿又介绍昔日几危唐室江山的武氏余孽、腐败分子武三思与韦皇后勾搭:“是时,上官昭容与政事,方敬晖等将尽诛诸武,武三思惧,乃因昭容入请,得幸于后,卒谋(敬)晖等诛之。”武三思本与上官昭容淫乱,他上了韦皇后的床之后,便勾结韦皇后诛死敬晖、贬死了张柬之等神龙复辟的功臣,这样,武氏势力复振,一批渣滓进入朝内执政。武三思重入宫闱,把宫廷弄得乌烟瘴气:“至是(后)与三思升御床博戏,帝从旁典筹,不为忤。”(见中华书局版《新唐书》第十一册卷七十六)《旧唐书·后妃传》则这样描写:“(韦后)及得志,受上官昭容邪说,引武三思入宫中,升御床,与后双陆,帝为点筹,以为欢笑,丑声日闻于外。”(见中华书局版《旧唐书》第七册卷五十一)武三思与韦皇后公然在中宗御床(龙椅)上赌博,中宗都不管了。武三思又策动佞臣上表要求上韦皇后为“顺天皇后”,给中宗上尊号“应天皇帝”。韦皇后“乃亲谒宗庙,赠父(韦)玄贞上洛郡王”。这种举措的结果,是在朝内掀起了对韦皇后的一股个人崇拜风,神龙三年(即景龙元年,公元707年),佞臣宗楚客要求加韦皇后号为“翊圣”,太史迦叶志忠“表上《桑条歌》十二篇,言(韦)后当受命”;宗楚客又策动“补阙赵延禧离释《桑条》为九十八代”,要像当年高祖时天下歌《桃李》、太宗时歌颂《秦王破阵乐》、高宗时歌《侧堂堂》、武则天时歌《武媚娘》那样,在朝中大唱《桑条歌》,因为“后妃之德专蚕桑,共宗庙事也”。宗楚客、迦叶志忠、赵延禧等皆升官受赏。(均见中华书局版《旧唐书》第十一册)

上官婉儿还破坏旧制,带头大搞腐败,表现在三个方面:一、建造豪侈宅第,恣意妄为,掀起一股奢靡歪风。《旧唐书·后妃传》称:“上官氏及宫人贵幸者,皆立外宅,出入不节,朝官邪佞者候之,恣为狎游,祈其赏秩,以至要官。”这股歪风一刮,太平公主、安乐公主、长宁公主等皆起仿效,在韦皇后纵容下,“广营宅第”,“天下咸嗟怨之”。《新唐书·后妃传》称“帝即婉儿居穿沼筑岩,穷饰胜趣,即引侍臣宴其所”,“婉儿与群嬖至皆营外宅,亵人秽夫争候门下,肆狎昵,因以求剧职要官。与崔湜乱,遂引知政事”。当然,它的背后是刻剥民财,掠民土地、人口。不仅如此,上官婉儿还策划让中宗、韦皇后携后宫女子夜间出游扰民,这一行为也造成了一些宫女乘机逃亡而获得自由,也算做了一点点好事。二、淫乱。上官婉儿早在武则天在世时,就与武三思有私情。后虽正式被中宗册封为昭容,委身于皇帝,但她仍脚踏两只船,公然与武三思保持情人关系。《旧唐书·后妃传》称:“婉儿既与武三思淫乱,每下制敕,多因事推尊武氏而排抑皇家。”故“节愍太子(李重俊,中宗子)深恶之”。这说明,与武则天有杀父、杀祖父之仇的上官婉儿,早已蜕变为武则天的心腹死党,是武氏余孽中的骨干分子,企图复辟武氏伪周政权的危险敌人。而她与武三思的淫乱,决不是什么真挚的爱情,而是一种政治结盟，是带有政治目的性关系。不仅如此，上官婉儿还引导国子祭酒叶静能、常侍马秦客（善医）、光禄少卿杨钧（善烹调）入后宫，与韦皇后淫乱。上官婉儿与中书舍人、定州崔湜亦有淫乱关系。《旧唐书·崔湜传》卷七十四称崔湜“美姿仪，早有才名”，进士出身，其祖父为崔仁师，贞观年间任中书舍人兼检校刑部侍郎，高宗永徽间又任简州刺史；其父崔挹为国子祭酒，性贪鄙。“时昭容上官氏屡出外宅，湜托附之，由是中宗遇湜甚厚，俄拜吏部侍郎，寻转中书侍郎、同中书门下平章事”。（见中华书局版第八册）一个情夫居然入阁为相了，上官婉儿不惜以皇帝小老婆身份委身臣下，恐怕不只是肉体上的需求，而是网罗党羽的需要。还要指出的是，上官婉儿在宫外建私宅，不仅是满足奢华生活，也是为了方便搞肉欲交易。后来崔湜贪贿下狱，上官婉儿与安乐公主、驸马武延秀等暗中活动，使崔湜逃脱惩处，反获襄州刺史高官。三、大肆敛财，收受贿赂。《新唐书·后妃传》卷七十六揭露：“（上官）昭容与母及尚宫贺娄等多受金钱，封巫赵（氏）陇西夫人，出入禁中，势与上官埒。”

此外，上官婉儿又参与镇压节愍太子李重俊政变义举。神龙二年（706），武三思暗中使人用榜书形式在洛阳城西天津桥公布韦皇后秽行，然后嫁祸于敬晖、桓彦范、张柬之、袁恕己、崔玄暐等大臣，中宗、韦皇后命武三思党羽李承嘉锻造冤案，致使这些大臣（此五臣皆已封王爵）被害；又引用周利用、冉祖雍、李俊、宋之逊、姚绍之等佞贼为朝官，时人呼为“五狗”。以“五狗”代“五王”，朝政越发腐朽。太子李重俊因非韦皇后所生，韦皇后欲除掉他；李重俊又对上官婉儿推崇武氏家族不满，终于景龙元年（707）七月被逼反，他与羽林军首领李多祚等发兵三百人，攻入武三思府，杀武三思、武崇训父子，又入宫到肃章门，敲门欲捕斩上官婉儿。上官婉儿得到消息，对中宗挑拨说：“观其此意，即当次索皇后以及大家（指中宗）”、“帝与后遂激怒，并将婉儿登玄武门楼以避兵锋”（见《旧唐书·后妃传》卷五十一），中宗亲自出面见御林军，宣称是太子谋反，要他们倒戈，这样，李重俊、李多祚败死。虽然这场政变被平息，但却诛灭了武氏余孽武三思的势力，上官婉儿失去了情夫兼死党，自然分外凄凉，但她仍大肆收贿卖官，《纲鉴易知录》卷四七称“安乐、长宁公主、上官婕妤皆依势用事，请谒受赇，降墨敕除官，斜封付中书，时人谓之‘斜封官’。其员外、同正、试、摄、检校、判、知官凡数千人”。（中华书局版）

当上官婉儿与韦后勾结之初，她的表兄、拾遗官王昱曾对上官婉儿母郑氏警告说：“上（按：指中宗）往囚房陵，武氏（武则天）得志矣；卒而中兴，天命所在，不可幸也。（武）三思虽乘衅，天下知必败。今昭容上所信（任），而（对武三思）附之，且灭族！”(见《新唐书》卷七十六)郑氏把这个利害关系向上官婉儿转告了，并责备和骂了婉儿，但上官婉儿此时耳朵里又怎么能听得进去呢？

中宗景龙四年(710)六月，韦皇后与奸党宗楚客等加快了篡逆步伐，安乐公主希图韦后临朝，立自己为皇太女，母女俩合谋用毒馅饼谋杀中宗于神龙殿，然后由太平公主和上官婉儿伪造中宗遗制。上官婉儿在制书草稿中写了立温王李重茂为皇太子，韦皇后参知政事，相王李旦参谋政事之类的话。但韦皇后死党、中书令宗楚客却不同意李旦参政，他勾结韦氏党羽韦温“帅诸宰相表请皇后临朝，罢相王政事”，任命李旦为无实权的“太子太师”。16岁的殇帝李重茂即位，尊韦后为皇太后。随后，宗楚客又上书称引图谶，谓韦氏宜革唐命，谋害殇帝，深忌相王及太平公主，密与韦温、安乐公主谋去之。

报应终于来了。原潞州别驾、相王儿子、临淄王李隆基(后即唐玄宗)早就暗中组织精悍死士，做政变准备，此时他获得兵部侍郎崔日用密报，得知宗楚客及韦后要“革唐命”，眼见唐宗室子弟大祸降临，便纠集力量抢先发动政变，领兵攻入玄德门、白兽门，进至玄武门外，再攻进太极殿，“韦后惶惑走入飞骑营，有飞骑斩其首献于隆基。安乐公主方照镜画眉，军士斩之。斩延秀于肃章门外，斩内将军贺娄氏于太极殿西。”上官婉儿闻悉政变，尚不知大祸临头，还“执烛帅宫人迎之，以制草示(政变主将、前朝邑尉)刘幽求。幽求为之言，隆基不许，斩于旗下”。一个存有野心的美女，一株有毒的唐宫罂粟，就此香消玉殒。与此同时，宗楚客、韦氏家族成员亦被杀尽，连襁褓中婴儿也无一能幸免(均据《资治通鉴》卷二百九，中华书局版第14册6640—6647页)，众大臣拥相王李旦即帝位，是为睿宗，改元景云。韦皇后被追贬为“悖逆庶人”。李隆基先封平王，继而又被立为太子。

直到李隆基继位后的开元年间，唐玄宗才允许恢复上官婉儿昭容的位号，命人将其文章收集起来，编成文集20卷，宰相张说作序。

上官婉儿被斩，成为上官家族第四代被杀之人，这全是她嗜迷权力的结果，怨不得别人。

“才女”淹没于盛唐文海

在《旧唐书》和《新唐书》中，上官婉儿作为擅写文章的才女，是没有疑义的。《旧唐书·后妃传》卷五十一称上官婉儿“及长，有文词，明习吏事。……自圣历已(以)后，百司表奏，多令参决。中宗即位，又令专掌制命(按：即文书起草事)，深被信任”。看来，上官婉儿当时的身份，是中宗李显的小老婆兼秘书。

由于上官婉儿会写诗，所以，她在中宗朝时，曾大力提倡文学事业，《旧唐书》给她作传时，特地称其“常劝广置昭文学士，盛引当朝词学之臣，数赐游宴，赋诗唱和”。(见《旧唐书》五十一卷)不过，上官婉儿在提倡文学的同时，还有一个任务，就是为中宗、韦皇后捉刀代笔，《旧唐书》说是“婉儿每代帝及后、长宁、安乐二公主，数首并作，辞甚绮丽，时人咸讽诵之”。(同上)中宗极昏庸，韦皇后不学无术，他们要附庸风雅，只能请上官婉儿代做。上官婉儿似乎热衷此道，她不仅为中宗、韦皇后代写应景诗，还给安乐、长宁二公主代笔写诗。不过，这些代笔作品均系很糟糕的文字垃圾，它们注定进不了《全唐诗》，一首也流传不下来。

她这么做的结果其实也很坏，《新唐书·后妃传》卷七十六为上官婉儿作传，称“婉儿劝帝侈大书馆，增学士员，引大臣名儒充选。数赐宴赋诗，君臣赓和，婉儿常代帝及后、长宁安乐二主，众篇并作，而采丽益新。又差第群臣所赋，赐金爵，故朝廷靡然成风。大抵虽浮靡，然所得皆有可观，婉儿力也”。中宗、韦皇后这种文学上一窍不通之徒，接受并支持上官婉儿举行文学盛会，让上官婉儿评判作品高下，当然是为了让臣下对他们歌功领德、粉饰太平，进行个人崇拜，这样的诗，文词华丽、语气阿谀，当然不会有真实的感情，可以说，靠上官婉儿这样的人来“抓创作”，是绝对出不了好作品的。

婉儿的诗，与其祖父无异，皆形式绮丽，以歌功颂德为事。上官仪的诗作估计产量不会少，但是，由于他的诗作质量并不高，因此能够在《全唐诗》中保存下来的诗作，只有十五首。我们先看看这个“上官体”五言诗代表人物的作品吧。

[其一]早春桂林殿应诏

步辇出披香，清歌临太液。晓树流莺满，春堤芳草积。风光翻露文，雪华上空碧。花蝶来未已，山光暖将夕。

[其二]王昭君

玉关春色晓，金河路几千。琴悲桂条上，笛怨柳花前。雾掩临妆月，风惊入鬓蝉。缄书待还使，泪尽白云天。

以上两诗，可称上官仪代表作，前一首应景，搞点文字游戏，纯写景，风花雪月，无真挚感情；后一首略好些，但也是偏重技巧，无箴言珠语。上官仪的诗，留下来的大都是“奉和”、“应诏”、“挽歌”、“应制”一类作品，与初唐的王勃、王维等诗人相比，差距太大。

上官婉儿自幼入宫，不了解社会和百姓疾苦，不了解官吏、军卒、知识界，所以，她的诗作也只是在技巧上下功夫，而一味追求权力、享乐，其诗风又岂能不绮丽、内容又怎会不空乏？在她留下并收录在《全唐诗》中的三十二首诗中，实在找不出什么好作品来，有的只是华丽的词句和刻意的雕饰。现举几例：

[其一]攀藤招逸客，偃桂协幽情。水中看树影，风里听松声。

[其二]泉石多仙趣，岩壑写奇形；欲知堪悦耳，唯听水泠泠。

[其三]驾幸新丰温泉宫献诗三首（景龙三年十二月十二日，中宗皇帝驾新丰温泉宫，敕蒲州刺史徐彦伯入仗，同学士例，因与武平一等献诗，上官昭容亦赋绝句三首以献）

三冬季月景隆年，万乘观风出灞川。遥看电跃龙为马，回瞩霜原玉作田。

鸾旗掣曳拂空回，羽骑骖驔蹑景来。隐隐骊山云外耸，迢迢御帐日边开。

翠幕珠帏敞月营，金罍玉斝泛兰英。岁岁年年常扈跸，长长久久乐升平。

[其四]游长宁公主流杯池二十五首（选四）

枝条郁郁，文质彬彬。水林作伴，松桂为邻。

莫论园峤，休说方壶。何如鲁馆，即是仙都。

霁晓气清和，披襟赏薜萝。玳瑁凝春色，琉璃漾水波。跂石聊长啸，攀松乍短歌。除非物外者，谁就此经过？

攀藤招逸客，偃桂协幽情。水中看树影，风里听松声。

上官婉儿写这些诗，肯定是词斟句酌，花了功夫的，但是，除了[其一]、[其三]那样的诗还有点意境之外，其他一些都是为唐中宗说好话、歌圣明，并没有一点实质性的内容。如她游长宁公主的流杯池，看到的是奢靡建筑，穷极奇巧，其写景、描画规模，字里行间充满了赞叹，和对奢华生活的羡慕，而其文辞，雕琢绮丽，用足了形容词，但内容实空洞，为写景而写景，其思想感情是游离于诗境之外的。这个崇拜权力、善玩政治的女人，名曰“才女”，还似乎当了大唐的“作协主席”，却写不出一首具有真实感的好诗，作品价值总体皆不高，所以，“才女”之名对于上官婉儿，实在不副其实。

而由张说作序的上官婉儿文集，其中的散文估计也是些应景东西为主，或代帝、后草拟的诏敕之类，语句干巴，词虽华丽而思想枯竭，所以一篇都没能流传下来，全部散逸了。《全唐文》中没有这位“才女”的位置，由此可知，一个文人光掌握文字技巧，没有对社会、现实生活的体验，是写不出好作品的。在盛唐文士之林中，有才艺的上官婉儿，也就只能淹没在历史的汪洋大海中了，可惜、可叹、可悲！

女诗人薛涛的争议人生

唐代曾出了一大批女性诗人，在《全唐诗》合集中留下诗篇的就有薛涛、徐惠妃、李冶、鱼玄机、上官婉儿、武则天、薛仙姬、花蕊夫人（五代后蜀）等120多人，达十二卷600多首。这些女诗人身份各异，其诗作质量亦大都平平，清代人蘅塘退士孙洙编选《唐诗三百首》时，竟没有一首女诗人的诗作入选，而略为看得过去的也就是薛涛、鱼玄机、薛仙姬、花蕊夫人等几位，其中数量最多、质量上乘的女诗人，当属薛涛为冠。

薛涛，字洪度，长安人（现西安）。生卒不确，《蜀笺谱》说她卒时年73岁，大约生于唐肃宗（李亨）上元二年（761），死于唐文宗（李昂）大和八年（834）。终身未嫁，又入乐籍，社会地位低下，故正史未留名，生平资料很少，作品大部分佚失，这给后人研究她造成很大的困难。

节镇霸占，身入乐籍成官妓

薛涛才艺俱佳，如果生在官宦之家，其文名将不可限量，但可惜红颜薄命，毕生处于社会的低层。

薛涛当生于长安一个小文士家庭（即所谓“良家子”），父亲名薛郧，曾赴蜀中（成都）做一个小官，故幼年时的薛涛衣食尚无愁，她父亲也有闲情逸致教她写诗。薛涛八九岁时，已学会做诗的诀窍，懂得声律（即吟咏和诗的韵律）。有一天，她父亲坐在家中天井里，指一棵梧桐树吟诵了两句诗“庭除一古桐，耸干入云中”，让女儿续吟下面两句，凑成五言绝句。薛涛想也没想，应声就续诵曰：“枝迎南北鸟，叶送往来风。”父亲听罢，不但未感到欣喜，反认为这不是好兆头，预示了女儿的前途不吉利，于是愀然不乐，担忧薛涛的将来。

薛涛少年时代尚未结束，她家就遭逢大难，其父亲薛郧不幸病故，家境也随之低落，因此，直到薛涛及笄之年，似乎也没人来提亲，故薛涛长大后虽有殊色，又有文才，但美丽才女却嫁不出去。据唐代文人李玙《薛涛传》(出自明代秦淮寓客所辑《绿窗女史》一书)记述：成年的薛涛即被迫堕入乐籍，而其罪魁祸首便是韦皋，“(涛)母孀居。韦皋镇蜀，召令侍酒赋诗，因入乐籍”。韦皋，字城武，京兆人。唐朝权臣，德宗贞元元年(785)，任检校户部尚书，兼成都尹、御史大夫、剑南西川节度使，《旧唐书·韦皋传》(卷一百四十)说他“在蜀二十一年，重赋敛以事月进，卒致蜀土虚竭，时论非之”。他掌握着剑南、西川广大地方的军政大权，要与各地往来官员应酬，需物色高级乐妓作“诗酒公关”工具，薛涛家贫无势，节度使大人召见“侍酒赋诗”，她怎敢不去？而韦皋见薛涛不仅才气过人，而且貌美，自然不肯放过，遂马上将其占有，并让她入乐籍。为什么韦皋不将薛涛收为小妾？因为对韦皋而言，他床上不缺美女，而酒席上却缺会写诗的公关乐妓，薛涛若被纳为妾，则就不便让她出来陪客人饮酒赋诗，所以他不纳薛涛为妾。薛涛的沦落是被强迫的，从此便成为节度使幕府和成都府尹衙门列名的“公职身份”乐妓。

乐籍，最初为古代一种有特长百姓(文艺)的户籍制度，乐妓可世袭，后来发展成为官府的“官妓”。乐妓又称艺妓、乐伎、妓女，古代从事歌舞、音乐演奏的女性专职演员，加入乐籍时，会得到一笔“卖身钱”，在册后，有府衙管理，按月发给津贴，其身份不自由，凡“入籍”女子欲脱籍，则需缴纳赎身费。当然，因乐籍女子系官妓，有封疆大吏或州府主要官员批准，亦可脱籍，获得自由。州府乐妓主要服务于地方主官的酒席宴会公关，如与文士对诗、侑酒、演奏、歌舞等，当然亦会被州府主官送给客人侍寝。不消说，“近水楼台先得月”，新入籍乐妓实际常常就是州府主官没有名份的“编外侍妾”。所以，薛涛入籍后出入韦皋幕府，她的才华就成了她的厄运，使她连做小妾的资格都没有，只好终身未嫁。

还有一个例子可证明薛涛被韦皋特殊占有的关系：薛涛当了乐妓后，开始忘乎所以，竟仗着韦皋的势力收受下属及外来官吏的贿礼。对此，何光远《鉴诫录》卷十记载说：“应衔命使者每届蜀，求见(薛)涛者甚众。而涛性狂逸，不顾嫌疑，所遗金帛，往往上纳。”[①]可以想见，如果薛涛只是一位普通的乐妓，她怎么敢私自在外打着韦皋的旗号收受贿礼？而那些通过她向韦皋打点的“使者”们，假如不了解到她与韦皋有亲近的特殊关系，又怎会去走她的门路，把金帛送给她？大约后来薛涛这个情妇做得太张扬了，韦皋便发了火，贞元五年(789)，韦皋将这个“狂逸”又“不顾嫌疑”的年轻乐妓罚至松州，当然不是充军，大概名义是去边陲向唐军进行“慰问”。松州即今四川西部地区，当时处于吐蕃边境，唐德宗贞元四年(788),韦皋发兵与吐蕃两次战于清溪关,又与云南少数民族头领结盟;贞元五年,韦皋又在巂州(今四川省西昌市)战败吐蕃,边陲巩固,因此,他派薛涛这样的名乐妓去参加"慰问团",应当是一箭双雕:既是为了惩处这个年轻而不知自己身份的乐妓,同时也有笼络边陲将士的意思。

边境的生活终究太艰苦,风霜寒暑又加铁马金戈,哪及在节度使府衙厅堂夜夜笙歌、红烛照耀下的美酒佳肴生活?薛涛思念成都的锦衣玉食时光,她写下《罚赴边有怀韦令公》(《唐人绝句》称为"陈情上韦令公")二首送给韦皋,表达了请求韦皋接她回去的想法。一曰:"闻道边城苦,今来到始知。羞将门下曲,唱与陇头儿。"二曰:"黠虏犹违命,烽烟直北愁。却教严谴妾,不敢向松州。"诗中"却教严谴妾"一句,透露了她乃韦皋"严谴之妾"的身份,而"羞将门下曲,唱与陇头儿"两句,将韦皋比作"陇头儿",亦显示两人的亲昵关系。这充分说明,她与韦皋确实存在情人关系,她是韦皋"编外"枕边人。

为了尽快让韦皋接自己回来,薛涛随后又写了《罚赴边上韦令公二首》,情极可怜:其一曰:"萤在荒芜月在天,萤飞岂到月轮边。重光万里应相照,目断云霄信不传。"二曰:"按辔岭头寒复寒,微风细雨彻心肝。但得放儿归舍去,山水屏风永不看。"(按:此二诗见于《吟窗杂录》一书,羊村著《女诗人薛涛》认为是伪作。《全唐诗》中未见。)韦皋看到自己占有过的女子这样哀求,大约也动了心,况薛涛文名在外,京里来的使者大都慕其名想一睹风采,因此便在不久之后,将薛涛召还成都。我认为薛涛这次被罚边,对她个人的创作而言,却是进入一个高峰期,因为她在松州寂寞无靠,被冷落后便有时间反思自己的身份、地位及行为,满含着泪水和委曲的薛涛,精心写下了著名的《十离诗》。

薛涛被召回成都后,依旧还做乐妓,韦皋对这位漂亮的才女是绝不肯放手的。有文章妄称薛涛自松州被召回即脱籍,此不确,因为韦皋之后,在继任的西川节度使高崇文、武元衡等人手里,她依旧干乐妓应做的事:为节镇大人与南来北往文人、使者进行诗酒公关,直到元和四年(809),她还奉司空、检校尚书左仆射、西川节度使、扶风郡公严绶之命赴梓州去见元稹。

薛涛被韦皋强编入乐籍的这段经历,也使她在社会上博了个"女校书"的虚名。关于薛涛的"校书"职务,在历史上其实是一个子虚乌有的称号,是当时文人们滥送给这位名女人的一个社会身份,当不得真。据说薛涛的"女校书"出典,源自唐李玙的《薛涛传》,云:"或以营妓无校书□□□,南康欲奏之而罢,后遂呼之。胡鲁(王建)诗曰:'万里桥边女校书,琵琶花下闭门居。扫眉才子知多少,管领春风总不如。'""南康"即韦皋,他去世后朝廷追封他为南康郡王。作为衔领多职的一镇节度使，韦皋岂不知校书郎在当时属社会公职，他岂会真的为薛涛弄个职务而“欲奏之”？最有可能的是，在一次诗酒盛会上，韦皋喝醉了说了句酒后玩笑话，或是他们幽会缱绻之后哄薛涛的话，因为韦皋位高权重，在成都也算是一言九鼎，人们就将错就错借以用来给薛涛戴戴高帽子、讲讲客气话，是当不得真的。犹如元末的画家王冕被后世人错呼为“王参军”，其实历史上的王冕，那里当过什么“咨议参军”，早被朱元璋手下大将胡大海攻掠浙江时严刑拷问下杀害了。[②]而有的学者却仅以王建、司空图的诗为据，就言之凿凿认为“薛涛任校书之职不容否认”[③]，则就太书生气了。

无果情爱，终身孑然空惆怅

贞元十七年(801)，韦皋暴疾病亡。永贞元年(805)冬，西川军阀刘辟(韦皋部下)谋反，朝廷派长武城使高崇文挥兵入蜀，擒刘辟，任高崇文为检校司空、兼成都尹，并充剑南西川节度使等职。贞元十八年(802)冬，朝廷调门下侍郎、平章事、赐金紫兼判户部事武元衡赴蜀，升任检校吏部侍郎，兼门下侍郎、平章事，充剑南西川节度使。武元衡(758—815)镇蜀时，薛涛已44岁，她似乎仍在乐籍，证据是她为武元衡献过诗，即选入《全唐诗》的《上川主武元衡相国二首》。武元衡自己的诗写得也还不错，他入川时写过一首《题嘉陵驿诗》：“悠悠风旆绕山川，山驿空濛雨似烟。路半嘉陵头已白，蜀门西更上青天。”为此，薛涛也写了一首和诗，叫做《续嘉陵驿诗献武相国》：“蜀门西更上青天，强为公歌蜀国弦。卓氏长卿称士女，锦江玉垒献山川。”《蜀国弦》为梁简文帝所作之诗，后成为词牌名。此诗当然并非是说薛涛欲向武元衡效卓文君故事，而是向武元衡表示恭顺，目的是博取武元衡的好感。如果她不在乐籍，则像她这样身份的普通妇女，是没有资格为节镇大人献诗的。不过，随着她在乐籍的资格越来越老，加之又有“女校书”的虚身份，她已成为“蜀中闻人”。估计在武元衡镇蜀期间，年龄已渐大的薛涛获得脱乐籍，成为自由之身，具体脱籍时间，当在她与元稹发生恋情之后、武元衡离蜀之前，即809年至813年之间。

元和四年(809)三月，“多情”种子元稹奉使入蜀。元稹(779—831)，字微之，河南人(今洛阳)，唐代有名的文人宰相。他以秘书省校书郎入仕，入蜀前已是监察御史。元稹久闻薛涛之名，故到东川后便迫不及待要结识薛涛。

这次见面，有一位介绍人，就是严绶。

严绶(745—822)，成都人，唐代宗李豫(766—779)大历年间登进士第，宪宗李纯元和元年(806),刘辟叛于成都,严绶表请朝廷出师;蜀平,被任为检校尚书左仆射,又进位司空,进阶金紫,封扶风郡公,元和四年又改拜尚书右仆射。严绶既为蜀籍的朝廷命官,他对薛涛是熟知的,亦可能返蜀公干或探亲时见过薛涛。关于薛涛与元稹的认识事,据唐人范摅《艳阳词》中描写,经过是这样的:

> 安人元相国(即元稹),应制科之选,历天禄畿尉,则闻西蜀乐籍有薛涛者,能篇咏、饶词辩,常悄悒于怀抱也。及为监察,求使剑门,以御使推鞫,难得见焉。及就除拾遗,府公严司空绶,知微之之欲,每遣涛氏往焉。临途诀别,不敢挈行。洎登翰林,以诗寄曰:"锦江滑腻蛾眉秀,化出文君及薛涛。言语巧偷鹦鹉舌,文章分得凤凰毛。纷纷词客皆停笔,个个君侯欲梦刀。别后相思隔烟水,菖蒲花发五云高。"元公既在中书,论与裴晋公度子弟撰及第,议出同州。乃廉问浙东,别涛已逾十载,方拟驰使往蜀取涛,乃有排优周季南、及妻刘采春,自淮甸而来,善弄陆参军,歌声彻云,篇咏虽不及涛,容华莫之比也。元公似忘薛涛,而赠(刘)采春诗曰……

范摅写的虽是小说,但唐人写小说,往往是半真半假,如元稹的《莺莺传》(又称《会真记》)就是如此,其原始材料,即是元稹与舅表妹郑氏(即崔莺莺)的一场始乱终弃的恋爱(元稹母亲即郑氏也,故他在《莺莺传》中将崔夫人设计为郑姓)。范摅的这篇《艳阳词》,应当是我们了解薛涛与元稹相识(或恋情)的钥匙。

查《旧唐书·严绶传》(卷一百四十六),并未见严绶正式被委为"府公",我怀疑即是元和四年三月严绶主持平刘辟叛乱,朝廷尚未正式任命成都尹时,严绶到蜀临时代理主持成都尹,正好此时元稹亦以监察御史身份到了东川。严绶是知道元稹仰慕薛涛的,于是才会正式派遣薛涛赴东川。范摅小说中的这条材料,以后便成为各家文人研究薛涛的"史料",如后蜀何光远的《蜀才妇》(《鉴诫录》卷十)、宋人景涣《牧竖丛谈》乃至《全唐诗》中有关薛涛的介绍,都相继采用此说。

元稹先后任右拾遗、河南县尉、监察御史,元和四年(809)他奉旨使东川,驻梓州,此时年方三十,这个情种早听说蜀中有美貌女诗人,便迫不及待想交往。而薛涛此时虽年已38岁,但她假如保养得很好的话,还是可以做到风韵依旧的,甚至这种成熟女性、又加乐妓身份,对元稹这样的风流才子,一定比"莺莺"这样的处女更有吸引力,所以,两人相恋是有可能的。

不过,这种恋爱,充其量也只是吟诵后的感情"味精"补充而已,两人追求的都不是婚姻，而是逢场作戏的性爱。薛涛此时很可能尚未脱籍，她知道凭自己的低贱身份，与元稹交往、同居都不成问题，但正式婚嫁是不可能的；而元稹则因薛涛之才而爱上这位异性女子，既有才情相吸，又有对薛涛这样名女人的占有欲望，两人之间随着交往产生感情，所以薛涛才会被严绶“每遣涛往侍微之”（见《全唐诗》卷七百九），多次去与元稹相会。

不料两人交往仅数月，元稹即被召回京。“临途诀别，不敢挈行”，元稹有官员身份，他不敢带一位乐妓返京，两人就此天隔一方，故范摅说“元公似忘薛涛”，直到十年之后，元稹才想起薛涛，“方拟驰使往蜀取涛”，但也只是一种“打算”而已，因为觉得自己欠着薛涛一份情。我揣测，当初两人分别时，元稹一定给过薛涛的“取”（不是娶，是接过去）之许诺，后来薛涛脱籍及终身未嫁，都源于元稹的空头许诺，她盼望元稹把她接到长安去。哪知元稹一离蜀就把她忘了，十年后才想起这个女人。元稹碰到美女刘采春后（他已连娶两位夫人韦蕙丛、裴柔之），在“琴瑟相知”之下，怎会再去接薛涛？可薛涛对此一直心存幻想，竟为此徒耗了婚姻的最后年华。当然她在精神上也有所得，即元稹将她比作卓文君的那首诗，但元稹真的就那么当真吗？未必。他给莺莺写过传、写过诗，给美女刘采春也写过诗[④]，他写这种诗是老手了，目的仅是为了哄女人而已。

此后，王播、段文昌、郭钊等相继抚蜀镇蓉。王播，进士出身。曾任监察御史、侍御史等职，元和十三年(818)任检校户部尚书、成都尹、剑南西川节度使，至穆宗长庆元年(821)才离职调京任刑部尚书。他在成都时，薛涛与他有交往，曾写下一首五言诗《浣花亭陪川主王播相公暨寮同赋早菊》：“西陆行终令，东篱始再阳。绿英初濯露，金蕊半含霜。自有兼才用，那同众草芳。献酬樽俎外，宁有惧豺狼。”此诗《全唐诗》内无，是当代学者张篷舟于宋本《分门纂类唐歌诗》中新发现的，从内容看，似是薛涛在浣花溪旁之浣花亭接待来访的“川主”王播，说明薛涛已卜居于浣花溪；而从语气上看，更是一种陪接待首长而不是“侍同”首长，显见薛涛已获自由之身了。不过，此时薛涛与官府关系是好的，她为此还写了一首《上王尚书》七绝诗：“碧玉双幢白玉郎，初辞天地下扶桑。手持云篆题新榜，十万人家春日长。”这说明，她虽然脱籍了，官府那里还是要应酬的。

薛涛与段文昌可算是老熟人了。段文昌，字墨卿，西河人，唐朝开国功臣段志玄后人。韦皋镇蜀时，他任校书郎，与薛涛有交往，故薛涛作诗《赠段校书》：“公子翩翩说校书，玉弓金勒紫绡裾。玄成莫便骄名誉，文采风流定不如。”玄成是汉宣帝时宰相韦贤之子，性骄。薛涛此诗实有讥讽意。但此后段文昌一路升迁，到穆宗李恒长庆元年(821)，已授同中书门下平章事、西川节度使了。此时的薛涛，已不再是什么乐妓，所以，当段文昌欲携人去游成都北郊的武担寺时，薛涛就敢称病不去应酬，但她为了给新节镇大人面子，也写了一首《段相国游武担寺病不能从题寄》的诗以应付："消瘦翻堪见令公，落花无那恨东风。依心犹道青春在，羞看飞蓬石镜中。"而对于段文昌之后的西川节度使郭钊，因其在蜀"抚理无术"（见《旧唐书·李德裕传》卷一百七十四），薛涛便不再向其献诗了。

唐文宗李昂大和四年（830）十月，检校兵部尚书李德裕为剑南西川节度副大使知节度事、成都尹、管内观察处置及西山八国云南招抚等使。李德裕（787—849），中唐名相，字文饶，赵郡人，父李吉甫亦元和时宰相。他入蜀后，修缮关防，并在成都西郊筑筹边楼，《资治通鉴》卷二百四十四·唐纪六十（中华书局版第17册7872页）称："德裕至镇，作筹边楼，图蜀地形，南入南诏，西达吐蕃。日召老于军旅、习边事者，虽走卒蛮夷无所间，访以山川、城邑、道路险易，广狭远近，未逾月，皆若身尝涉历。"李德裕在筹边楼内根据调查所得材料，绘制地形图或制作了边境形势的沙盘模型，从而使镇将们都很熟悉边陲地形。这座楼很有名，薛涛亦慕名去看过，为此，她写下了那首平生最堪称道的诗《筹边楼》："平临云鸟八窗秋，壮压西川四十州。诸将莫贪羌族马，最高层处见边头。"这首诗写得很有气势，尤其是那句"壮压西川四十州"，简直不能让人相信出自女性之手。看来，写这首诗时的薛涛，早已不是昔日那个不关心国家命运的乐妓，而是一位成熟的才女了。

热衷酬唱，才华销磨徒奈何

近年，有研究者认为薛涛曾"结过婚"，并"考证"出其丈夫是所谓的"资州刺史郑纲"。[5]其出发点是善意的，欲给这位女诗人找一个好归宿，但可惜毫无史料硬证作为支撑，其拿出来的证据，仅是宋人洪迈所辑《唐人万首绝句》中一首《送郑资州》："雨后眉山江水流，离人掩袂立高楼。双旌千骑骈东陌，独有罗敷望上头。"（见《全唐诗》卷七百九）持此论者认为此诗乃薛涛所作，还牵强地认为薛涛的另二首《赠远二首》就是怀念丈夫郑纲的，因为其中有一句"月高还上望夫楼"；而查史料《资州志》，当时刺史为郑纲，便想当然地推理出郑纲即薛涛丈夫。（见羊村《女诗人薛涛》一书）这就缺乏常识了。须知薛涛乃乐妓，一位州刺史、一方诸侯，岂会娶乐妓为正妻？而薛涛既"嫁"，又为何唐时史书、小说上无一点正式记载？薛涛为何一直居成都而未移居资州？所以，称薛涛嫁过丈夫，是一点都经不起推敲的，只是当代文人的美好愿望而已。

当然，也有学者认为薛涛是嫁过元稹的，而根据，也是那《赠远二首》，现在索性把这诗抄在下面罢：

芙蓉新落蜀山秋，锦字开缄到是愁。
闺阁不知戎马事，月高还上望夫楼。

扰弱新蒲叶又齐，春深花落塞前溪。
知君未转秦关骑，月照千门掩袖啼。

从诗意本身看，这两首诗既不是赠送"丈夫"郑纲，也不会是赠送"丈夫"元稹，而仅是为韦皋幕府的某一武将所写；亦可能是她为司空严绶部下所写，因为元和元年严绶派牙将李光颜兄弟率兵，先平夏州杨惠琳叛军，再平蜀地刘辟之叛（据《旧唐书·严绶传》，卷一百四十六）。假如她是写给"丈夫"的，那她肯定会在诗题上注明赠者，因为在《全唐诗》中薛涛大量赠诗在题目上都注明了具体赠者名字，如"棠梨和李太尉（李德裕）"、"摩诃池赠萧中丞"（萧祐）、"送卢员外"（卢纶）等，为何赠诗给"丈夫"（郑纲或元稹）倒不具体注明赠送者了？总之，这两首诗究竟赠送何人，谜底似乎并未解开，但决不会是赠郑纲或元稹，这是可以肯定的。其实薛涛的乐妓身份，在当时比小民百姓的地位要高许多，所以不必看作是"千载含冤"（羊村：《女诗人薛涛》），也没有必要为她"昭雪"而硬给她安一个丈夫。时至今日，我们根本不必在乎薛涛的乐妓职业，研究薛涛，认识薛涛，关键在于她的作品。

薛涛的最后归宿在何处？

前已说过，由于薛涛对元稹产生了非分之想，期盼元稹接她去长安过诗酒生活，因而白白浪费了年华，自 38 岁时与元稹分别，连续等了十余年，这一等未盼来元稹的车马，而是盼来了自己的半百之年。50 岁的女人，虽才情依旧，但实在已是魅力不再，即使她此时已是自由之身，要想找个人把自己嫁掉，几乎没有可能性。人家大户纳妾，要找年轻美女；而薛涛恃才名与那么多文人、官员交往，她自己觉得是有"档次"的，当然不可能嫁山野村夫、小民百姓乃至小康商家，她的这些条件，与今天美貌富有或有官位的白领剩女一样，只能让她在婚嫁问题上蹉跎下来。所以，薛涛终身未婚，晚岁屏居于成都锦江之浣花溪，以卖文（诗）获得酬金并兼营"薛涛笺"为生。由于大半辈子在官场与官僚、文人们应酬，到头来生活上仍无寄托，她便心灰意懒，滋生出了一种看破红尘的出世思想，逐渐抵制应酬，常着女冠服，以女道士自况。其实，她并未遁入道门。

大约在唐文宗李昂的大和八年(834)，薛涛走完了人生的最后时光，病逝于居所，享年 73 岁(一说享年 65 岁，也有说享年更多的)。薛涛是留下遗憾的，主要是她在乐妓生涯中过分热衷于与官僚及文人的酬唱，过分依仗于将作诗公关作为提高身价的本钱，因而应酬诗写得太多，《全唐诗》中收入的她的作品，这类应酬诗竟超过了一半以上，其质量大都平平，仅那首颂李德裕的《筹边楼》写得较好。酬唱诗大都为长官命题之作，只要热闹，把恭维话说到点子上即可，至于真实感受，及独立思想创造，就不在其考量中了，而这正是诗人创作的大忌。薛涛的热衷酬唱，限制了她的创造，时间一长，便也只能才华被消磨、徒唤奈何了。

从目前学界尚有争议的《十离诗》来说，假如能够再有新史料佐证而不发生异议的话，我认为这十首诗在薛涛作品中，应够得上是上乘之作。研究这十首“离诗”，它们非常符合薛涛的身份，当是她的感悟之作。而这些诗创作的时间，当在韦皋主蜀、薛涛被韦皋“罚边”期间，是前期的作品。因这次“罚边”对薛涛的人生影响很大，她看清了自己的地位，仅是大官僚手中的玩物和公关工具而已，并不能真的与他们平起平坐，所以这十首诗，代表了薛涛的人生感悟，是研究她思想脉络发展的重要依据。现试抄录五首如下：

《犬离主》：出入朱门四五年，为知人意得人怜。近缘咬着亲知客，不得红丝毯上眠。

《笔离手》：越管宣毫始称情，红笺纸上撒花琼。都缘用久锋头尽，不得羲之手里擎。

《鹦鹉离笼》：陇西独自一孤身，飞去飞来上锦茵。都缘出语无方便，不得笼中再唤人。

《燕离巢》：出入朱门未忍抛，主人常爱语交交。衔泥秽污珊瑚枕，不得梁间更垒巢。

《镜离台》：铸泻黄金镜始开，初生三五月徘徊。为遭无限尘蒙蔽，不得华堂上玉台。

这些诗，充满着作者的哀怨，同时也表达了对主人(韦皋)无情翻脸的愤懑，其中《鹦武离笼》诗中“都缘出语无方便”，则道出了薛涛被“罚边”的真正原因，即言语上忤了韦皋。至于是什么言语，薛涛没有说，也不敢说，只能成为历史悬案了。

身后无憾，千古遗香“薛涛笺”

薛涛不仅会做诗文，而且一手毛笔字写得也特别好，尤其是擅长小楷。关于薛涛的书法艺术，《宣和书谱》说：“妇人薛涛，成都倡妇也，以诗名当时，虽失身卑下，而有林下风致，故词翰一出，则人争传以为玩。作字无女子气，笔力峻激，其行书妙处，颇得王羲之法，少加以学，亦卫夫人之流也。每喜写已作诗，语亦工，思致俊逸，书法警句，因而得名。非若公孙大娘舞剑器、黄四娘家花，托于杜甫而后有传也。今御府所藏行书一、萱草等书。”

《宣和书谱》一书今已不流行，其作者为谁亦不可考，今人羊村《女诗人薛涛》一书根据《四库全书》提要推测系米芾所著，似无确证。但从当时尚存的薛涛书法作品能被御府收藏这件事看，她的字是有很高水准的，因为北宋宣和年间的统治者，正是那个著名的“书画皇帝”宋徽宗赵佶。赵佶自创了瘦金体书法，欣赏水平是很高的，其皇家“御府”的书画藏品，若非有很高的价值，赵佶是看不上眼的，况且朝堂上还有苏（轼）、王（安石）、米（芾）、蔡（京）等书法家，如果薛涛的书法水平一般，决不能进入皇家收藏之列。而《宣和书谱》对薛涛书法作出这么高的评价，足见其字技艺颇上乘。据说这是薛涛生平唯一的一件传至宋代的正式书法作品，在靖康国难后流出御府，至南宋末又被奸相贾似道所获；贾似道败落，南宋亡后，这件作品又回到民间，至元末尚在世，当时的一位诗人杨铁崖曾写诗称赞：“红牙管带紫狸毫，雪水初融玉带袍。写得薛涛萱草帖，西湖纸价可能高。”薛涛传世的墨迹，当然不会仅仅这一件，她的小笺颇有名，据说解放前中华书局出版过珂罗版的薛涛书陈思王曹植的《美女篇》，即为小楷。不知民间或馆藏的薛涛书法作品目前还有没有？

《全唐诗》卷七百九有关薛涛简介时，引用史料谈及薛涛的书法艺术，称元稹“使蜀推鞠，难得见（薛涛）焉，严司空潜知其意，每遣（薛）涛往侍微之，矜持笔砚，薛涛走笔，作《四友赞》”。诗曰：“磨润色先生之腹，濡藏锋都尉之头，引书媒而黙黙，入文亩以休休。”这四句诗暗喻砚、笔、墨、纸（后来人们把砚称为“润色先生”、将笔称为“藏锋都尉”，其源盖出于此），元稹曾摆出“京城大文士”的架子，想以气势压一下这个四川小女子，没想到薛涛立刻就使元镇惊服。由此可知，薛涛实书法性情中人。

薛涛既工诗，又工小楷以写诗，在“文房四友”之外，她还有所独创，即以自制之“红笺”，专门用来书写诗作和书信，唐李玙在《薛涛传》中称：“薛涛好制小诗，惜其(纸)幅大,(裁剪)狭小之,蜀中号薛涛笺。"《薛涛传》一文,是现存关于薛涛生平最早的记载,此文见于明代秦淮寓客辑编之《绿窗小史》一书。这里指出,薛涛自造便笺纸,原因在于原先的便笺纸尺幅太大,她若只书写一首小诗(五言绝句或七言绝句),就很浪费纸张,因此决心自制笺纸。如此说来,薛涛是颇节俭的,当然也可能出于生活不宽裕的考量,或笺诗书写时的美观考量,"薛涛笺"的来历便是如此。

那么,"薛涛笺"又是什么样子呢?李玙在《薛涛传》中又说:元稹赴京后,"薛涛归浣花所。其浣花之人,多造十色彩笺。于是(薛)涛别模新样小幅松花纸,多用题诗"。"小幅松花纸"似易理解,小幅,即一种小开张的纸笺;"松花",即引伸为"松弛的花型图案",即浅色花之意。此种笺,上面有薛涛自己设计、印刷有色简单花卉图案,此即后来流行的花笺。所谓"别模新样",即薛涛将纸裁切后,请人刻上(或自刻)模板,然后将所设计、刻制的花卉图案,以浅红色印于纸上,使笺纸艺术化,再在上面用黑墨笔书写诗篇或信件,自然别有一种风韵。据说彩笺纸之风,在薛涛之前就在蜀中流行,所以"薛涛笺"的真正特点,一是尺幅小,精巧;二是其花卉图案皆自己设计,自成风格。"薛涛笺"在唐时文人中甚闻名,晚唐诗人司空图有诗《狂题·之一》提及:"芭蕉丛畔碧婵娟,免更悠悠扰蜀川。应到去时题不尽,不劳分寄校书笺。"说明在唐时,"薛涛笺"在文人中已很知名,成为当时女诗人的一个品牌。又:晚唐时崔道融在《谢朱常侍寄赠蜀茶剡纸》一诗中也说:"百幅轻明雪未融,薛家凡纸漫深红。不应点染闲言语,留记将军盖世功。"

薛涛造"薛涛笺"纸不仅自用,而且可能也出售,时她已移居锦江浣花溪,收入并不丰润,以出售"薛涛笺"聊补,亦是情理中事,故南宋计有功在《唐诗纪事》一书中叙述:"(薛)好制小诗,惜其幅大,狭小之,蜀中号薛涛笺","有薛涛十色笺。涛,蜀妓也,以纸为业"。这"以纸为业"四字,透出薛涛晚年是经营纸笺生意的,因为她的纸笺拥有着自己的品牌。

"薛涛笺"又名"浣花笺",后一名称是因她居于浣花溪上所致,此笺不仅设计精美,而且其笺纸的内在质地亦颇讲究,可能系加进了菖蒲作原料(或系全为菖蒲)。北宋景涣在《牧竖闲谈》中说:"元(稹)公赴京,薛涛(自东川)归。浣花之人多造十色彩笺,于是(薛)涛别模新样小幅松花纸,多用题诗,因寄献元公百余幅。元于松花纸上寄赠一篇诗。元稹与薛涛交情非同一般,薛涛自然会告诉他自制小幅花笺的事,还会讲到她为何喜欢种菖蒲。她一次就给元稹寄去百余幅"薛涛笺",可以想见,其他文人们收到元稹用"薛涛笺"所书写的诗,怎会不传开此事?

宋、元之际，记述“薛涛笺”的文字颇多，如北宋钱易就在《南部新书》中记道：“元和之初，薛涛好制小诗，惜其幅大，不欲长剩，乃狭小之。蜀中才子以为便，后减诸笺亦是，特命曰‘薛涛笺’。”说明在薛涛提倡下，蜀中生产、运用“薛涛笺”已成为时尚风气，这对节约用纸意义极大。传至明清时仍很有名，因它不是薛涛亲制，遂改称“蜀笺”。明代文人屠隆在《唐纸》一文中说：“（唐）元和初，蜀妓薛洪度以纸为生业，制小笺十色，名薛涛笺，亦名蜀笺。”成都另有薛涛井，原名玉女井，称其水味甘洌，笔者于上世纪末赴蜀时去瞻观，“薛涛井”三字，是清康熙三年（1664）由地方官冀应熊所题写，清嘉庆十九年（1814），四川总督常明奉旨建雷祖庙于井左。据说以“薛涛井”水所造之“薛涛笺”，在明朝时成为珍贵贡品，“每岁以三月三日汲此井水，造纸二十四幅，入贡十六幅，余者存留。”（见明曹全佺《蜀中方物记》）

注释：

① 何光远，字辉夫，东海人。五代时学者，生卒不详。他所著《鉴诫录》原出自宋代麻沙坊本，共十卷六十六则，近年由巴蜀书社新出版邓星亮、邬宗玲、杨梅的《鉴诫录校注》本。

② 可参见拙著《儒林外史作者对我说》，上海人民出版社 2003 年 1 月版。

③ 参见羊村著《女诗人薛涛》一书，四川人民出版社 1989 年 12 月版。

④ 此诗刘摅《艳阳词》中载：“新妆巧样画双蛾，慢裹恒州透额罗。正面偷输光滑笏，缓行轻踏皺文靴。言辞雅措风流足，举止低回秀媚多。更有恼人肠断处，选词能唱望夫歌。”

⑤ 均见羊村《女诗人薛涛》一书。

“情诗女王”李清照的改嫁公案

在中国文学史上，李清照的名字为人们所熟知，无论是编宋诗选或宋词选，李清照的作品是一定要入选的。这位北宋与南宋之交著名的女诗（词）人，在她长达73年多的人生中，写下了许多关于男女情爱的诗，堪称“情诗（词）女王”。然而，在她身后，文人们为了她晚年的“改嫁”问题，于文坛上闹出了长达八百余年的公案，至今仍未能找到使各方都信服的证据而了结此公案。

本文将在介绍李清照成就的同时，试谈李清照改嫁公案的是是非非。

当之无愧的“情诗女王”

中国历史上文学之士多如牛毛，但杰出的女性文学家却凤毛麟角，史书上正式有记载的女性文学家，从西汉开始到晚清，能在青史留名的也就是虞姬、戚夫人、许皇后（汉成帝之正妻）、班婕妤（汉成帝后宫女人）、班昭、蔡琰、胡太后、冯小怜、苏若兰、苏伯玉妻、沈满愿、乐昌公主、张碧兰、武则天、上官婉儿、薛涛、陈玉兰、鱼玄机、花蕊夫人、李清照、朱淑真、冯小青、姚少娥、陆娟、柳如是、秋瑾等数十人，而就纯艺术成就看，李清照无疑是其中的佼佼者。

李清照，两宋之交时期的女诗（词）人，号“易安居士”，北宋神宗元丰七年（1084）生于历城（今济南市）西南之柳絮泉（一说生于今济南市章丘明水镇）。父李格非为文学家，母王氏亦善文。在这样的书香家庭，李清照自幼即受到文学熏陶，加之聪慧异常，遂养成为一代才女，有《漱玉集》《李易安集》《漱玉词》《打马赋》《打马图》等问世。1990年12月，济南出版社出版了徐北文主编的《李清照全集评注》，包括了词集、诗集、文集、词谱等李清照的所有作品，另有历代对其作品的评论、年表、传记资料、研究著作及论文提要、目录等，约43万余字。

北宋徽宗建中靖国元年（1101）时，18岁的李清照奉父母之命嫁于太学生赵明诚。赵明诚，宋代著名金石学家，字德甫，他比李清照大三岁，其父赵挺之，时任吏部侍郎。赵挺之与李格非虽私交很好，但政治倾向其实不同，不过，李清照嫁入赵家后，与丈夫赵明诚却感情弥笃，这从她后来写的许多爱情诗词中可见一斑。

李清照的爱情诗词，首先来自于她对生活的热爱，对大自然优美环境的热情和眷恋，这些造就了她的唯美心理。早期她可能写于婚前的两首“如梦令”，就充分体现了这一点。如：

[之一] 常记溪亭日暮，沉醉不知归路。兴尽晚回舟，误入藕花深处。争渡，争渡，惊起一滩鸥鹭。

[之二] 昨夜雨疏风骤，浓睡不消残酒。试问卷帘人，却道海棠依旧。知否？知否？应是绿肥红瘦。

前一首写得十分有动态感，一位醉者，误入荷花丛中，惊扰了沙鸥、鹭鸟们的安静生活，它们纷纷飞起，这是一幅多么和谐的画面！后一首的“绿肥红瘦”四字，更是神来之笔，蕴味无穷，成为千古佳语。

作为一位女词人，虽然她后来曾写过《乌江》诗，抒发过“生当作人杰，死亦为鬼雄。至今思项羽，不肯过江东”这样铿锵有力的、仿佛体现男人性格的“女好汉诗”，但她的词却以婉约见长，词风多柔丽委婉，故她终能成为北宋与南宋间词坛的婉约派“坛主”。如她在赵明诚逝世后所写的一首词《声声慢·寻寻觅觅》：

寻寻觅觅，冷冷清清，凄凄惨惨戚戚。乍暖还寒时候，最难将息。三杯两盏淡酒，怎敌他，晚来风急？雁过也，正伤心，却是旧时相识。满地黄花堆积，憔悴损，如今有谁堪摘？守着窗儿，独自怎生得黑！梧桐更兼细雨，到黄昏，点点滴滴。这次第，怎一个愁字了得！

此词表现了作者在丈夫死后孀居的孤独心情，一开头“寻寻觅觅，冷冷清清，凄凄惨惨戚戚”，看似普通排比，但马上把气氛烘托起来了，别人怎会有此功底？末句在“点点滴滴”之余，再来一句“怎一个愁字了得”，实在是画龙点睛呵！

又如她的《怨王孙·帝里春晚》：

帝里春晚，重门深院。草绿阶前，暮天雁断。楼上远信谁传？恨绵绵。　多情自是多沾惹，难拚舍，又是寒食也。秋千巷陌人静，皎月初斜，浸梨花。

此词构思缜密，愁感语沉，用字隽雅，是多情女性的内心独白，传为她婚后作品。这一类充满婉约味的词，李清照写了很多，如《临江仙·庭院深深深几许》《南歌子·天上星河转》《浣溪沙·小院闲窗春色深》《浣溪沙·淡荡春光寒食天》等，尤其是《渔家傲·雪里已知春信知》，其咏梅花，真正是别出心裁：

雪里已知春信知，寒梅点缀琼枝腻。香脸半开娇旖旎，当庭际，玉人浴出新妆洗。　造化可能偏有意，故教明月玲珑地。共赏金尊沉绿蚁，莫辞醉，此花不与群花比。

这词意谁都能读懂，虽曰写梅，其实是拟人，将自己比作傲雪高洁的梅花，其"香脸半开娇旖旎"、"玉人浴出新妆洗"，把这位梅花少女描摹得多么美丽、可爱，怎不叫人有形神酷肖、伸手可及之感！

如果说，李清照的婉约词《如梦令·昨夜雨疏风骤》是极品的话，那么《醉花阴·薄雾浓云愁永昼》则为神品矣，试抄录如下：

薄雾浓云愁永昼，瑞脑消金兽。佳节又重阳，玉枕纱厨，半夜凉初透。　东篱把酒黄昏后，有暗香盈袖。莫道不销魂，帘卷西风，人比黄花瘦。

此词当作于她与赵明诚婚后不久，明诚宦游在外，清照思念丈夫，遂写下此词，"易安以重阳《醉花阴》词函致明诚，明诚叹赏，自愧弗逮，务欲胜之，一切谢客，忘食忘寝者三日夜，得五十阕，杂易安作，以示友人陆德夫。德夫玩之再三，曰：'只三句佳。'明诚诘之，答曰：'莫道不销魂，帘卷西风，人比黄花瘦。'正易安作也。"（典出自元代伊世珍《琅环记》，转引自《李清照全集评注》126 页）在诗词功夫上，赵明诚当然不是妻子李清照的对手，且这三句佳词，古今有几人写得出？神品总是出自心声，若李清照不是少妇，没有对赵明诚的离别思念之情，她就无此体验，当然也写不出这种词。这不单是技巧问题，而是真挚的情感流露；而"人比黄花瘦"，更是一种只有女子才有的、微妙心理的自然馨溢，是女词人的"专利",男性作者绝对写不出这类词。赵明诚想与妻子斗法,徒劳耳。

李清照婉约词中的这类爱情题材词,一般不从正面去直露示爱,不去表现"月上柳梢头,人约黄昏后"(欧阳修:《生查子·元夕》)、"撩乱春愁如柳絮"(冯延巳:《鹊踏枝》),或"换我心,为你心,始知相忆深"(顾敻:《诉衷情》)之类的直露感情,而是着重写男女间的离情,或夫妇离别后的思念之情。她现存的全部62首词中(包括12首"著作权"有疑义的词),这类词差不多占了四分之一。这些"离情词",充分表达了她对丈夫赵明诚的爱,这对才子佳人堪称佳偶天成,婚姻生活的美满,夫妇间的相敬相亲,使李清照的爱情诗词写得更加美丽动人,故我认为,李清照独创的"离情词",其作者实为她和丈夫,正是他们先缔造了美满婚姻,才会勾起李清照心底的思念,才会把心中的相思和寸骨寸血,倾注到对远方爱人的思念上。试看她的一首有代表意义的"离情词"《一剪梅·红藕香残玉簟秋》:

> 红藕香残玉簟秋,轻解罗裳,独上兰舟。云中谁寄锦书来?雁字回时,月满西楼。　花自飘零水自流。一种相思,两处闲愁。此情无计可消除,才下眉头,却上心头。

"红藕香残"描述的是红荷刚谢之时的风光,秋雁归去了;夜间,月光洒满了独居的西楼婚房,此时此刻,分外孤独,怎么会不思念远方的丈夫?而同"一种相思",却引来"两处闲愁",活画出他们夫妇感情之深。这首词证明,若无两人的同一种"相思"之情,便无"两处闲愁"了。另一首《凤凰台上忆吹箫·香冷金猊》更把这种对丈夫的思念写到了极致:

> 香冷金猊,被翻红浪,起来慵自梳头。任宝奁闲掩,日上帘钩。生怕闲愁暗恨,多少事,欲说还休。新来瘦,非干病酒,不是悲秋。　休休,这回去也,千万遍阳关,也则难留。念武陵人远,烟锁秦楼。惟有楼前流水,应念我、终日凝眸。凝眸处,从今又添,一段新愁。

其实,这里的"愁",是一种对远方心上人的思念,正是这种不可抑制的离情,使急迫的思念转变成了无可奈何的落寞愁绪,这也是一种闺怨,而这种离情之愁,也正是为远方人勾起的相思,我认为,李清照写这类"离情词",恐怕是与赵明诚在相互唱和,可惜赵明诚的这类词(或诗),未能流传下来。

另有两首李清照的“离情词”也写得让人心神惊荡：

行香子·草际鸣蛩

草际鸣蛩，惊落梧桐，正人间天上愁浓。云阶月地，关锁千重。纵浮槎来，浮槎去，不相逢。　星桥鹊驾，经年才见，想离情别恨难穷。牵牛织女，莫是离中。甚霎儿晴，霎儿雨，霎儿风。

孤雁儿·藤床纸帐朝眠起

藤床纸帐朝眠起，说不尽无佳思。沉香断续玉炉寒，伴我情怀如水。笛声三弄，梅心惊破，多少春情意。　小风疏雨萧萧地，又催下千行泪。吹箫人去玉楼空，肠断与谁同倚？一支折得，人间天上，没个人堪寄。

前一首写出作者对丈夫的复杂感情，已经到了控制不住的状态，“甚霎儿晴，霎儿雨，霎儿风”，这种感情抒发，毫不遮掩，但又不粗俗。后一首是李清照晚年思念亡故的丈夫所作，“人间天上，没个人堪寄”，生生反映了她此时的孤独、离索心绪，而对丈夫的思念，只能归于无奈的空自怀愁。这是李清照“离情词”中的悲愁类题材词，与前面所引述的“离情词”中的怀念类题材不同，怀念类题材的离情词寄托美好向往，而悲愁类题材“离情词”，表现的是无希望、无未来的感伤。李清照在这两种题材的词上都发挥出了最高的水平，她真不愧为“爱情诗(词)女王”的盛誉。

李清照在词艺方面，不仅有实践，还有理论。她曾作过一篇《词论》，文章先叙述开元、天宝间歌者李八郎的才艺，然后又对江南李璟、李煜父子的词风及本朝许多词人的创作进行了评价，反映了她的词学观。此文堪与曹丕的《典论·论文》相媲美。

大起大落的曲折人生

李清照一生，经历了大喜大悲、大起大落的曲折经历。

李清照之父李格非，字文叔，济南人。幼时俊警异甚，长大后用意经学，曾著数十万言《礼记说》，中进士。先任冀州司户参军，后任通判广信军，升著作佐郎、礼部员外郎、提点京东刑狱。他“苦心工于词章，陵轹直前，无难易可否，笔力不少滞",主张"文不可以苟作,诚不著矣,则不能工"。早在入太学为博士时,他就以文章佳作为苏轼赏识,并著《洛阳名园记》,提出"洛阳之盛衰,天下治乱之候也"的观点,虽不免褊狭,但考虑到北宋的实际形势,有强寇窥视,亦不乏警诫意义(参见《宋史》卷四百四十四)。而具有讽刺意味的是,这位反对王安石变法的元祐党人,却把女儿嫁给了政见不同的大同乡赵挺之的儿子赵明诚。

赵挺之,字正夫,密州诸诚人(现属济南市),进士出身,先任登、棣州教授,德州通判,后任监察御史、国子监司业、吏部侍郎、中书舍人、给事中,并由吏部尚书进右丞、左丞、中书门下侍郎,最后入阁为相,任尚书右仆射,与蔡京并相。赵挺之早年通判德州时卖力推行王安石的"市易法"扰民,被苏轼斥为"挺之聚敛小人,学行无取,岂堪此选";他亦劾奏苏轼"诽谤先帝"。(见《宋史・赵挺之传》卷三百五十一)。由于与蔡京搞在一起,时议非之。宋徽宗时,赵挺之被蔡京举荐为相,又与蔡京争权,揭发其奸恶。蔡京罢相后复相,他改任大学士使佑神观,不久病死,追赠司徒,谥"清宪",可谓生荣死贵。

赵挺之为儿子聘娶李清照,首先是觉得李格非的这个姑娘才貌双全,加之两人虽政见不同,属不同营垒,但并未同事过,也未发生过政治冲突,而李格非之夫人王氏又系名门出身,有文才,当时赵挺之尚未入阁,两家还算门第相当,加之还是大同乡,所以能够结亲。

赵明诚,字德父,又书德夫、德甫。专攻金石及收藏,亦擅诗词文章,与李清照婚后第二年(徽宗崇宁元年,1102)入太学,次年方出仕(职务不详)。徽宗大观元年(1107),因赵挺之去世,赵明诚落职,与李清照归青州屏居。政和二年(1112)赵明诚起复,任秘书少监,又为莱州兵马都监;钦宗时任淄州太守。北宋亡,金兵南下,赵明诚曾于南宋高宗建炎二年(1128)任江宁知府,次年八月病逝,享年49岁。

李清照一生经历,可分四个阶段,第一阶段为出生至及笄(一岁到18岁),即从宋神宗元丰七年(1084)至宋徽宗建中靖国元年(1101),这一阶段她生为宦门千金,从父母习文,待字闺中,学成一代才女,是幸福的成长期。

第二阶段为婚姻幸福期,即自徽宗建中靖国元年(1101)至徽宗宣和七年(1125)止,这一阶段中,她与赵明诚结婚,虽因赵明成出仕,两人有时分离,但因志趣爱好相似,婚姻是幸福的。

赵明诚是位有追求、有志趣的青年,从小就喜欢向当世学者、士大夫访问前代金石刻词,对考证钟、鼎、甗、鬲、盘、彝、尊、敦及丰碑、大碣、显人、晦士之事迹有极大兴趣,对诗词亦懂行。李清照与赵明诚结婚于建中辛巳年,时赵明诚正在京师太学就读，而清照之父李格非任礼部员外郎，公公赵挺之已是吏部侍郎，估计结婚地点当在汴京。两人婚后志同道合，这从李清照早年的词文中可以反映出来，她在《金石录后序》中说："赵李族寒，素贫俭。每朔望谒告出，质衣取半千钱，步入大相国寺，市碑文果实归，相对展玩咀嚼，自谓'葛天氏之民'也。"（见《李清照全集评注》，济南出版社 1990 年版）徽宗崇宁四年（1105）十月，赵明诚从太学"毕业"后，被任为鸿胪少卿，开始出仕，从这时起，他们开始了经济独立的生活。但赵明诚俸禄不高，且又业余爱好收藏，估计两人生活并不宽裕，结婚"后二年，出仕宦，便有饭蔬衣练，穷遐方绝域，尽天下古文奇字之志"（同上）。

徽宗大观元年（1107）三月，赵挺之罢相，不久病卒，虽被赠司徒，谥清宪，但复相后的蔡京仍报复诬陷曾与他争权的赵挺之家，赵明诚兄弟被捕，因实在无罪证，两省台谏救护，赵明诚获释但即落职，他携李清照避居青州（此前赵挺之已将家移居青州）。此后直至徽宗宣和三年（1121）夏，李清照一直居住在青州。

在宣和三年之前，赵明诚已获起复，任莱州知府；钦宗靖康元年（1126），又改知淄州。在赵明诚知莱州时，李清照先未随行，夫妇分居两地，这样，就有了李清照大量"离情词"的产生。其实他们的夫妻生活中，写诗填词只是一部分，精力、俸钱更多地用在了金石的搜寻与研究上，李清照在《金石录后序》中说："后屏（青州）居乡里十年，仰取俯拾，衣食有余。连守两郡，竭其俸入，以事铅椠。每获一书，即同共勘校，整集签题。得书、画、彝、鼎，亦摩玩舒卷，指摘疵病，夜尽一烛为率。故能纸扎精致，字画完整，冠诸收书家。余性偶强记，每饭罢，坐归来堂，烹茶，指堆积书史，言某事在某书、某卷、第几叶、第几行，以中否角胜负，为饮茶先后。中即举杯大笑，至茶倾覆杯中，反不得饮而起。甘心老是乡矣。"生活起居上，她则过着"谋食去重肉，衣去重彩，首无明珠、翠羽之饰，室无涂金、刺绣之具……于是几案罗列，枕席枕籍，意会心谋，目往神授，乐在声色狗马之上。"当然有时也有遗憾，崇宁年间某次他们看中一幅徐熙《牡丹图》，持画者索价 20 万钱，因手中无此巨款，"留信宿，计无所出而还之。夫妇相向惋怅者数日"。他们为何会有如此境界？李清照曰："虽处忧患困穷，而志不屈。"应该说，这一时期的李清照，婚姻生活和精神生活都很充实，从 18 岁到 43 岁的这二十五年，是她人生的黄金年华。

第三阶段为艰难辗转期，自宋钦宗靖康二年（1127）至宋高宗绍兴五年（1135），这一时期是李清照大起大落的八年，也是她人生从高潮跌入低谷的转折期。大背景是国家遭逢大难，金兵南下，蹂躏中原，人民受苦无穷。李清照家虽忝列仕宦，亦未幸免，她先随丈夫迁徙转移江南，旅途受尽颠沛，中途丈夫赵明诚病死，她一介寡妇，独自携许多图籍逃难，一直居无定所，被迫流浪于浙江各地；后又被骗嫁匪人张汝舟，数月离异，斩断情根，备尝艰辛。

李清照与赵明诚在南奔逃难期间，是极为狼狈的，对此，她在《金石录后序》中有详细而真实的描述：

> 至靖康丙午岁，侯（按：指赵明诚）守淄川，闻金寇犯京师，四顾茫然，盈箱溢箧，且恋恋，且怅怅，知其必不为己物矣。
>
> 建炎丁未春三月，奔太夫人丧南来。既长物不能尽载，乃先去书之重大印本者，又去画之多幅者，又去古器之无款识者。后又去书之监本者，画之平常者，器之重大者。凡屡减去，尚载书十五车。至东海，连舻渡淮，又渡江，至建康。
>
> 青州故第，尚锁书册什物，用屋十余间，期明年春再具舟载之。十二月，金人陷青州，凡所谓十余屋者，已皆为煨烬矣。
>
> 建炎戊申秋七月，侯起复知建康府。己酉春三月罢，具舟上芜湖，入姑孰，将卜居赣水上。夏五月，至池阳，被旨知湖州，过阙上殿，遂驻家池阳，独赴召。六月十三日，始负担，舍舟坐岸上，葛衣岸巾，精神如虎，目光烂烂射人，望舟中告别。余意甚恶，呼曰：“如传闻城中缓急，奈何？”戟手遥应曰：“从众。必不得已，先弃辎重，次衣被，次书册卷轴，次古器，独所谓宗器者，可自负抱，与身俱存亡，勿忘之。”遂驰马去，途中奔驰，冒大暑，感疾。至行在，病痁。七月末，书报卧病。余惊怛，念侯素性急，奈何！病痁或热，必服寒药，疾可忧。遂解舟下，一日夜行三百里。比至，果大服柴胡、黄芩药，疟且痢，病危在膏肓。余悲泣，仓皇不忍问后事。八月十八日，遂不起。取笔作诗，绝笔而终，殊无分香卖履[①]之意。葬毕，余无所之。

这段经历对李清照而言是彻心彻肺的痛。它反映出了几个情况：一是他们夫妇家藏极丰，简直是一座规模宏大的博物馆，数十年、甚至数代人的积累全在其中，除精简大量藏品、又在青州家中封锢十余间屋子珍藏之外，逃难时尚带着15车藏品。二是当金兵南下时，作为郡守的赵明诚，没有组织过军民抵抗，只在考虑保住或转移家中藏品。三是在逃难前，赵明诚就预感到大批珍藏将散失，“知其必不为己物矣”，后果然如此。四是叙述了赵明诚去世经过，即他在靖康丙午年(1126)还担任淄州太守，高宗建炎丁未(1127)三月，赵母去世，赵明诚丁忧

(辞职守孝)南下奔丧。建炎戊申(1128)九月起复为建康府,至己酉(1129)3 月罢职,本想"卜居赣水上",但是年刚转移至池阳,又被任命为湖州太守,只得与李清照分别,告知她如遇极端困难时,可先弃辎重(行李杂物),如不行,再抛衣服被褥;再不行,就抛书册卷轴,再次抛古器(即今天所称的"文物"),而"宗器"(香炉烛台之类祭器,或指祖上留下之极珍贵家传文物)则必须随身携带,不可抛弃。四是详细记述了赵明诚病因,即由于冒暑赶路,疲累后受风寒,又因急性子,误服虎狼之药,终致病情恶化。

赵明诚病逝后,李清照在举目无亲之下,进入最艰难时期。丈夫下葬,她感到"余无所之"。时传朝廷要在长江上禁渡封江,而她手头尚有图书二万卷、金石刻拓本二千卷,"器皿、茵褥,可待百客,他长物称是",偏此时又患大病,奄奄一息。这时李清照想起任兵部侍郎的赵明诚妹婿在洪州(南昌),于是派二故吏护送行李赴洪州。不料至冬十二月,金兵陷洪州,行李杂物尽失。奔赣路断,而留在池阳、芜湖亦无法安生,李清照只得携"少轻小卷轴书帖、写本李杜韩柳集、世说、盐铁论、汉唐石刻副本数十轴、三代鼎鼐十数事、南唐写本书数箧"(见《金石录后序》),投奔在台州任校局删定官的弟弟李迒。谁知到台州,又逢金兵至,只得弃衣被逃往黄岩,雇舟入海,后从御舟至温州,又返越州(绍兴)。建炎四年庚戌(1130)十二月,又赴衢州;绍兴元年辛亥(1131)春三月,复回越州,次年再赴杭州。

在此之前,李清照陷入一桩"赗金人案",原来,赵明诚病倒于建康江上时,有友人张汝舟(飞卿)随身携一玉壶来探望,走时仍带去,不料被人看见误会,后张汝舟北上,便有流言称赵明诚、李清照将此玉壶"颁金(国)",被疑降金,传说朝廷将查处。"余大惶怖,不敢言,遂尽将家中所有铜器等物,欲走外庭投进,到越,(皇帝)已移幸四明,不敢留家中,并写本书寄剡(今嵊州)。后官军收叛卒取去,闻尽入故李将军家。"此时,李清照身边文物书画,已十去五六,"惟有书画砚墨,可五七簏,更不忍置他所,常在卧榻下,手自开阖。"(《金石录后序》)

在越州居往时,因租住钟姓居民屋,一夕,盗凿墙窃去字画五簏,两天后,邻居钟复皓称他帮助寻回十八轴字画,求赏钱,李清照只得给钱,但她想再赎其他被盗之物,却未成功。后来那些文物字画,全被转运使吴说贱价购去。经此两场大劫,李清照与丈夫数十年所积的最后一批文物字画,全被李将军、吴说转运使谋夺去,而那个钟复皓,便是个盗贼,李清照让他在历史上留下了臭名。

高宗赵构绍兴二年(1132)三月,李清照在临安(杭州)卜居,曾错嫁毗陵(今常州)张汝舟,九月离异。此次再婚,对李清照生活上、精神上打击甚大,下面还要讲到。

第四阶段，是孤独生活期，自宋高宗绍兴六年(1136)起，至高宗绍兴二十六年(1156)止(或是年以后)，她安居临安，度过了诗词养生的晚年。李清照于高宗绍兴四年(1134)十月避乱于金华，次年五月以后才返临安。[②]当时她已52岁了。此后，李清照一直居住于临安，在撰写诗词之外，并作《词论》，其间她欲将生平所学传给孙氏女子，孙氏女子辞谢不学。此后，李清照生活抑郁寡欢，年老多病，捱至绍兴二十六年(1156)病逝(或此年以后去世)，享年至少为73岁。

文学史上最无聊的笔墨官司

历来文学史上有许多笔墨官司，有的很有意义，有的则无聊。而有关李清照是否改嫁的事，则是最无聊的笔墨官司之一，而且演出了"三个月改嫁经历，八百年未打完笔墨官司"的可笑闹剧。

据徐北文主编的《李清照全集评注》所附的《李清照年表》(简编)叙述，李清照再嫁张汝舟，是高宗绍兴二年(1132)夏天的事，两人在杭州结缡；当年九月即离异，婚姻存续期不会超过三个月，此后李清照再未适人。

张汝舟，字飞卿，毗陵(常州)人。据《咸淳毗陵志》，他是崇宁五年(1106)进士，钦宗时为绍兴知府。高宗建炎三年(1129)，以朝奉郎直秘阁兼知明州(今宁波)，同年十二月召为中书门下检正诸房文字，建炎四年(1130)兼管安抚使，复任直显谟阁知明州；同年五月，历奉俭简迁一官，六月乞祠，主管江州太平观。绍兴元年(1131)三月，赴池州措置军务，不久为右承奉监诸军审计司。他亦喜收集玩弄金石、碑拓和搜寻文物字画，但由于久在官场沉浮，人亦变得狡黠、贪婪。他与赵明诚熟识。高宗建炎三年(1129)六月末，赵明诚病倒于赴任途中，七月末李清照赶到，约在八月上旬前后，"先侯疾亟时，有张飞卿学士，携玉壶过，视侯，便携去"，这大约是李清照初见张汝舟，由于李清照夫妇正处于困厄中，可以想见，张汝舟的来访关怀，一定给李清照留下了很好的印象。

但李清照、赵明诚夫妇身边的文物书画，也会给张汝舟这类不逞之徒引发贪念。不久，传出赵明诚去世，也就从这以后，身在宦海的张汝舟，便开始动起谋夺赵明诚藏品的邪恶念头，最后选定的策略是与李清照结婚。

绍兴二年，李清照已经49岁，本来，在古代这个年龄段已近老年，那么，李清照为何还会结婚呢？我看这里有几个因素促成：首先，从建炎三年八月赵明诚去世，到绍兴二年夏天，李清照已寡居达三年之久，生活上十分孤寂，需要一个家庭，需要找个伴照料自己，自在情理之中。其次，她一个半老妇人，在这三年中带着大量文物字画在身边，确有许多不便，需要有个人帮助自己守护藏品，同时有个宽厚的臂膀可以依靠。第三，她错以为张汝舟是故夫朋友，又懂金石，以为其人很可靠。所以，张汝舟一提出要娶她，她就同意再醮，根本不会想到张汝舟是为谋藏品而与她结婚的。

关于李清照再嫁张汝舟的事实，李清照自己在《投翰林学士綦崇礼启》中说到这件事办得不好：

> ……既而苍皇，因成造次。信彼如簧之说，惑兹似锦之言。弟既可欺，持官文书来辄信；身几欲死，非玉镜架亦安知。俛俛难言，优柔莫决。呻吟未定，强以同归。视听才分，实难共处，忍以桑榆之晚节，配兹驵侩之下才。身既怀臭之可嫌，惟求脱去。……友凶横者十旬，盖非天降；居囹圄者九日，岂是人为！

綦崇礼，字叔厚，宋代北海人（今山东高密）。为徽宗政和末年进士，曾任吏部侍郎、兵部侍郎、翰林学士等，是李清照大同乡。在此信中，李清照倾诉了心里话，揭发了张汝舟的狡诈，亦检讨了自己的“可欺”，当她得知张汝舟的真实面目后，先是“身既欲死”、“优柔莫决”，继而表示与对方“实难共处”，并沉痛地喊出了“忍以桑榆之晚节，配兹驵侩之下才”，表达了无比悔恨的心情。至于婚姻存续时间，李清照信中十旬之说，正好三个月零十天，当不是虚妄之言。

本来，有此一篇信札，这件事也就尘埃落定，而且宋人都未提出异议，如李心传在《建炎以来系年要录》卷五十八中就记载：“右承奉郎监诸军审计司张汝舟属吏，以汝舟妻李氏讼其妄增举数入官也。其后有司当汝舟私罪徒，诏除名，柳州编管（十月己酉行遣）。李氏，格非女，能为歌词，自号易安居士。”另一文人陈振孙也提及李清照改嫁事，在《直斋书录解题》二十一卷中有“晚岁颇失节”的表述。洪适则在《隶释》卷二十四《跋赵明诚金石录》中称“赵君无嗣，李又更嫁”。

但元代以后，不断有文人否定李清照再嫁事，他们受南宋理学家朱熹思想“饿死事小，失节事大”的影响，对多才多艺的官宦家庭女子李清照居然晚岁再嫁，绝对接受不了，为“保护”李清照“名誉”，于是便予以否定。如卢见曾在《重刊〈金石录序〉》中就主观地说：“至有‘桑榆晚景’、‘驵侩下才’之语，贻世讥笑。余以是书所作跋语考之，而知其决无是事也。”认为这是宋人造假之语。而此后陆心源、李慈铭也持否定态度，有的文人还认为李清照那篇《投翰林学士綦崇礼启》

是张汝舟编造出来的。

其实,李清照是否改嫁,对她的作品价值研究毫发无损,无论是她误(改)嫁匪人张汝舟也好,根本无此事也好,在我们当代,已经不成为问题。即使是在朱熹之前的宋代,寡妇再嫁亦无碍,而唐代则更开放。况且,张汝舟这个匪类,李清照前后只与他共同生活了“十旬”(100 天也)之久,她是受骗者,这又有什么罪责呢?③

当然,明清学者既然已很卖力地做了为李清照再嫁“辨诬”的研究,今天我们也不必去责备他们、纠正他们,不妨让这些热闹文字保留下来,作为编撰李清照生平大事年表的参考资料。但在研究李清照的艺术成就时,则根本就不须涉及改嫁的话题,因为现存的李清照的爱情诗、别情词,没有一首与张汝舟有关。

所以,我认为李清照的改嫁与否,本来就是一场文学史上的无聊笔墨官司,今天不值得再去提及了。

注释:

① 三国时曹操临死前留下遗嘱,谈到他身后诸夫人的生活安排时,称:“余香可分与诸夫人,不命祭。诸舍中无所为,可学作组履卖也。”(见《曹操集·遗令》第 58 页,中华书局北京 1959 年版)此处指丈夫对妻子寡居后的生活安排建议。

② 据《宋会要辑稿》五十五册崇儒四:“五年五月三日,诏令婺州取索故直龙图阁赵明诚家藏《哲宗皇帝实录》缴进。”

③ 关于历代文人论述有关李清照改嫁的史料,请参看徐北文主编的《李清照全集评注》一书(济南出版社 1996 年版)

董小宛为清顺治帝“董鄂妃”辨

清代嘉庆以来，民间及文人中一直流传着这样一个故事：明末“四公子”之一的如皋文人冒襄(辟疆)的色艺双全爱妾董小宛，在逃难中被清军掠去，献给顺治帝爱新觉罗·福临，大得宠幸，称为“董鄂妃”。后因其所生皇子历三月夭亡，她伤心病逝。顺治帝痛绝，产生厌世，遂削发离开深宫，入五台山为僧。此说见诸于《清朝野史大观》(上海书店 1981 年版)卷一“世祖入五台山之原因”及“董妃董小宛说”两则。

与此同时，冒襄留下许多悼念文字记述董小宛生平事迹及情感经历颇详，但对董小宛临终前生病状况及去世情景均一笔带过，仅简单地称董小宛“后因劳顿过度而死”，晚年还在一首诗中写下“至今望秦海(原盐官县，今海盐县)，鬼妾不曾归”之句。令人奇怪的是，董小宛“病逝”后未在冒襄家乡如皋留下任何墓葬记录及遗迹。种种暧昧，使董小宛归宿成谜。也有研究者指出：顺治帝福临生于1638 年，董小宛生于 1624 年，顺治帝比董小宛足足小了 14 岁，传说中的董小宛沦于清军之手，是 1645 年，此时，董小宛为 21 岁，虽正在妙龄，但顺治帝却只有七岁，清廷臣僚再媚主子，也不可能把 21 岁的美女送给七岁的皇帝当妃子，故顺治帝与董小宛的传说虽然“美丽”，但却荒诞，历史可能性为零。本文试以新的视角破解此历史谜团。

董小宛的才、智、貌均上乘

董小宛(1624—1651?)，本名董白，字小宛，又字青莲。因其名字采用了唐代大诗人李白名和号，我们可推测，她可能生于下层儒士家庭。其籍贯乡居，至今未见明载，因此有人称她是姑苏人，为“董家绣庄”小姐；又说她是金陵(江宁)人，还有称其为徽州人的。说她是金陵人，是因其丈夫冒襄在《影梅庵忆语》中有董小宛“籍秦淮，徙吴门”等语，不过，我觉得这一观点难以成立，因为此处的“籍”，显非指籍贯，而是指乐籍，实际上就是称她出身于秦淮歌妓之意，故我认为董小宛是苏州人的可能性更大。幼年时，她家筑室半塘，过着衣食无忧的生活。因聪慧美丽，自然成为父母的掌上明珠，教以识字。13岁时，父亲病死，赖薄产维持生计，两年后生活渐窘迫，她母亲迫不得已带女儿来到南京，但母女二人在此繁华地，既不能宦途觅机，亦无资本经商，走投无路之下，其母只得在女儿身上寻找“机遇”，凭董小宛才艺、容貌资本，终于走进烟花行业，成为秦淮河上的名妓，与当时一些著名文人交往，如钱谦益、吴伟业等，但由于心高气傲，始终未能找到可委身的如意郎君。

董小宛是美女，她聪明灵秀，窈窕清艳，歌喉亮丽，是秦淮旧院中第一流奇女子，与李香君、卞玉京、顾横波、寇白门、马湘兰、葛蕊芳、柳如是共称“秦淮八艳”，[①]这八人都有不凡的才、貌、艺，难以排出第一，但董小宛在其中，堪称比较突出的一位。明末的南京秦淮河畔，是达官贵人、富家公子销魂之所，夜晚，桨声灯影中，满溢着笙箫弦笛靡靡之音的画舫，在河面上来往穿梭地行驶着，真可谓一船灯火、一船欢笑、一船歌声，把秦淮河装点如一条迷河。

董小宛列名乐籍，精于吹弹演唱之艺，清代福建蒲田诗人余怀（谈心）著《板桥杂记》，称董小宛“天姿巧慧，容秀娟妍……针神曲圣，食谱茶经，莫不知晓”。吴伟业在其《题董君画扇诗》之六云：“珍珠十斛买琵琶，金谷堂深护绛纱；掌上珊瑚怜不得，却教移作上阳花。”（转引自《清朝野史大观》卷一）此诗透露出董小宛不仅善奏琵琶，而且会诗画，是个多才多艺的女子；而余怀亦称其“七八岁时，阿母教以书翰”，说明她家庭中不仅父亲系儒生，母亲亦是个知书女子。

正因为董小宛有文才，所以，她从小就树立起一定的抱负，即不甘心作“庸人妇”。《虞初新志》一书（张潮辑，文学古籍刊行社1954年版，北京）中张明弼所撰《冒姬董小宛传》一文中说，董小宛“居恒揽镜，自语其影曰：‘吾姿慧如此，即诎首庸人妇，犹当叹彩凤随鸦，况作飘花零叶乎！’”她所指的“庸人”，当指那些只知渔色、胸无点墨的富家公子或达官贵人，这类庸人，是大多数妓女追逐的对象，但董小宛因自己才貌双全，便希望找一个有才有志、同时能织就“金丝笼”把她养活的人。这可能源于她的性格，张明弼说“顾其性好静，每至幽林远壑，多依恋不能去，若夫男女阒集，喧笑并作，则心厌色沮，亟去之”。喜静，爱恬淡，羡山林，颇有一点禅意，可以想见，她确是一位书香家庭哺育出来的女子，门第固然不高贵，但性高气傲。因父亲亡故，大梁摧折，生计无着，便只能随母亲漂泊于秦淮河上，凭恃天生丽质及书翰技艺，从事她并不喜欢的卖笑生涯。

董小宛的丈夫冒襄在《影梅庵忆语》中述及他们夫妇的文化生活时，有这样记载：

> 余数年来，欲裒集四唐诗，购全集，类逸事，集众评，列人与年为次第……付姬（按：即董小宛）收贮，至编年论人，准之《唐书》。姬终日佐余稽查抄写，细心商订，永日终夜，相对忘言，阅诗无所不解，而又出慧解以解之。尤好熟读楚辞、少陵、义山、王建、花蕊夫人、王珪、三家宫词……
>
> 乙酉，客盐官，尝向诸友借书读之，凡有奇僻，命姬手抄。姬于事涉闺阁者，则另录一帙，归来与姬遍搜诸书续成之，名曰《奁艳》。其书之瑰异精秘，凡古今女子，自顶至踵，以及服食器具、亭台歌舞、针神才藻，下及禽鱼鸟兽，即草木之无情者，稍涉有情，皆归香丽。今细字红笺，类分条悉，俱在奁中。客春顾夫人远向姬借阅此书，与龚奉常极赞其妙，促绣梓之。余即当忍痛，为之校雠，以终姬志。

董小宛辅佐丈夫，实为知音，她所编的一部《奁艳》集，达到"瑰异精祕"的程度，其才识受到社会肯定，确实不是一般普通编辑的水平。传说董小宛居吴门（苏州）时还曾学过画，惜未能成为大家，但她对一般的绘画技法，肯定是掌握的，而冒襄说她"于古今绘事，别有殊好"，称其"能作小丛树，笔墨楚楚"，还"于几砚上辄自图写"。她不仅下笔涂鸦，更爱别人的画作，"偶得长卷小轴与笥中旧珍，时时展玩不置；流离时，宁委奁具，而以书画捆载自随"。（《影梅庵忆语》）当然，由于战乱中辗转逃难，这些字画最后仍不免遭逢劫难，董小宛对书画艺术的爱好，却于此可见一斑。

董小宛还是一位"美食家"兼古代"女名厨"，她善烹饪，被列为中国古代的"十大名厨"。关于董小宛的烹饪技艺，除张明弼在《冒姬董小宛传》中有涉及外，其丈夫冒襄在《影梅庵忆语》中称其善制各色花露食品："酿饴为露，和以盐梅，凡有色香花蕊，皆于初放时采渍之，经年香味颜色不变，红鲜如摘；而花汁融液露中，入口喷鼻，奇香异艳，非复恒有。最娇者为秋海棠露，海棠无香，此独露凝香发。又俗名断肠草，以为不食，而味美独冠诸花；次则梅英、野蔷薇、玫瑰、丹桂、甘菊之属，至橙黄，桔红，佛手，香橼，去白缕丝，色味更胜。"又制"火肉"、桃膏、西瓜膏，还在红烧肉的基础上，发明了一种先将肉块通过油煎而走油，然后再行烹烧，加之甜咸适宜，似东坡肉，但没有东坡肉腻肥，当时人称为"虎皮肉"，即我们今天俗称的走油肉，又称之为"董肉"。在秦淮河畔沦落时期，她研究出用芝麻、炒面、饴糖、松子、桃仁和麻油等为原料，制成酥糖，切成为长五分、宽三分、厚一分的方块。这种酥糖，甜而香，脆而松，不腻肥，大为食客喜爱。她嫁冒襄后，又将此技艺带到如皋，以后逐渐散发开来，成为通扬一带的土特产，现在扬州名扬海内的名点心灌香董糖(亦称寸金董糖)、卷酥董糖(芝麻酥糖)及如皋董糖，其发明人都是董小宛，故都称"董糖"。

董小宛不仅精于烹饪，而且亦精于品茶。冒襄在《影梅庵忆语》中述称：董小宛不仅善谙黄熟，且烹茶之艺上乘，她"性又同嗜片岕(按：岕茶也)，每岁，半塘顾子兼择最精者缄寄，具有片甲蝉翼之异，文火细烟，小鼎长泉，必手自炊涤……余一生清福，九年占尽，九年折尽矣"。

醉中邂逅，一见钟情

董小宛与丈夫冒襄初识于吴门之半塘董家。冒襄(1611—1693)，字辟疆，小名绳绳，号巢民，又号朴巢、朴庵，晚年自号"醉茶老人"。故居在今如江苏如皋市水绘园。冒襄为明末清初文学家，与商丘侯朝宗、桐城方以智、宜兴陈贞慧并称"明末四公子"，去世后被私谥为"潜孝先生"，著有《先世前征录》《朴巢诗文集》《水绘园诗文集》《影梅庵忆语》《六十年师友诗文同人集》等。冒襄自幼知书，十岁即能诗，由晚明松江文人、书画家董其昌为之作序，被认为是"神童"，但其时运竟不济，自 16 岁参加科考，至 31 岁间，先后六次赴南京乡试，竟连举人都未考中，仅两入副榜。明崇祯十五年(1642)，他中壬午副榜贡生，曾有机会补一个推官，但遭遇李闯王造反，未获职，自然便生怀才不遇之感。《清史稿・冒襄传》(第五百零一卷)称："(冒)襄少年负盛气，才特高，尤能倾动人。"冒襄后成为东林复社中坚人物，曾支持陈贞慧(定生)、吴应箕书写《留都防乱檄》，揭露阮大铖投机嘴脸。1644 年明亡，福王朱由崧立"弘光"朝，阉党阮大铖为报复复社众士子，重起"党祸"，陈贞慧等多人被捕，冒襄亦在劫难逃，后被救出狱。

冒襄 19 岁时在家乡如皋娶亲，嫡配正妻苏元芳(贞)长冒襄两岁，后生二子一女。苏夫人亦有才，擅画，极贤淑，对冒襄的"婚外情"及娶妾，均能容忍不妒。据传，冒襄在艳遇董小宛之前，因参加科考，游历江南，金陵，与秦淮名妓王节、李湘真、苏州歌妓陈圆圆等均有染。当初冒襄频繁来金陵时，混迹于秦淮诸妓间的其他书生吴应箕、方以智、侯方域纷纷向冒襄称赞董小宛的艳名。冒襄说，没有经过我亲眼所见，你们讲的我都不相信，因为他在情场"阅人"甚多；董小宛作为秦淮名妓，也经常从其他姐妹及名流口中听到如皋风流才子冒辟疆名字，听的次数多了，也会忍不住询问冒襄何等样人？于是便有才子狎客告诉她："这一位辟疆先生乃当今极负盛名的才子，既具备高雅气节，又风流倜傥，为女界钦羡对象。"董小宛从此把冒襄的名字装进了心中。

冒襄首先采取主动，与桐城才子方以智前去拜访董小宛。没想到，几次前去董家寻访，均未见着，后来才得知，素性恬淡的董小宛，因嫌秦淮风月场所太过喧嚣，遂搬离金陵，移居姑苏之阊门外了。冒襄当年科考事完，因送尊贵亲友赴东粤上任，顺道到苏州，留住吴门，终于打听到董小宛已觅居半塘，便去探访，但依然又连连扑空。原来董小宛"又患嚣，非受縻于炎炙，则必逃之鼪鼯之径"。（张明弼：《冒姬董小宛传》）

多情的冒襄仍不肯放弃。一天，冒襄又去探望心仪已久的董小宛，到她家敲开门，董母出来接待。原来这天中午董小宛有酒席应酬，喝醉后吐了一地，正躺在房中睡着。冒襄对董母申倾慕之意，董母大喜过望，如皋公子冒襄的大名，她是知道的，真是如福星降临蓬门，于是赶快从房中将女儿扶出，两人在园中曲栏中见面，双方惊鸿一瞥，其感觉犹如电击一般，十分震撼："主宾双玉有光，若月流于堂户。已而四目瞪视，不发一言。盖辟疆心筹，谓此入眼第一，可系红丝；而宛君则内语曰：'吾静观之，得其神趣，此殆吾委心塌地处也。'但即欲自归，恐太遽，遂如梦值故欢旧戚，两意融液，莫可举似。"（同上）这时候的董小宛失态了，于是一迭声对母亲喊："异人，异人！"看来，有许多"故欢旧戚"的董小宛，好像从来没有被人打动过似的。这就是两个人的初恋，一见钟情式的快速恋爱。当晚，冒襄于董小宛处逗留，此时经济上窘迫的董小宛和她母亲，亦可能得到冒襄的厚赠。

但冒襄当时并未正式纳董小宛为妾。不久，他离开苏州，与董小宛一别三年。有一年，冒襄重访小宛家，却被告知董小宛赴西湖、黄山、白岳洞书院等地游玩去了。于是，冒襄便只好带着遗憾在苏州住下，风流的冒襄身边也不缺女人，有一位歌姬很得冒襄意，两人遂订纳娶之约。

爱得艰辛，嫁得幸运

此后，冒襄赴南岳衡山探亲，至崇祯十五年（1642），他重返吴门，欲正式纳"某姬"（即陈圆圆）为妾，不料已为豪家以万金劫去。此时，冒襄感情无所寄托，情绪落寞，郁郁寡欢。一天，他月夜买舟，徜徉于河湖间，随意飘泊至桐桥，见其中一小楼如画，立傍水岸边，冒襄出于好奇，问岸上人：此小楼何人之家？岸上人答曰：此屋是秦淮名姬董小宛所居。并告诉冒襄：女主人自黄山归来，遭丧母之厄，自己也生着很重的病，房屋已紧紧关锁二十余天了。冒襄听说这里住着董小宛，顿时狂喜莫名，数年苦苦寻找着心爱的董小宛，谁想突然就在眼前。他离舟登岸，上前拼命敲门，很久才总算进去。登楼入室，见屋中灯光黯淡，房内到处是药罐、药碗。掀开锦纱帐，见一位气息奄奄的女子无力躺着，正是他心爱的董小宛。

董小宛吃力地睁开眼睛，发现竟是她的冒公子来了，十分意外，看了半晌，泪如雨下，边哭边悲伤地叙述丧母之痛、对冒襄思念之苦。讲话时仍然十分吃力，喘息不定。冒襄留下相陪，至半夜时，董小宛披衣而起，对冒襄说："我的病好了。"冒襄颇感神奇，董小宛一本正经地向他提出："辟疆，我有一桩心事，在胸中积聚多时了。按常理，一切物事都不能孤立存在，都要有配偶，这就像顿牟之草、磁石之铁。谚云气有潜感，数有冥会。以我而言，如果见不到所爱的你，就一点神和气都没有了。而一旦重见到你，神和气就重新在我身上获得恢复。二十多天来，一勺汤、一粒米不沾，任何剂药都无效。今夜君夜来探望，我马上霍然病愈。君既有惠于我，我岂可不报答你？愿在此刻以终身相委于君，请你万勿推辞。"

听了董小宛的真情告白，冒襄并没有像董小宛期待的那样热辣辣地回报，却反常地沉吟着半晌不语。夜很静，桌上微弱的烛光摇曳着，燃烧后的蜡烛不断流着泪水一般的蜡油，发出滋滋滋的声音，在寂静中那声音似乎很重地在敲击着两个人的心。过了一会儿，沉思中的冒襄慢慢地说："小宛，天下如果真有这么容易办到的事倒好了。回顾我们的交往，第一次见面时，你醉酒在床，不仅你酒后狂吐，而且你讲的都是酒话，双方虽略有亲密，但并未交心知心。今天夜间我们突然相逢，你又是在病中，并未有很相知的交代，所以，我们的相交其实很有限，你并不了解我，更不了解我家中元配夫人和小妾贤惠不贤惠，她们能不能接纳你？你就这样轻易地委身于我，你不觉得草率了一点吗？"

其实，冒襄不敢贸然应允董小宛的"追婚"，是有原因(或者叫苦衷)的：首先，前已说过，他在如皋家中娶有元配妻子，岳家又是官宦，两人还是冒襄祖父冒梦龄在江西会昌县令任上与苏元芳父亲、中书舍人苏文韩订下的"娃娃亲"，并已生儿育女。苏元芳虽贤，但她能否同意自己纳一位名妓为妾，冒襄实无把握。其次，董小宛是已入乐籍的妓女，若要嫁出去作妾，则必须先办脱籍的手续，如今这些尚未办妥，冒襄是无权娶董小宛为妾的。第三，也是更重要原因，是其父冒起宗颠沛沉浮于宦海，尚未有良好归宿。当冒襄第一次见董小宛之际，冒起宗正在衡山为官，冒襄欲去探望父亲，因张献忠农民造反大军攻破襄樊，冒起宗陷兵火中。"时辟疆痛尊人身陷兵火，上书万言干政府言路，历陈尊人刚介不阿，逢怒同乡同年状，倾动朝堂，至壬午(1642)春，复得调任"衡永兵备使者，监左镇军(即左良玉军)"。(见《冒姬董小宛传》)冒襄得知此信息，大为高兴，于是再次匆匆赶到吴门来，因他马上要到襄樊去探望父亲，其心惶惶，无懈留吴门处理与董小宛的婚事。第四，他此次来吴门，原是欲践陈圆圆之约的，感情上的位置依然被陈圆圆占据着，故董小宛提出结婚，他感到突兀，思想准备不足，才表示暂不能满足她的要求，并要作告别。

董小宛是个敢作敢爱的女子，此时铁定了心要嫁冒襄，这中间亦有几个原因：一是冒襄是当今才子，家又富裕，是秦淮风月场中诸女子心目中的"白马王子"。二是她此时处于困窘，母亲死后，一直患病，连个说知心话的人也没有；冒襄自天而降，她岂会不想就此紧紧抓住？三是她此时与继父一起生活，宛如陷火坑中，继父吃喝嫖赌、滥交狗肉朋友，董小宛病倒在床，他没一点照顾，任其玉体瘦废。如此匪类，董小宛当然恨不得立马离开他，于是便横下一条心，坚决要跟住冒襄。第二天早晨，董小宛整理好行装，穿上新衣服，悉心打扮得漂漂亮亮，不顾冒襄的再三劝阻，固执地带行李上了船，并发誓再也不踏进吴门这个让她伤心的地方，冒襄无法坚拒，只好由她。

从这天起，冒襄携着董小宛，一对才子佳人，过浒墅关，遍游无锡惠山、毗陵(常州)、阳羡(宜兴)、澄江(江阴)，又在镇江登北固山、焦山。一路上，董小宛一身鲜艳的西洋布退红轻衫，薄如蝉纱，洁比雪艳，极为妖娆而招摇。在镇江之际，两人在江山最佳胜境观景，于千万人争步中，犹江妃携偶踏波，怡然自成一景。两人同游了27天，冒襄不时谈及要分手离去，董小宛每次都哭，最后一天她边哭边问冒襄："辟疆，我与你在一起很愉快，也真心爱着你。但你为何每天总想离开我呀?"冒襄说："小宛，通过这些天来在一起的交流，我也很留恋你。但是，我的父亲大人虽调离襄樊虎穴之地，至今仍漂零在外，未有归期，我很牵挂；另外，秋闱逼近，我想再赴南京，在科场作破釜沉舟的一搏。请你能理解我，在家中等着我的好消息，到时候我定会来接你。"董小宛得到冒襄的保证，便说："辟疆，我的身子和心已经都是你的了。既如此说，我就回家去，吃长斋杜门谢客，煮着茗茶、燃起炉香，听候你的佳音。"

两人于镇江分手，董小宛归吴门后，果然不再接待任何客人，杜门茹素，虽有豪家欲相邀，流氓强徒前来骚扰，她都机敏地以钱财"消灾"。而士子权家书信求爱、央人说项之类的事，每个月都会发生。挨至八月初，董小宛决心赴宁寻找冒襄。她抛开继父，只带一佣妇作伴，搭上一条船，沿江河西上，一日行至某处，前面竟遇盗寇在江上劫掠，他们的船机智地避入芦苇中，一行人饿了整整三天，方才到达南京。船停栖于南京城外，她直等待冒襄科考结束，两人才得以相见。众考生及达官贵人们听说冒襄有这样的艳事，大家都来祝贺，冒襄与董小宛遂于秦淮河畔之亭中举行盛大宴会答谢，许多秦淮歌妓女郎也来赶热闹，大家都羡慕董小宛获得理想的归宿，有的人触景生情，喜极泪下。

不幸此次冒襄只中副榜，吴门那边董小宛继父所欠之债，亦要着落在董小宛身上，追债的人很多，弄得冒襄与董小宛一时无所适从，而且更伤脑筋的，因经济原因，董小宛的脱籍问题也难以解决（脱籍需大笔赎金）。在这种情况下，两人无法结婚。冒襄只得力劝董小宛再回吴门，又托任刺史的某盟友照顾董小宛。哪知这位刺史盟友行事鲁莽，得罪众苏州债主，还一度企图把董小宛藏匿起来自己占有，引发众怒。这时候，另一位风流才子钱谦益向冒襄、董小宛二人伸出了援手。

钱谦益（1582—1664），字受之，号牧斋，常熟人。万历间进士，文坛领袖之一，被时人称为"风流教主"。他素佩服冒襄，也曾羡恋过董小宛，据说崇祯十五年（1642）带董小宛出游杭州、太湖、黄山的就是他。听说董小宛陷困境，钱谦益赶快携妻柳如是从常熟赶到苏州半塘，让柳如是陪伴董小宛，自己亲自为董小宛筹划还债事宜，债主们见虞山阔佬出面担当，自然都放下心来。随后有某大帅馈赠千金给冒襄和董小宛作生日礼，又有朋友刘大行资助，冒襄用三天时间了结所有债务危机，又"买舟以盈尺之券，送姬至如皋。又移书与门生张祠部，为之落籍"。（张明弼：《冒姬董小宛传》）同年八月，董小宛终于抵达如皋，并获冒襄贤慧的苏夫人认可，正式归冒襄为妾。

顺治帝有栋鄂妃无"董鄂妃"

顺治帝纳董小宛为妃的讹传，出自道光以后，而其由头，是因为顺治帝确实有一位"栋鄂妃"，吴地方言，"栋"、"董"不分。后来，文人也参与到制造"董鄂妃"的谣传中，最典型的是竟记入了《清朝野史大观》，卷一《清宫遗闻》中《世祖入五台山之原因》（见该书第八页）绘声绘色称："顺治十七年八月十七日，贵妃董鄂氏卒，世祖哀悼殊甚，为之辍朝者五日……是妃，盖辟疆之姬人董小宛也。明弘光末，被掠至京师，入宫，赐姓董鄂氏，旋册立为贵妃。辟疆知之，惧罹大祸，乃撰《影梅庵忆语》，托言已死。太仓吴梅村（名伟业）诗，所谓'墓门深更阻侯门者'是也。不意入宫之后，竟以不寿卒……世祖对之，忽忽不乐。未数月，遂弃天下，遁入五台山，削发披缁，皈依净土。梅村《清凉山赞佛》四诗，即咏此事也。”

紧接着，《清朝野史大观》卷一中又选入了一篇《董妃董小宛说》，亦同样离奇而牵强附会：

> 《宾退随笔》云：吴梅村《清凉山赞佛诗》，盖暗指董妃逝世，清始祖伤感甚，遁五台为僧，语甚明显，论者向无异词。独董妃即冒辟疆姬人董小宛一事，则冒鹤亭广生辨之甚力。盖小宛为水绘园生色，不愿为他人夺也。
>
> 《赞佛诗》：“王母携双成，绿盖云中来。”又：“可怜千里草，萎落无颜色。”屡点“董”字。“南望仓舒坟，掩面增凄恻”。盖董妃生一子，先妃死，故云。(《三国志·魏郑哀王冲传》，字仓舒，年十三，建安十三年疾病，及亡哀甚)“名山初望幸，衔命释道安。预从最高顶，洒扫七佛坛。灵境乃杳绝，扪葛劳跻攀。路尽逢一峰，杰阁围朱栏。中坐一天人，吐气如旃檀。寄语汉皇帝，何苦留人间？烟岚倏灭没，流水空潺湲。回首长安城，缁素惨不欢。房星竟未动，天降白玉棺。惜哉善财洞，未得夸迎銮。”盖始祖幸五台不返，祝发为僧。朝中以大丧告，所谓“房星竟未动”，言帝实未崩也……陈迦陵《读史杂感》第二首，[②] 亦专指此事，曰“董承娇女”，明言董妃也；曰“玉匣珠襦连岁事，茂陵应长并头花”，盖董妃卒后半月，而世祖遂以大丧告天下也。

这段叙述亦颇多附会之处，主要是清代自吴梅村开始，一些文人咏诗，或明或暗影射董小宛即“顺治帝董鄂妃”，又附会未有信史为依据的顺治帝为董妃病逝而入五台山为僧的谎言，故“董鄂妃即董小宛”终于从口碑戏说进入野史阶段，连冒襄后人冒鹤亭想出来证伪，也被指是因董小宛为水绘园生色，故一定要把董小宛“留住”在冒家。

那么，顺治帝真实的栋鄂妃又是何等样人呢？

据《清史稿》(中华书局标点本)卷二百十四(30 册)“后妃传”载，顺治帝追谥的孝献皇后，姓栋鄂氏，内大臣鄂硕的女儿，18 岁时被选入宫，当时并无品级，但深得顺治帝厚遇，“宠冠后宫”，顺治十三年(1656)八月，始立为贵妃，正式举行仪式，并颁布敕令。而鄂硕也父以女贵，以军功授一等精奇尼哈番(清初八旗官职)，进位三等伯。但这位栋鄂贵妃未能长寿，于顺治十七年(1660)八月病逝。

为悼念爱妃，顺治竟破格辍朝五日，又大加追谥。顺治为何对栋鄂妃钟情有加？原来，这位满籍女子颇贤惠。她平时节俭，不用金玉饰物。临终前，劝顺治帝别过度悲伤，遗令将诸王的馈赠赈济贫困，命身边人勿以珍奇宝物为她殉葬。栋鄂妃死后，顺治帝亲自撰写了长达数千字的《行状》(悼词)，以资悼念；又命大学士金之俊另外作《孝献皇后传》。当年还取消了秋季处决罪犯，据说葬礼也超了规格。

由此可见，所谓顺治帝后宫有一位"董鄂妃"，实在是民间的杜撰，以年龄差距及清宫不纳汉女为正式后、妃的规矩，董小宛是不可能有资格成为顺治帝贵妃的。

董小宛结局推测：被掠入豫王多铎府

董小宛嫁与冒襄为妾后，生活是很幸福的，冒襄经营着家中的水绘园，九年的夫妾生活中，过的是神仙般日子。张明弼在《冒姬董小宛传》中描写称：董小宛"入门后，智慧络绎，上下内外大小罔不妥悦，与辟疆日坐画苑书圃中，抚桐瑟，赏茗香，评品人物山水，鉴别金石鼎彝；闲吟得句，与采辑诗史，必捧研席为书之，意所欲得，与意所未及，必控弦追箭以赴之。即家所素无，人所莫办，仓猝之间，靡不立就，相得之乐，两人恒云'天壤间未之有也'"。

但到了甲申(1644)、乙酉(1645)，明亡及清军南下灭南明，如皋水绘园中冒襄与董小宛的好日子也到头了。为避清兵锋芒，冒襄不得不挈家口逃难渡江，辗转到达浙江盐官，正遇一股南下的清军，遂造成冒襄家难，《冒姬董小宛传》这样描写：

> (冒襄在盐官)履危九死，姬不以身先，则愿以身后："宁使贼得我，则释君；君其问我于泉府耳。"中间智计百出，保全实多。后辟疆虽不死于兵，而濒死于病。姬凡侍药不间寝食者，必百昼夜。事平，始得同归故里，前后凡九年。年仅二十七岁，以劳瘁病卒。其致病之繇，与久病之状，并隐微难悉，详辟疆忆语哀辞中，不唯千古神伤，实堪令奉倩安仁阁笔也。琴牧之曰："姬殁，辟疆哭之曰：吾不知姬死而吾死也。予谓父母存，不许人以死，况裀席间物乎？"……

张明弼与冒襄间关系极密切，他们与陈则梁等四五人，曾在南京结为金兰兄弟，既为董小宛作传，材料肯定来自于冒襄对他的叙述，但对董小宛得病之死的情节，张明弼在传记中却写不清楚，是冒襄不肯提供董小宛生病情状，还是张明弼知而不写？这实在也包含了一个该破解的谜。我认为，这段有关董小宛结局的最原始“史料”，虽语焉不详，却透出了两点信息：第一，《传》中称董小宛百昼夜侍候病中冒襄后，回如皋后自己却“劳瘁”致病了。但作为好朋友的张明弼，竟不知董小宛得何病症，这有点怪，从来只有讳疾忌医，没有人死讳病的。且董小宛既以“劳瘁”而病，并无什么见不得人的原因，无需瞒着；第二，董小宛殁后，冒襄大哭，称不知这是“姬死”还是“吾死”，这种失态语，很不寻常。

张明弼的《冒姬董小宛传》，完稿于癸亥年（康熙二十二年，1688）秋天，此时冒襄尚在世，听说张潮正编辑《虞初新志》这部野史兼小说集，便专门找到张潮，谆谆嘱咐他一定要把这篇传记选进去。张潮（1650—？），字山来，号新斋，清歙县文人。他及其本家张明弼（公亮）都从冒襄处了解到董小宛的事迹，以他们之间的亲密关系，肯定会向冒襄询问董小宛的病状，但为何此二人都讳莫如深，而仅在《传》中透出一句“并隐微难悉”呢？还有，这篇传记既然得到冒襄肯定，并对张潮“谆嘱入选”，说明冒襄是同意张明弼关于董小宛“久病之状，并隐微难悉”这句话的，这又透露出一个信息：冒襄是故意要通过这篇传记告诉世人：董小宛之“死”，本身就有谜团，是不便说或不敢说，且“隐微难悉”四字，说不定就是他们三人商定的共识。

冒襄为何要对外界刻意隐瞒这件事呢？清代人早就看出其端倪，《清朝野史大观》卷一《董妃董小宛说》中就抄录了几条说法：

> 冒辟疆亡妾董小宛《哀辞序》云：“小宛自壬午归副室，与余形影交俪者九年，至辛卯献岁二日长逝。”张公亮明弼《董小宛传》云：“年仅二十七岁，以劳瘁卒，其致病之繇，与久病之状，并隐微难悉。”盖当时被掠于北兵，辗转入宫，大被宠眷，用满洲姓称董鄂氏。辟疆即以其被掠之日，为其亡日也。非甚不得已，何至其致疾之由，与久病之状“隐微难悉”哉！
>
> 辟疆《影梅庵忆语》追述董小宛言动，凡一饮食之细，一器物之微，皆极意缕述，独至小宛病时作何状，永诀作何状，绝不一及。死后若何营葬，亦不详书，仅于《哀辞》中有云：“今幽房告成，素旐将引，谨卜润二月之望日，安香魂于南阡。”数语而已，未足信据也……

这里，前一条重复了对张明弼《冒姬董小宛传》中董小宛病死状“隐微难悉”

的怀疑，并称董小宛“盖当时被掠于北兵”，然后入宫，冒用满人姓，即董鄂妃。据我前面考证，清宫实未有“董鄂妃”，只有栋鄂妃，故董小宛入宫为妃之事，可以排除；但其“被掠于北兵”一事，则是非常有可能的。而我们从孔尚任传奇剧《桃花扇》中得知，“北兵”专指清兵，而非李自成或其他军队。

第二条讲述董小宛“死后”，冒襄在如皋为其建成“幽房”（坟茔）一本正经举行安葬仪式，但所葬者，却仅是“香魂”，并非“玉体”，这就可疑。此条下面还说，冒襄每年元旦（即今天指的春节第一天）都要去关帝庙求签，因早在崇祯十五年(1642)时，即董小宛嫁冒襄为妾的壬午年元旦，冒襄在关帝庙曾求得一签，签语为“忆昔兰房分半钗，如今忽把信音乖；痴心指望成连理，到底谁知事不谐”，这“兰房分半钗”，即是姻缘不到头的不吉之语。与此同时，董小宛决心委身于冒襄后，也曾卜于苏州虎丘之关帝庙，竟获相同签语，冒襄闻知惊讶。其友人称再去为他们二人求卜，在西华门关帝庙再求签，居然仍旧是一样的签语。作者在这则轶闻最后说：“乃后卒满其愿，到底不谐，则今日验矣。按董小宛若以病殁，则当作‘悼亡语’，不当云‘到底不谐’今日验之语也。”

清代文人们对冒襄《影梅庵忆语》中最后一则描述也生疑，《清朝野史大观》卷一中说：“最后一则云：‘三月之杪，余复移寓友沂友云轩，久客，怀家正剧。晚霁，龚奉常偕于皇园次，过慰留饮，限韵作诗四首，不知何故，诗中咸有商音。三鼓别去，余甫着枕，便梦还家。举室皆见，独不见姬。急询荆人（即正妻），背余下泪，余梦中大呼曰：‘岂死耶！’一恸而醒。又云：‘姬前亦于是夜梦数人强之去，匿之幸脱，其人尚狺狺不休也。讵知梦真而诗谶，咸来先告哉。’”这可能是冒襄对爱妾董小宛之死最直接的描写，即借两场梦境，称董小宛被人“强之去”，而强抢者，则无疑是前述之“北兵”即清兵。并指出，冒襄这么写，是“盖不敢见诸文字”，为什么不敢？当然是事涉“北兵”、事涉权臣。

清代著名诗人吴梅村（伟业）也在诗中涉及过此事，《清朝野史大观》卷一中也有一则记此事：“梅村《题董小宛像》诗，第七首云：“乱梳云髻下妆楼，尽室仓黄过渡头。钿合金钗浑弃却，高家兵马在扬州。”盖揣高杰之祸也。第八首云：‘江城细雨碧桃村，寒食东风杜宇魂。欲吊薛涛怜梦断，墓门深更阻侯门。’若小宛真病殁，则‘侯门’作何解耶？岂有人家姬人之墓，谓其深阻‘侯门’者乎？”吴梅村诗题目叫《题冒辟疆名姬董小宛像》，这则记述更接近董小宛命运归宿事实，一是其明确指出冒襄“尽室仓黄过渡头”，“钿合金钗”（暗喻董小宛）无奈弃却，为何如此？则因乱兵。但吴梅村不敢指“北兵”，更不敢指清兵，只好称是“高家兵马”，而我们知道，小军阀高杰势力只在苏北的扬、泰地区活动过，待清兵过江，早就覆灭了。冒襄携董小宛渡江避难，董小宛在盐官被掠，这与“高家兵马”八竿子也打不着。从此诗看，吴梅村是知道真相的，他同样不敢明指是清兵抢走了董小宛。但他另一首诗中两句“欲吊薛涛怜梦断，墓门深更阻侯门”，却值得注意，一是将董小宛比作唐时名妓薛涛，十分帖切；二是透露出想吊唁董小宛之“墓门”，中间却被“侯门”深深地阻隔着，则明喻董小宛被具有诸侯地位的人掠走，而且深陷于“侯门”中，已杳无音信了。

此外，吴梅村在《题冒辟疆名姬董白小像》的引语中称：“高无赖（按：即指高杰）争地称兵，奔迸流离”，董小宛表示“苟君家免乎，勿复相顾，宁吾身死耳”，说明董小宛可能是为了保护冒襄，主动去以身饲虎的。

又据《中国文化之谜》一书中缪依杭文章《名妓董小宛的下落如何？》叙述称：“如皋城南中学南面龙游河边彭家荡旧时确实有过董小宛墓。笔者至如皋调查与冒襄有关的戏曲史料时，在冒襄别业水绘园中听得一位高龄张老先生说，发掘董小宛墓时，穴中随葬之物有之，却不见骨殖。言之凿凿。”（见该书253页）缪依杭生前供职于上海滑稽剧团，那时我调到《上海戏剧》杂志编辑部不久，与他认识。他为人实在、严谨，此调查之事当不会是虚妄之词。

这就告诉我们：张明弼为义兄弟冒襄之妾董小宛作传，中间亦有假情节，即称董小宛自盐官随冒襄回如皋后再病殁这段情节。实际上，董小宛在盐官避难时就“失踪”了。从缪依杭的调查中可见，如皋之董小宛“幽房”内，所埋确实仅是董小宛的“香魂”而无“玉体”。其“玉体”何在？则只有一种可能：被“北兵”掠走后，没入了“侯门”。

那么，又是谁家的“侯门”？最符合身份、并且率清兵横扫江南的权臣，便是清廷的豫通亲王多铎。

多铎是清太祖努尔哈赤第十五子，清军入关，他率兵从睿亲王多尔衮扫平天下，据《清史稿·诸王四》卷二百十八载：顺治二年（1645），“多铎至南京，承制受其降，抚辑遗民”。为了追击浙江境内的南明势力，他曾派贝勒博洛率师讨之，“潞王降。江、浙底定”。

与此同时，另一清将洪承畴亦带兵在浙江。《清史稿·洪承畴传》卷二百三十七明载：“二年，豫亲王多铎师下江南。闰六月，命承畴以原官督军务，招抚江南各省。”洪承畴原是明朝大臣，被俘后屈膝降清，顺治元年（1644）被清廷封为太子太保、兵部尚书兼右副都御史等官，他一到江南，便露出刽子手面目，在松江捕反清义士陈子龙，又指挥柘林游击将军搜剿南明势力。冒襄带全家避难的盐官，正处于洪承畴军队活动的势力范围之内。

所以,吴梅村诗中透出的关于“侯门”的信息,就很值得注意。“侯门”者,应确实是诸侯一级,符合这个要求的,应是清王室的亲王、贝勒、郡王、国公一级,多铎恰好是指挥下江南大军的主帅,又是亲王,若是他占有董小宛,则最符合吴梅村的“侯门”喻指。

现在,我们可以还原董小宛结局原貌了:当时,冒襄携家正在盐官避难,清兵南下,一路烧杀掳掠,清人垂涎董小宛姿色,迫令冒襄献出。董小宛为了保护全家,只得牺牲自己,临行与冒襄立誓:她赴狼穴,心即已死,此乃永诀。故冒襄遂以两人分手之日“辛卯献岁二日”,为董小宛“去世”之日。其实,董小宛此时并未死,而是被掳掠她的清兵献给了豫亲王多铎,后被带到北京豫王府,从此陷入侯门,冒襄再也不可能有董小宛的任何消息。江南文人听说顺治宫中有贵妃“栋鄂氏”,遂即统统患上了“想当然”病,把董小宛说成是“董鄂妃”。至于入豫王府后,董小宛过得如何?死于何时?史书、野史全无记载。估计她在豫王府地位甚低,再加上要保护江南的丈夫一家,她连自杀的权利也没有,只能“生不如死”地活着,结局肯定是悲惨的。

那么,是谁将董小宛献给多铎的呢?那只有一个人:洪承畴,他原系明臣(福建南安人),知道“秦淮八艳”之一董小宛的名声,在掳获得董小宛这件“战利品”后,正好献给多铎以取媚。多铎、洪承畴都炙手可热,书生冒襄一个也得罪不起,而此事又辱门庭,自然羞于启齿,故董小宛结局,便只能“隐微难悉”。冒襄从此隐居乡间,坚拒清廷征辟,始终不出去做官。他这是一种无声的抗争,爱妾被掠,心有怨愤,但却因此保持了大节。

这样看来,顺治帝倒是被文人们冤枉了 365 年。

注释:

① 即明代著名昆曲剧作家汤显祖的四大剧作《牡丹亭》(亦称《还魂记》)、《紫箫记》(另有重写本曰《紫钗记》)、《邯郸记》,此四种戏剧合称“玉茗堂四梦”或“临川四梦”(汤显祖为临川人)。

② 即陈维崧(1625—1682),字其年,号迦陵,宜兴人。“明末四公子”之一的陈贞慧之子,清代著名诗人,因应“博学鸿词科”考,授翰林院检讨。一生填词 1600 首,著有《陈迦陵文集》《湖南楼诗集》《迦陵词》等。

侠女篇

柳如是：毕生最重是名节

清康熙二十二年(1683)年由张潮(字山来)辑录的传记、随笔集《虞初新志》(文学古籍刊行社1954年北京第一版)中，收录了时人徐芳(仲光)所撰《柳夫人小传》，叙述了清初著名女诗人柳如是，在其丈夫，原晚明朝礼部侍郎、前清礼部侍郎管秘书院事兼明史副总裁、后长期落职居家的常熟才子钱谦益(字受之、号牧斋)死后，因不堪忍受钱氏宗人的逼迫，“自取缕白结项死尚书(指钱谦益)侧”，徐芳(即“东海生”)在小传后赞曰：“柳夫人可谓不负虞山(指钱谦益，因常熟有虞山，遂常以“虞山”称谓他)矣哉……柳夫人存不必称，而没以馨，委蜕如遗，岂不壮哉！”张潮称柳如是“前半(生)柳蓑花笑，后半(生)如箶响剑鸣，柳夫人可以不死矣”。作者和编辑两个文人，一位称柳如是在丈夫死后自尽，但却不是为节操殉夫，而是“壮哉”之举的千古馨香；一位在评述柳如是前、后半生时称其精神“可以不死”。那么，明清之季这一对才子佳人“老少配”钱谦益、柳如是，他们的感情究竟如何？

要弄清这个问题，需从柳如是其人生平说起。

风尘红颜才，“吴越无当者”

在明季秦淮河畔旧院之红粉队伍中，柳如是的才情是最为杰出的，其诗集《戊寅草》《湖上草》《柳如是诗》《东山酬和集》及书信集《柳如是尺牍》，不仅文采激扬，而且都被保留下来了。徐芳在《柳夫人小传》中一开篇就称其“慧倩工词翰，在章台日，色艺冠绝一时。才隽奔走枇杷花下，车马如烟，以一厕扫眉才子列为重，或投竿炫饵，效玉皇书仙之句，纸衔尾属。柳视之蔑如也，即空吴越无当者”。(见《虞初新志》卷五)

柳如是，浙江嘉兴人，生于明万历四十六年(1618)戊午日，卒于清康熙三年

清余秋宝绘柳如是画像

(1664)。原姓杨，初名隐（见《东山酬和集》卷一之《庚辰仲冬访牧翁于半野堂奉赠长句》署名“河东柳是字如是初名隐”，本文所有引述柳如是诗文，均引自周书田校《柳如是集》一书，辽宁教育出版社 2001 年版)，又名爱，小名云娟，字朝云，又字蘼芜，又名杨朝，再改名杨影怜，号如之，约于崇祯九年(1636)更名为柳如是，崇祯十三年(1640)嫁常熟才子钱谦益(牧斋)，后号“河君东”。

关于柳如是的籍贯，各家文史图书记载亦有不同，有的则根本不提及，如被陈寅恪视为“就所见文籍中记载河东君事迹者言之，要推顾云美(即顾苓，明末遗老)[1] 所撰《河东君小传》为最佳”，但顾苓于甲辰年间(1664)写的《河东君小传》亦未书其出生地域，也有题为“云间柳如是”的，云间即今上海市松江区，柳如是被认为松江人，其中原因，一是柳如是可能确实生于松江某地临近嘉兴的乡镇，年代变迁中辖地有变；二是柳如是在松江与云间才子陈子龙同居过，称她为松江人，亦是常理。

柳如是的姓名，陈寅恪在《柳如是别传》(三联书店 2001 年版)一书中已经考证，第 22 页引用了一条史证云：“柳如是初名杨影怜。流落北里，姿韵绝人。钱宗伯(谦益)一见惑之，买为妾，号河东君。”此条中称钱谦益“买”柳如是为妾是不确的，她实为自行“奔嫁”钱谦益，并取得次妻之名分。由于对柳如是幼年生活史无记载，她自己亦未撰文叙述，所以，后世对柳如是的父母名字、家庭门楣情况，便一无所知，估计柳如是应生于失业村儒之家，以农为生，幼时父母早亡，贫而无靠，遂被族中卖入盛泽(吴江县)的一家妓院“归家院”。据顾苓《河东君小传》(引自《柳如是集》)所述，柳如是算不上绝色美女，她“为人短小，结束俏利”。这里的“短小”，应是指柳如是身材伶俐小巧，个子估计在一米六以下，而又苗条，按现代美女标准，柳如是不属殊色，但在许多人眼中，因其小巧而颇有小鸟依人风韵，再加上皮肤脂嫩白晰，当然仍是个美人。陈寅恪先生在《柳如是别传》中引述牧斋(钱谦益)遗事中《初吴江盛泽镇有名妓曰徐佛》条中记载钱、柳相遇情形(见该书34 页至 35 页)：

(杨爱)闻虞山有钱学士谦益者，实为当今李杜。欲一望见其丰采，乃驾扁舟来虞。为士人装，坐肩舆，造钱投谒。易杨以柳，易爱以是。刺入，钱辞以他往，盖目之为俗士也。柳于次日作诗遣伻投之，诗内已微露色相。牧翁得其诗，大惊，语阍者曰："昨投刺者士人乎？女子乎？"阍者曰："士人也。"牧翁愈疑，急登舆访柳于舟中，则嫣然一美姝也。因出其七言近体就正。钱心赏焉，视其书法，得虞褚两家遗意，又心赏焉，相与絮语者终日。临别，钱语柳曰："此后即与柳姓是名相往复，吾且字子以'如是'，为今日证盟。柳诺。此钱柳合作之始也。"

这条记载内容丰富，既写出了钱之矜持，也写出了柳之"唯美"，以钱谦益之文坛首领、旧院老手，能从柳如是诗中嗅出其是"女子"，且一见就惊艳，并立即为她改姓更名而"证盟"，柳如是堪称风尘中的红颜才女，是没有问题的，尽管她个子也许确实并不高挑。

另一位叫沈虬(次雪)的文人在《河东君记》(见《牧斋杂著》下册附录，965页，上海古籍出版社2007年版)中说："河东君柳如是者，吴中名妓也。名是，一字蘼芜。美丰姿，性儇慧。"这里"美丰姿"的描述，我认为与顾苓的描写"为人短小，结束俏利"是一致的，即她不是绝色的、倾国倾城的美女，但属于很讨人喜爱的俏丽者，这在与她交往过的"云间三子"李雯[②]、宋征舆[③]、陈子龙唱和诗中也有反映。崇祯六年(1633)秋，陈子龙、李雯、宋征舆及另一文人李待问邀四名妓女饮宴，席间，李雯为四妓女各赠诗一首，给柳如是(当时还叫杨影怜)的诗中就有"悉茗丁香各自春，杨家小女压芳尘"的话。(见史玉根著《一个真实的柳如是》一书36页，北京东方出版社2008年版)松江另一文人宋征璧也赋《秋塘曲》一诗(见陈寅恪著《柳如是别传》48页)，赞其美丽之外，又加上一种刚性品格。

明末抗清民族英雄陈子龙，是一位对女色颇感兴趣的情种，他先娶张氏孺人为妻，又纳三妾：蔡氏、薄氏、沈氏，还常出入妓院。他对女性美的要求是很高的，一般的女性似不会在他眼中，但他对柳如是，却用最顶级的诗文去赞美。如《早春初晴》中就有"今朝春态剧可怜，轻云窈窕来风前"、"宿雨犹含兰叶紫，已多陌上繁华子"(见《陈子龙诗集》卷九242页，上海古籍出版社2006年版)等句来形容柳如是。他的《樱桃篇》描写柳如是更迷人：

美人晓帐开红霞，山楼阁道春风斜。绿水初摇杨柳叶，石屏时拂樱桃花。淡滟笼烟寒白日，柔条丛萼相交加。有时飞入玉窗里，春梦方长人不起。芳草闲庭蝶正黄，琼甃小院兰犹紫。茫茫珠露翦轻红，装成自掷湘文水。棠梨宫中日暖时，龙旗凤辇纷流离。低枝隐映入纤手，时亲蝉鬓无人知。赪玉盘承红鞢蹀，翔麟飞鞚行参差。即今寂寞香云度，堕粉摇英春草路。丽魄应悲夜雨天，幽人愁倚东风树。珊瑚磊落几时多，恐有流莺含已暮。

在与柳如是的其他唱和诗中，陈子龙用了许多赞美柳如是外貌美的形容词，如《秋闺曲》(之三)就指柳如是"灭烛凝妆坐，临风抱影斜。自怜能倾国，常是傍霜华"(《陈子龙诗集》125页)，用"倾国"来比喻柳如是，说明他真着迷了。此外，陈子龙的许多诗如《长相思》《对莺》《旅病》等也对柳如是的美有所述怀。

柳如是的美，来源于她的天生丽质；而她的才情，却源于她绝顶聪颖的智商和后天自身的努力，名妓徐佛，则是她的第一位启蒙老师。柳如是幼年(12岁之前)被卖(或拐卖)至吴江盛泽镇归家院(乐妓院)。明末，盛泽丝织业发达，其集镇富人多，外来商贩亦多，遂带动了镇上"无烟业"兴旺。时江南较高档的乐妓院，妓女若想赚大钱，已不单是靠姿色卖笑，而是要凭才情卖诗文。盛泽镇归家院，徐佛为该院的"头牌"，《牧斋杂著》所附沈虬《河东君传》中就称："我邑盛泽镇，有名妓徐佛者，能诗善画兰，虽居乡间，而士夫多有物色之者。"徐佛后来嫁兰溪周金甫(其兄为当朝侍御使)，说明她才情很不一般，不仅能诗，还会画。柳如是入归家院当乐妓，妓院须先对她培养，故沈虬称柳如是为徐佛之婢，似不确(有论者称柳如是为徐佛养女，更不对)，应为徐佛的带教学生。徐佛为高级乐妓，加上柳如是极为聪敏，自然便能培养成为才女，故她14岁后流落至云间，便能与松江一班才子陈继儒、陈子龙、宋征舆等进行唱和。陈子龙对柳如是的诗集《戊寅草》推崇备至，在《序》中写道：

乃今柳子之诗，抑何其凌清而眴远、宏达而微恣与？夫柳子非有雄妙窅丽之观，修灵浩荡之事，可以发其超旷冥搜之好者也。其所见不过草木之华，眺望亦不出百里之内，若鱼鸟之冲照，驳霞之明瑟，严花肃月之绣染，与夫凌波盘涡，轻岚昼日，蒹葭菰米，冻浦岩庵烟火之袅袅，此则柳子居山之所得者耳。然余读其诸诗，远而恻荣枯之变，悼萧壮之势，则有旻(曼)衍漓槭之思，细而饰情于潴者蜿者；林木之芜荡，山雪之修阻，则有寒澹高凉之趣，大都备沉雄之致，进乎华骋之作者焉……柳子遂一起青琐之中，不谋而与我辈之诗竟深有合者，是岂非难者？是岂

非难者？（引自《柳如是集》）

柳如是的《戊寅草》《湖上草》《东山酬和集》等诗集，才情让人震撼。三山林雪天为《柳如是尺牍》作“小引”，称其“琅琅数千言，艳过六朝，情深班、蔡，人多奇之”。（引自《柳如是集》）其中尤其是《戊寅草》中的《别赋》《男洛神赋》等，更是文采横溢、脍炙人口。故柳如是被冠为明末清初第一才女，是没有问题的。

柳、陈本佳配，劳燕终分飞

柳如是离开归家院的具体时间已不可考，据陈寅恪先生考证，她于少女时代即被妓院转卖入吴江故相、富户周道登[4]家，作为周母的侍婢。为什么归家院老鸨不将柳如是先“梳栊”后让她接客赚钱而又转卖呢？我认为这可能是因为柳如是此时尚未发育完全，人尚瘦弱，其“初夜”还“卖”不出好价钱之故，正好周家要买，便将柳如是“出手”了；另一个原因可能是周道登这个色鬼先看中柳如是，妓院慑于周家权势，不敢不卖。总之，柳如是到周家时还是少女，据《一个真实的柳如是》书中转引钱肇鳌《质直谈耳·柳如是轶事》中记载：“如是幼养于吴江周氏为宠姬，年最稚，明慧无比。主人常抱置膝上，教识文艺，以是为群妾忌。独周母喜其善趋承，爱怜之。”在周家，柳如是被周道登强行占有，不久，又被周家赶逐，陈寅恪认为“河东君为周氏群妾所忌，谮于主人，谓其与仆通”，这符合《秋塘曲》中宋征璧所述“十二云屏坐玉人，常将烟月号平津。骅骝讵解将军意，鹦鹉偏知丞相嗔”之意。诗中透露是周家某仆人接触中错会柳如是之善意，与柳如是本人无干。事实原委是，周仆见柳如是色美而垂涎，其“馋相”正好被周家某妾见之，于是向周道登告了状，添油加醋之下，周道登以为是柳如是轻浮，遂将其赶逐，卖入青楼为妓，时年约为14岁。柳如是在相府生活的这段时间内，很可能有机会进入书房内，读到许多周府藏书，拓宽了自己眼界。而“教识文艺”四字，则反映了周道登可能请人教过她“拍曲”（即习学昆曲、歌舞）。

柳如是被逐出相府后，连吴江城里也存身不住，她只得去了苏州。因有“故相下堂妾”的身份，以杨影怜之名“开业”，自然艳帜高张，加之她有文才，故贵族公子、文人学士、商贾富豪慕名而去者甚多。但日子一久，柳如是也不免感到厌烦，因为与她交往的大都为一掷千金的纨绔子弟及庸俗富商，她渴望一种有尊严、有人格的生活，所以产生“忆起时，宛转月阶上。零妆斟意审，欢气自随向。神绪难久藏，因风托思想”的心情（见《戊寅草·六忆诗》之六），企盼与一位青年才俊建立真挚爱情并托付终身。她虽如莲荷陷于污泥之中，但自认为心地纯洁，于是见河畔青草而发慨："飏飏华馆风，皃皃玄岭草。习习翔降晨，淫淫睹窅眇。翼翼众奇分，潛潛凌青照。羁望久难慰，星汉长飘飘。佳期安可寻，缀目成新眺。"(见《戊寅草·青青河畔草》)为此，她作《采莲曲》(收入《戊寅草》)以明志，作《冉冉孤生竹》(收入《戊寅草》)发出"上下会有涯，岂能无相思"的呼喊，作《月夜登楼作》(收入《戊寅草》)表达"为是穿针最佳近，鸡台人惹又相思"的期盼。但严酷的现实，又不能不使她感到绝望，为此她在"接客"中多次摆出"架子"，羞辱富家公子哥儿。

正在柳如是徬徨之时，云间才子陈子龙来了。陈子龙(1608—1647)，松江人，字卧子，一字懋中，又字人中，号轶符。父曾任刑部侍郎、工部侍郎。作为出身世宦望族的公子，陈子龙 22 岁考中举人，进而成为崇祯十年(1637)进士，仕绍兴府推官，擢兵科给事中，甲申(1644)归南明福王，后被权奸排挤去职，回松江。陈子龙是柳如是毕生最心仪的"白马王子"，她最想嫁的就是陈子龙这样有才学、有气节、性格刚烈、年华又相当的英雄男子。据陈寅恪《柳如是别传》考证，陈子龙可能是崇祯五年(1632)在苏州游历时初见柳如是的。陈子龙有文名，又是当时江南著名的几社首领，柳如是应早就久闻大名，他们的相遇，自会一见倾心。松江有许多著名的文化人，以陈子龙为首，人文环境较佳，很适合柳如是这样的"文化妓者"生存，因此，陈子龙在与柳如是交往后，一定会邀请柳如是赴松江"从业"。

不久，柳如即移居松江佘山，居松江文人陈继儒的山居晚香堂，她即自备画舫，开始与松江才子们交往。此时，陈子龙虽曾去见过柳如是，但他们之间依旧限于朋友状态，因为这一年陈子龙的精力都用在紧张的编著事务上，据他自撰的《陈子龙年谱》(《陈子龙诗集》附录)称："(他)集同郡诸子治文辞益盛，率限日程课，今世所传《壬申文选》是也。"这是一部几社成员的合集，影响很大。柳如是在松江，因陈子龙无暇顾及她，故也没有把依托终身的希望放在陈子龙身上。这样，几社的宋征璧、李雯、李待问(书法家)⑤、宋征舆等纷纷走进了柳如是择偶视线中，经过"筛选"、交往，她把"从良"的希望寄托在宋征舆身上，这场恋情堪称柳如是真正的初恋。但宋家绝不允许子弟与一名妓女交往，在压力下，深爱柳如是的宋征舆被迫逐渐放手，这使柳如是十分失望。

这时，松江知府下令驱逐在当地无乐籍(即证照)的"流妓"，其背景至今未见史料支撑，估计柳如是的"画舫"在松江动静过大，于是得罪了一些文人士子的家属，她们在背后告状惊动了知府；也可能就是宋征舆母亲或夫人私下告发的。柳如是不愿离开松江，但马上去办在当地落籍的手续也来不及了，于是她求助于宋征舆，宋征舆束手无策，反劝她先外出避一下风头。柳如是彻底失望，持刀斩断琴弦。在关键时刻，陈子龙出手帮了她一把，他站出来告诉官府，杨影怜不是流妓，而是一位了不起的才女，她与几社文士均有交住，实际成为其中的一员了，所以不应被逐。陈子龙是官宦子弟，又有功名，官府对他的话，无法不重视，于是这事儿便不了了之，度过一场虚惊之后，柳如是得以继续在松江生活下去。

崇祯六年(1633)秋天，陈子龙偕宋尚木等赴京师之前，柳如是为感激陈子龙，抱病至渡口相送。分手时，她赋两首《送别诗》(收入《戊寅草》)赠陈子龙，其曰：

念子久无际，兼时离思侵。不自识愁量，何期得澹心。要语临歧发，行波托体沉。从今互为意，结想自然深。(之一)

大道固绵丽，郁为共一身。言时宜不尽，别绪岂成真？众草欣有在，高木何须因。纷纷多远思，游侠几时论？(之二)

柳如是在诗中喊出“从此互为意，结想自然深”，希望两人能“郁为共一身”，这不是偶然的，经过了委身于宋征舆的失败，她突然感到，在欢场之中虽不缺男人，其实却十分寂寞，她曾写有《独坐》二首，抒发了此种心情：

春时成独坐，清瑟误芳年。碧渚烟鬟冷，青溪玉梦还。灵风长似昔，乐水不如前。因何红草色，却有燕莺怜。(其一)

昨暮愁思大，如今倍欲伤。神仙自高畅，花鸟任轻扬。玉柙多春态，金钩尽晚凉。不知今夜月，真悔照空房。(其二)

她的“愁思”格外地大，精神亦“倍欲伤”，故而才会对陈子龙特别依恋。而陈子龙此番北上亦很不顺利，他在自撰的“年谱”中称崇祯七年(1634)，“春，复下第罢归。予既再(次)不得志于春官，不能无少悒悒，归则杜门谢宾客，寡宴饮，专意于学矣”。在崇祯六年和七年，陈子龙很不得意，先是家中嫡配张夫人产一子，不久夭折了，而所纳蔡妾亦无法使其陶醉，后又北上途中访中意的广陵女未遇，最后是科考落第。一连串的不如意打击，他情绪消沉，男人也有软弱的时候，受伤的心更需要知心女性去悉心抚慰。于是，他可能在落第归家的途中，或面对妻妾的时候，想到了娇小的柳如是临别前的深情。这样，他返松江后便会很快去找柳如是,两颗同是受伤后寂寞的心,此时想不融化在一起也难。崇祯八年(1635)春,他借读书松江陆氏南园之际,又在南门外借友人南楼,开始了与柳如是的同居生活,是年,柳如是17岁,陈子龙27岁。

才子佳人又同是英雄才女,在今天看来,应该是佳偶天成。但是,对柳如是而言,这是极不公平的。首先,陈子龙虽然给柳如是准备了一个"窝",但并未正式聘娶或纳礼,两人的结合没有仪式。其次,柳如是没有任何名份,不要说为妻,为妾也没能争取到,她只能算是陈子龙的"外宅"。而按柳氏本来的性格,她是不肯接受这一安排的。但是,为了爱情,她还是接受了这一安排,当然也不是随便考虑的,一是她是真正深爱陈子龙的,无论是从社会地位、诗文名望,还是敢作敢当的英雄举动,陈子龙都是她理想的靠傍;二是她要报答陈子龙的义举;三是她与陈子龙在一起进行诗文唱和,技艺上会获得十分长进。

男欢女爱的深情是幸福的,应该说,在南楼的同居生活,对陈、柳二人都是快乐的时光,其最大的标志,就是陈、柳二人的创作力都十分旺盛。以柳如是而言,这期间不仅成就了诗集《戊寅草》中的许多篇章,而且还写出了《秋思赋》《男洛神赋》《怀人·梦江南二十首》等诗赋篇章,充分展示了其才华,奠定了她作为明末清初女诗人首领的地位。

可惜这样的同居生活仅持续了数月,便被迫分开。夏天,柳如是离开了南楼,移居松江横云山;估计因她与陈子龙仍来往密切,迫于陈家压力,她在松江无法存身,决定回到盛泽归家院"娘家"去,陈子龙将她直送至嘉善,才依依惜别。关于这次"婚变",陈子龙自撰的《年谱》没有谈及,但明显是屈服于某种外力,这"外力"不是官府,也不是社会舆论,而是家中的祖母、母亲、妻子。

陈子龙将妓女柳如是偷"娶"进南楼,这犹如现代"包二奶",作为世代官宦人家,陈子龙之母要维护家族名声,何况这"外宅"还是个妓女,当然无法容忍。另一方面,陈子龙的嫡配夫人张氏也不能容忍,她认为自己已为丈夫纳了小妾,丈夫应该满足了,可是如今又在外面包养柳如是,把她们妻妾冷落在一边,怎么能忍受下去?更重要的是,陈子龙正妻张夫人于崇祯四年生下第二个女儿不久,女儿便死了;崇祯六年张夫人产一子,不久也死了;崇祯八年秋天,陈子龙女儿陈颀又死了。陈家子女接连"殇逝",对陈子龙家庭成员打击很大,这其间原因,孩子体弱生病是主因,但另外的情况亦不能忽视。陈家过去是由陈子龙祖母高太安人掌家的,后因陈子龙结婚,高太安人交出了当家的大权,按理应由于陈子龙母亲唐氏宜人掌管,但唐宜人多病,需静养,遂将当家理财之责任交给儿媳张夫人负责。张夫人上面要侍奉两代老夫人,下面要管好家,不免劳累,因此没有精力用在对孩子的照顾上，致孩子接连夭亡，她肯定也埋怨丈夫。于是，不免要和妾蔡氏商量如何收拢这个不顾家的丈夫的心，最好的办法自然是禀告高太安人、唐宜人两代长辈，借她们的名义赶逐柳如是。陈寅恪在《柳如是别传》(290 页)中引述汤漱玉《玉台画史》叙述中数语就明确指出："卧子遣去河东君，当不出于阿母即唐宜人之意，实由卧子妻张孺人假祖母高太安人之命，执行其事。"在封建社会，来自祖母、母亲的命令是无法反抗的，陈子龙只能束手。这中间张夫人是否亲赴南楼去赶逐柳如是，因史无记载，不好推测。这样，柳如是只能撤离南楼爱巢，搬至横云山卜居。此期间，两人仍频繁来往，唱和不绝，其交谊实未尝有所改易。

崇祯八年秋天，柳如是自松江横云山迁往盛泽归家院，两人依依而别，柳如是十分伤感，她作了《秋思赋》以抒发愁苦心情，又作《别赋》以终结两人这段感情；这期间她又作《男洛神赋》，以明对陈子龙深爱不渝的心志，但诗赋佳作，不能代替现实的残酷。次年，陈子龙母唐宜人倒是病逝了，但祖母高太安人仍健在，张夫人仍可奉"尚方宝剑"制约丈夫。崇祯十一年(1638)冬，柳如是第一部诗集《戊寅草》以"柳隐如是"署名出版，陈子龙作序，杭州汪然明出资刊印，说明陈、柳仍藕断丝连。待到崇祯十三年(1640)，柳如是再回到松江横云山居住时，这一年张夫人又为丈夫陈子龙纳妾薄氏，这样，陈、柳再结合(作为正式侧室)更无望了，柳如是在终身大事上便只能另作考虑。这期间，柳如是多次来往于杭州、嘉定等地，又与文人谢三宾交往，几欲委身，后发现谢人品不堪，遂割绝。

于是，常熟虞山文坛领袖、老才子钱谦益进入了柳如是的视线。

奔嫁钱谦益，归宿亦无奈

各方面都成熟的柳如是，择偶就有了很挑剔的标准，首先是要有文名，即才学上要强过她；其次是要擅社会交际，有人气；三是能以男子气概担当一切，掌握自身的命运，保护她能"小鸟依人"，躲避风雨，这是她历宋征舆、陈子龙两次真爱终遭破灭后得来的教训。钱谦益是唯一符合她择偶标准的人，缺点是年龄大了一点，不过身体尚健，并不逊于年轻人，这样，她便选择了钱谦益作为自己的"白马老王子"。

钱谦益(1582—1664)，字受之，号牧斋，晚年自称牧翁、蒙叟、绛云老人、敬他老人，又号东涧遗老。苏州府常熟县(今苏州辖下常熟市)人，曾于明万历三十八年(1610)中进士，先授编修，因"名隶东林党"，"天启中，御史陈以瑞劾罢之。崇祯元年起官，不数月，至礼部侍郎。”（据《清史稿》四十四册卷四百八十四“钱谦益传”）后因与尚书温体仁、侍郎周延儒争“推阁臣”，被削籍归家。明亡，南明弘光朝于南京立，权奸马士英引他为礼部尚书。钱谦益为报答阉党，力荐无良文人、阉党余孽阮大铖为兵部尚书。南明灭，钱谦益降清，受职礼部侍郎管秘书院事、明史馆副总裁。不久罢归，以著述自娱，信佛，死后被清廷列为“贰臣”。其人博学，工词章，著有《楞严经蒙钞》《牧斋集》《初学集》《有学集》《投笔集》《苦海集》等十余种，卒于康熙三年，享年 83 岁。清乾隆三十四年（1769），其著作遭毁版，然传本未绝，当代亦获重印出版。钱谦益家藏图书颇丰，学问渊博，作为学者、古文家、诗人，他是成功的；作为政治家，他是失败的，因其为宦途升迁而甘与权奸为伍，国亡而不能死节，降新朝而又不忠诚，怀前明而不敢执旗抗清，清廷将其斥为“贰臣”，似亦不亏待他。

崇祯晚期，钱谦益进入老年，但风流花心不改，是诸乐妓院常客，他赴南京时与秦淮名妓中多人有染，还曾与“明末四公子”之一冒辟疆妾董小宛相熟。柳如是与钱谦益的结合，是柳如是一方主动的。还在她与陈子龙交往之时，她就应该熟知钱谦益了。崇祯十年（1637），发生钱谦益被落职事，陈子龙亦牵涉其中。据陈子龙自撰《年谱》叙述：“崇祯十年丁丑……会吴中奸民张汉儒讦奏钱牧斋、瞿稼轩（式耜），以媚政府，有旨逮治。”[6]这场官司在当时影响很大，陈子龙既与柳如是关系密切，则必然会与柳谈及钱谦益。崇祯七年（1634）和九年（1636），柳如是两次游嘉定，与儒生程梦阳有交往，而程与钱谦益较熟，柳如是亦会从嘉定诸生处了解到钱谦益的文名，故她遂会“独心许虞山，曰：‘隆准公即未夐古今，亦一代颠倒英雄手。’”（徐芳：《柳夫人小传》）。崇祯十三年（1640），与柳如是交谊的杭州汪然明，将柳如是诗词手迹寄赠钱谦益，钱即写下《观美人手迹戏题七绝句》：“芳树风情在，簪范体格新。可知王逸少，不及卫夫人。”可以想见，柳如是获知这位当朝前侍郎、东林骨干、文坛领袖、常熟首富钱谦益对自己的诗及书法的高度评价，会是多么兴奋！她在对陈子龙追求无望，对宋征舆、谢三宾[7]失望之下，把目光转向钱谦益是很正常的，因为当时只有钱谦益既有权势能庇护她，又有文才能提携她，还有钱财可以保证她的生活质量。故她才发出了“吾非才学如钱学士牧斋者不嫁”的言语。而钱谦益这一边，也早就闻知柳如是的大名，“嘉兴朱治憪为虞山钱宗伯称其才，宗伯心艳之，未见也”（顾苓：《河东君小传》），他雅重柳如是，并说：“昔人以游蓬岛，宴桃溪，不如一见温仲圭。吾可失当世此人乎！遂因缘委币。”（徐芳：《柳夫人小传》）当听说柳如是“非牧斋者不嫁时”，钱谦益“闻知大喜过望，曰：‘今天下有怜才女如此女子者乎？吾非能诗如柳如是者不娶。’有好事者，两相传致。”（见《牧斋杂著》附录沈虬《河东君记》）于是，一个“非此不嫁”、一个“非此不娶”，两个人走到一起也就如干柴烈火了。

钱在柳如是“奔嫁”的事儿上是挺认真的，“庚辰（1640）冬，如是始过牧斋，（钱）即筑‘我闻室’居之，以迎其意。十日落成，留之度岁。”对此，柳如是十分喜悦，她在给友人的尺牍中告诉对方：

> 嗣音遥阻，顿及萧晨。时依朔风，禹台黯结。弟小草以来，如飘丝雾，黍谷之月，遂蹑虞山。南宫主人，倒屣见知；羊公谢傅，观之非邈……弟方耽游蜡屐，或至阁梅梁雪，彦会可怀；不尔，则春王伊迩，薄游在丝。当偕某翁便过通德，一景道风也。专此脩候，不既。（见《柳如是集·尺牍三十》）

此信向友人正式宣告了她委身钱谦益的信息，并俨然如钱家主妇身份矣。不过，柳的奔嫁，在民间还是有些非议，据说辛巳（1641）六月，牧斋于茸城（松江）舟中与如是结褵时，吉服冠带，合卺花烛，仪礼备具，并赋《催妆诗》前后八首。云间缙绅哗然攻讨，以为亵朝廷之名器，伤士大夫之体统，几不免老拳，满船载瓦砾而归。牧斋怡然自得也，称为继室，号“河东君”。柳如是总算正式觅得归宿，并有“继室”（正妻）名分，作为妓女，这实在是难能可贵了，史载南宋韩世忠之妻梁红玉享受过这种待遇，对于重名分、人格和气节的柳如是而言，此乃钱给她最厚重的聘礼。还要指出的是，当时钱的元配夫人陈氏还在世。纵观钱谦益的一生，只有在娶柳如是为正式妻子这点上，其品格才盖过了包括陈子龙在内的所有晚明士子，他的“出格”，在当时是对封建旧道德、旧礼教中嫡庶之分的一个反叛。而这种“出格”，需要极大勇气，也需要条件，钱的父母均不在世，无长辈管束。他娶柳如是，当然便可自行作主。两人正式成婚时，钱谦益60岁，柳如是23岁，是典型的“老少配”。

在与钱结婚后直至南明灭亡这段时间，柳如是的生活是幸运的，她与文坛名家吟诗作画，唱和切磋，有共同的兴趣爱好，又有钱财滋养，穷极壮丽的绛云楼不仅豪华舒适，还藏着读不完的书籍字画，顾苓《河东君小传》中称：“房栊窈窕，绮疏青琐。旁龛金石文字、宋刻书数万卷。列三代秦汉尊彝环璧之属，晋唐宋元以来法书名画，官哥定州宣成之瓷，端谿灵璧大理之石，宣德之铜，果园厂之髹器，充牣其中。”钱家有此浩大之家藏，宛如拥有私家图书馆、博物馆，柳如是在其中生活读书，实乃过上了神仙日子，她的创作水准继续在提高，如崇祯十五年

(1642)壬午，钱谦益柳如是夫妇就和文士程嘉燧、沈璜、苏先、徐波等众多文人唱和，柳如是以“柳是”笔名吟创了一批诗篇，这些唱和后来总成为《东山酬和集》，夫妇二人都很得意。

烈女志难酬，忍耻了余生

甲申(1644)之年，社会剧变，先是闯王李自成攻破北京，崇祯帝自缢于煤山；后是李自成建大顺朝，在向明朝官员“刮金”之际，又占吴三桂美妾陈圆圆，吴三桂开山海关迎降满清；清军入关，击败李自成，顺治帝福临在北京登极。明朝在江淮的大臣拥立宗室福王朱由崧在南京登基，称弘光帝。不久，因弘光朝政权落入权奸马士英、阮大铖之手，清军渡江后，攻破南京，南明朝作鸟兽散。

这种剧变也严重影响了钱、柳生活。当初南明小朝廷“开张”，钱谦益为做官而投靠了马士英，乙酉年(1645，清顺治二年，南明弘光元年)三月，64岁的钱谦益终于实现了“入阁”梦想，被任命为礼部尚书兼翰院学士，掌部事，加太子太保。陈寅恪《柳如是别传》(下册865页)转引《牧斋遗事》一则轶闻，描述钱谦益携柳如是走马上任得意状态：“弘光僭立，牧翁应召，柳夫人从之。道出丹阳，同车携手，或令柳策蹇驴，而己随其后。私语柳曰：‘此一幅昭君出塞图也。’邑中遂传钱令柳扮昭君妆，炫煌道路。吁，众口固可畏也。”钱、柳入南京情景，另一部《南都杂志》(引文出处同前)描述更详：“钱谦益家妓为妻者柳隐，冠插雉羽，戎服骑入国门，如明妃(按：即王昭君也)出塞状。”此时的钱、柳不免得意。

钱进入弘光朝后，表现亦不佳，这就也影响到了柳如是的声誉。《柳如是别传》(下册866页)转引《南明野史》条目，谓钱谦益在弘光朝“声色自娱，末路失节，既投阮大铖，而以其妾(妻)柳氏出为奉酒。阮赠以珠冠一顶，价值千金。钱令柳姬谢阮，且命移席近阮，其丑状令人欲呕。嗟乎！相鼠有体，钱胡独不之闻?”阮大铖本阉党余孽，人品极恶劣，与东林党人一向势同水火，掌握弘光朝后，导弘光帝荒淫生活，在清兵南下、史可法难以支撑扬州的危局之下，却全力为弘光帝“选美”，抢掠民间幼女，许多城市被弄得弄人心惶惧，鸡飞狗跳。[8]为此，南京正直士人均侧目而视，并发揭帖予以揭露。钱谦益在其中亦扮演了不光彩角色，协助阮大铖选美，史载弘光元年(1645)“二月二十三日，命礼部广选淑女。……四月初九，钱谦益奏选到淑女，着于十五日进元辉殿。”[9]

钱谦益的这些表现，说明他已失去了早年东林党人的基本品格，只要保住“阁臣”的位置，他已无所谓人格、人品，而与阉党余孽马、阮同流合污了。但遗憾的是，陈寅恪在《柳如是别传》(见该书866—867页)却为钱、柳辩护，他说："前引谈孺木之言谓'谦益觊相位，日逢马阮意游宴，闻者鄙之'。牧斋与马阮游宴，自是当然之事。颇疑钱、阮二人游宴尤密，盖两人皆是当日文学天才，气类相近故也。牧斋既与(阮)圆海游宴，河东君自多参预，此亦情势所必至……然则牧斋招宴圆海筵上，柳阮二人，必极弹丝吹竹之乐。但歌唱音乐牧斋乃门外汉，白香山新乐府杏为梁篇云：'心是主人身是客'一语，真可作南都礼部尚书官署中招宴阮氏之绮席写照矣。圆海珠冠之赠，实为表达赏音知己之意，于情于理，殊应如此，然牧斋此际，则不免有向隅之叹也。"陈寅恪如此为钱谦益与阮大铖勾结进行辩护，不知是出于"纯学术"的胡涂，还是他从心底里认同钱"殊应如此"与阮大铖交结？难道他真不知道阮大铖是什么样的人？正是弘光帝、马士英、阮大铖三个民族败类在大敌当前一味腐败堕落，才葬送了南明可能的复兴希望，且阮大铖除作过三流剧作《燕子笺》等以外，他的诗文并不见有流传于世的，那么，他的"文学天才"又体现在哪里？能比得上陈子龙、黄道周、张苍水、黄宗羲诸公吗？而这样的考证及对钱勾结阮大铖不加批判的赞许，丝毫也不会让人得出认同钱谦益行为的结论，反而让人反感，连累了柳如是的清誉，这可能是陈寅恪始料所不及的吧？钱谦益在与马、阮的周旋中迷失了正义、自我，因此他才会于南明亡后迅即降清，失去士大夫及文坛领袖的基本品格。

柳如是虽因嫁钱谦益后，不得不随夫与阮大铖辈应酬(她实际上是钱谦益与阮大铖搞"公关"的工具)，但她内心是有追求的，她在游历民族英雄于谦祠后，慕其为人，写下了一首《于忠肃祠》(见《湖上草》)："少保绝世人，功名寄辽廓。方其用兵时，战守何精确。意气吞龙荒，事业高云阁。坐见大驾回，左贤死绝幕。一朝天命移，欃⾩谋始作。西市诵白云，风雷遂寂寞。异议岂不知，历数公所学。伤哉感殊遇，因此犯锋锷。至今二百年，精灵在丘壑。我来西湖滨，檐霤更萧索。荒草鸣蟪蛄，青天横鹈鹕。松柏暗上陇，枯桑喧鸟雀。洒泪空夕阳，英风竟安托。自公替凌后，几人称荦卓？所以徒步客，恸哭霸王略。"游岳飞坟后，她又留下一首《岳武穆祠》："钱塘曾作帝王州，武穆遗坟在此丘。游月旌旗伤豹尾，重湖风雨隔髦头。当年宫馆连胡骑，此夜苍茫接戍楼。海内如今传战斗，田横墓下益堪愁。"这样慷慨激昂的诗，钱谦益、阮大铖般"文学天才"是绝对写不出的，因为要写好这样的诗，光有"天才"不行，须首先有品格，锻炼成如田横、如岳飞、如于谦那样高洁的英雄。柳如是在《戊寅草》中还收了她的一首《剑术行》，也是激昂高亢，钦慕剑客之刚雄，末尾四句尤其精彩："丈夫虎步兼学道，一朝或与神灵随。独我忼忾怀此意，对之硉矹将安之。"若她嫁的不是钱谦益而是陈子龙，我毫不怀疑她一定会成为南宋梁红玉和清末革命女侠秋瑾般的英烈。

柳如是这些诗，铸就了她女中豪杰的刚劲不阿的性格，故在南明亡后，柳如是立即想到取义成仁，为故国尽忠完节，不恋富贵。顾苓《河东君小传》记叙了柳、钱夫妇在关键刻的不同表现：

> 乙酉（1645）五月之变（即清军渡江破南京），（河东）君劝宗伯（按：即钱谦益）死。宗伯谢不能。君奋身欲沉池水中，持之不得入。其奋身池上也，长洲[10]经沈明抡馆宗伯寓中见之；而劝宗伯死，则宗伯以语兵科都给事中宝丰王之晋，之晋语余者也。

关于乙酉南明国难时钱谦益贪富贵畏死而不肯尽节的史料，陈寅恪《柳如是别传》转述有几条：

> 乙酉王（清）师东下，南都旋亡。柳如是劝宗伯死，宗伯佯应之。于是载酒尚湖，偏语亲知，谓将效屈子沉渊之高节。及日暮，旁皇凝睇西山风景，探手水中曰："冷极奈何！"遂不死。（见该书 882 页引至若靡芜纪闻引"扫轨闲谈"）
>
> 乙酉五月之变，柳夫人劝我翁曰："是宜取义全大节，以副盛名。"牧斋有难色。柳奋身欲沉池中，（牧翁抱）持之不得入。是时长洲沈明抡馆于尚书家，亲见其事，归说如此。后牧斋偕柳游拂水山庄，见石涧流泉，澄洁可爱，牧斋欲濯足其中，而不胜前却。柳笑（而细语）曰："此沟渠水，岂秦淮河耶？"牧翁有恧容。（该书 882 页引自卢阳说苑本"牧斋遗事"）
>
> 宗伯暮年不得意，恨曰："要死，要死！"（河东）君叱曰："公不死于乙酉，而死于今日，不已晚乎？"柳君亦女中丈夫也哉！（该书 881 页引顾公燮消夏闲记选存"柳如是"条）

柳如是在气节的追求上确实比钱谦益不知高出了多少倍，南明亡，她想以身殉国而全名节，率先投池，以带动丈夫一起死节，真不愧女中丈夫。但钱谦益却"有难色"、嫌"水冷"（五月之水还冷吗？若真欲死，岂嫌水冷），还假装要学屈原，但常熟的尚湖，是实在没有机会成为汨罗江了。

钱谦益终于向清帅豫王多铎屈膝，但为了减轻社会上对自己降清的憎厌，不得不做秀："豫王命先生（钱谦益）入清京禁，引北官二员，骑五百，自洪武门入。先生忽向阙四拜下礼，众怪问之，先生曰：'太祖高皇帝三百年王业，一旦废坠，能无痛心！'及北兵劫上（按：弘光帝朱由崧）至南京，司礼监韩赞周令诸臣上谒。是日，独先生见故主，伏地痛哭不能起。诸暨曾王佐为扶出之。"戏演得倒像真的一样。但很快，清顺治三年丙戌（1646）正月，他便进京当上了清廷的礼部右侍郎，管秘书院事，充修《明史》副总裁。（见《牧斋杂著》附金鹤冲《钱牧斋先生年谱》）柳如是没有随夫北上，故意留居白下（南京），是她对钱降清失节的失望和抗议。她还用女人特有的反抗方式，在钱谦益北上做官时有意感情出轨，与一郑姓士子有染。事为钱谦益子钱孙爱所侦知，在钱夫人陈氏指使下，钱孙爱讼于官府，官府当堂将郑生杖毙。消息传到北京，钱谦益十分着急，赶回常熟，怒骂其子，不容相见，说：国破君亡，士大夫尚不能全节，乃以不能守身责一女子耶？并称：柳非郑不活，杀郑是杀柳也。父非柳不活，杀柳是杀父也。外间听说后，都讥笑钱谦益，其实钱对这件事的处理还算近人情，因为他知道，一个失大节的人，是没有资格去追究另一个失节之人的。钱谦益降清后北上，未获大用，心中颇失望，匆忙于顺治三年丙戌（1646）六月"引疾"辞官回江南，总计在任仅五个多月，此后以著述自娱，再未在清室供职。

经此一番折腾，钱谦益对自己失节行为稍有反思。此时，江南各地抗清势力蜂起，陈子龙隐于松江，张苍水奋起浙东，郑成功传檄闽海，桂王坚义西南。在此情况下，钱谦益做了一些暗中资助抗清势力的事，这中间，应该有柳如是的一份功劳在内。其中最危险的，是顺治四年（1647）因黄毓祺案牵连入狱事。是年三月，抗清义士黄毓祺（江阴人）率部下在海上遇大风浪，师船沉没，他坠海被救，躲避在泰州僧舍，被清军捕去。此前，钱谦益与黄毓祺交往过，并答允助资招兵。这件事被人告发后，清廷将钱谦益逮捕下在江宁狱中。柳如是闻知全力营救，随行至江宁，上下打点花钱，并上书表示愿代死，否则她就身殉。这次钱谦益在狱中表现良好，没有露怕惧相，原因是清廷并未抓住他与黄毓祺谋反的硬证，他知道以自己的名气，清廷是无法杀他的。另一原因是黄毓祺入狱不久即自杀，追查的线索断了。钱坐牢40余日，安然出狱。经此一劫，柳如是对钱谦益看法也不免有所改变，日子终于能过下去了。钱谦益也同情江南鲁王、永历帝等抗清势力，还于顺治六年（1649）秘密写信给永历帝朱由榔，为永历帝献类似于《隆中对》的取天下之策。顺治九年辰壬（1652）六月，南明永历帝之安西将军李定国克桂林，"承制以蜡书命先生及前兵部主事严栻，联络东南。先生乃日夜结客，运筹部勒"。（见《牧斋杂著》"年谱"）不过效果是没有的，估计这记载有夸张之词。顺治十五年(1658),钱谦益为救抗清英烈张苍水妻董氏、子张祺出狱,慨然以五十金赎之,亦为义举。惜董氏母子出狱躲避无方,后仍被捕去杀害。

钱谦益以上举动,固然是对降清之事有所反省,但他又亏了另一节行:降而不忠,也是一种无信义。钱之所以如此,有各种复杂因素,首先是为了安抚他的第二生命柳如是,也有对清廷的不满如剃发受辱、未重用等因素,还有对明朝的眷恋,有夷狄为非正统的旧理念,但更可能是当时江南抗清烽火遍燃,清廷在南方统治不稳,因而亦夹杂着脚踏两只船般一定程度的投机心理,故不宜对他支持抗清的举动评价过高。黄摩西在《序钱牧斋文》(见《清朝野史大观》卷九)一文中指出:

> 钱蒙叟(按:钱谦益之号)之为人,热中作伪,久为论者所鄙夷。观其点将东林,蒙叟有天巧星之目,而其一生之患得患失,卒之进退失据者,皆以巧致之……迨清师南下,首签降表,不能取巧于先朝者,欲为冯道、王溥,以收桑榆之效;而老臣履声,新主厌闻,则又巧借郑、瞿二杰师生之谊,欲为朱序助晋、梁公反唐,用心最巧……不幸而黄毓麒(祺)事发,(若)非输珍宫掖,几致赤族。又不幸而百年下仍以崔浩蔑史,冒顿嫚书,致名殿人表,文遭禁锢。盖蒙叟才大而识闇,志锐而守馁,故愈巧而愈拙。然亦因其不幸而重犯不韪,又不得志,其文乃雄奇变化,随其一生之历史而自为风气,领袖两朝,要无愧色;政府厉禁,而社会欢迎,声价几与宋之苏、黄媲,则拙于谋身者未尝不巧于谋文焉。

这段评述,可谓精辟之至,钱谦益一生吃亏在于对个人利益看得太重,因而只能靠作伪来保持声誉,借其两名杰出学生(郑成功、瞿式耜)之誉来消解自己的污名。他诗文虽多,但几乎没有流行,实在是缺少陈子龙般的豪情、正气;他在降清之后做过的一些好事,有出于对抗清志士的同情、钦佩(如出手救赎张苍水家属),亦有出于得失考量。作为钱的妻子,柳如是一定后悔嫁了钱谦益的,尤其是陈子龙牺牲后,受钱谦益降清拖累,柳如是失去全节的机会,对此,她的后半生实际上一直都在后悔。她与郑生发展奸情,并非是有什么生理需求,或与郑生产生感情,实是在报复、惩罚钱谦益。正如陈圆圆埋怨自己的一生都毁于吴三桂之手一样,柳如是的后半生亦“毁于”钱谦益之手,她本来是有机会当梁红玉、秋瑾那样女英烈的,而且已准备好在明亡后,像个男人那样去为国牺牲,以便在青史标名,可嫁错的丈夫不给她成巾帼英烈机会,惜哉!

结局堪刚烈，以死捍尊严

降清之后，柳如是内心早已如死灰，她之所以苟活，一是钱谦益不让她死，且钱已降清，她再死已无意义。二来她不久生下女儿，需要抚育长大，作为母亲，她不能弃世。三是钱谦益降清北上后落职南归，开始暗中与抗清人士来往，多少亦化解了一点她对钱谦益的怨愤，作为弱女子，她也只能与钱谦益过下去。

她对生活无疑是消极的，所以当暮年的钱谦益精神备感压力，发出“要死”之怨言时，柳如是讥斥他“公不死于乙酉，而死于今日，不已晚乎”，此种怨懑，又何尝不是反映出了柳如是那种无奈、懊悔的心态？钱谦益在《西湖杂感》（之十七）诗中恭维柳如是梁红玉，可惜他自己并非韩世忠；由于他当不成韩世忠，柳如是也绝对当不了梁红玉，此乃是硬道理。这就决定了柳如是不仅在历史名节上与“民族英雄”擦肩而过，而且还决定了她的结局只能是悲剧。清康熙三年（1664）五月二十四日，83岁的钱谦益在家中因病去世；六月二十八日，柳如是在家中荣木楼自缢，享年46岁。关于柳如是之死，有史料描写较详，其中徐芳《柳夫人小传》称：

> 嗣君孝廉某（指钱谦益嗣子孙爱）故文弱，乡里豪黠颇心易之。又兼宗伯公墙宇孤峻（按：谓独子也），结侣伺衅。丙午某月，宗伯公即世，有众骤起，以责逋为口实，噪而环宗伯门，搪撞诟谇，极于虢辱，孝廉魂魄丧失，莫之所出。柳夫人于宗伯易箦日，已蓄殉意，至是泫然起曰：“我当之。”好语诸恶少：“尚书宁尽负若曹金，固尚书事，无与诸儿女。（吾）身在，第少需之。”诸恶少闻柳夫人语，谓得所欲，锋稍戢，然环如故。柳（如是）中夜刺血书讼牍，遣急足诣郡邑告难，而自取缕帛结项死尚书侧。旦日，郡邑得牍，又闻柳夫人死，遣隶四出，捕诸恶少，问杀人罪，皆雉窜兔脱，不敢复履界地，搆尽得释。孝廉君得而哀之，为用匹礼，与尚书公并殡某所……

沈虬《河东君记》对柳如是刚烈抗争描写得更详细：

> 康熙某年，牧斋捐馆。嗣君孝廉，弱不自振。而族党嚣悍，聚百人登堂争哄。河东君曰：“家有长嫡，义无坐受凌削。若未亡人奁内遗赀，

留亦无益，当尽捐赂族凶，以纾家难。”出其箱笼千金，族人攫取以归矣。明日，喧集如故。河东君邀入，问曰：“今将奚为?”族人曰：“昨日所颁，夫人之长物耳，未足赡族。嗣君田房廪粟，独不可分其半以给贫窭耶?”嗣君惧，匿不敢出。河东君乃密召戚故及门人素善者，又呼仆人之能干者，告之曰：“视族人之意，如宋人割地，不尽不休矣。计将安出?”咸曰：“嗣君懦，无策也。”河东君曰：“吾有一计，可以立解。全孤保家，在此一举。然必尔等念府君旧德，并力相助，方可行。”咸曰：“愿之。”河东君乃出厅事，见族人曰：“妾之衣囊尽矣，诚不足以赠。期以明日，置酒大会，多寡惟命。府君之赀产，在我不惜也。”众唯唯而散。是夜，宰猪屠羊，酒醴毕具，来朝将大宴者；又阴部署所约诸人于后室，众莫测其意。宴席陈设，诸凶毕集，密令人锁禁门户。河东君入内，若将持券簿以出者，而已投环毕命矣。其家人惊视，见夫人已死，而房中聚绳索，大书壁上曰：“并力先缚饮酒者，而后报官。”众如其言，出绳尽缚族人，门闭，无一得脱者。须臾，一令至门，验视柳夫人，即于厅事穷治，诸凶具服，正厥辜，以上闻所司。柳夫人一死，而牧斋之家全，牧斋之孤保……(见《牧斋杂著》966页，上海古籍出版社2007年版)

钱谦益去世，寡妻、弱子遭遇族人夺产，其势汹汹，柳如是为保其家，不惜以生命代价来严惩族中这群恶人，死得十分刚烈。

为什么柳如是要以生命来一搏？我认为首先是乙酉年钱谦益降清后，她未能以轰轰烈烈的死而搏得名垂青史，一直对自己人生感到绝望，而又无可如何；如今钱家遭遇家难，正好抓住这个题目，给家族恶势力以重重一击，以刚烈行动，了结其遗憾的人生，亦舒出胸中压抑之气，略伸巾帼之气概。其次，此时柳如是女儿已经成年，嫁婿另过，毫无牵挂。再一个，是柳如是对身后事的恐惧感。当时丈夫尚未下葬，族人来夺产，拿出上千两银子分给凶徒，仍然未能“摆平”，她已看出对方的胃口是无底洞，不是千金所能填满，而是想把钱家土地、房产绝大部分或全部夺走。这种举动，不仅认为钱谦益之子孙爱懦弱好欺，实在是连她这位正式夫人也不承认了，这就从根本上危及到了她的名分、地位，况且她还有当过妓女的经历，钱氏族人所以这么凶，未始不有此考量。若不抗争，钱家将败落，不仅自己，连丈夫也将“无葬身之地”。

也许有论者认为柳如是可以不死，采取讼官办法，一样可以保住财产，这当然也可是一种选择，但一方面，当时形势危急，另一方面，若采取诉讼办法，就变成了一场保产、夺产的官司，作为女子，她无法与对方对簿公堂，钱孙爱又无魄力及能力诉讼。再说，为财产而诉讼，这根本不是她的性格。不如乘势了断，一石数鸟，以悲壮来书写最后辉煌，虽不能成为梁红玉，但亦终以刚烈来洗刷了青楼、降臣妻之耻。

因此，称柳如是之死为"殉夫"，实为大谬，纵观其平生追求及关键时刻的作为，敢作敢当、大胆无畏才是她的性格；而她更重的是名节，即取义成仁、人格独立、婚姻名分等。她辞世时，距钱谦益去世已一余月，若其是"身殉"，应在钱谦益死后立即就赴死，岂会等待一月之后才采取如此举动？

钱孙爱对柳如是纾难保家是感激的，他将柳如是遗体以次先妣身份，与陈夫人（孙爱母）、钱谦益遗体同殡于拂水山庄丙舍，柳如是柩停于东轩；清康熙十四年乙卯（1675）正月，钱孙爱主持葬柳如是于钱谦益墓西数十步秋水阁之后。一位人生坎坷的女子，虽因壮志未酬，名节未能完美，不免含憾于生时，但终亦入土为安。其诗赋领衔明清间女界，亦足以为荣矣。

注释：

① 顾苓，字云美。清初之明遗老，少笃学，晚居苏州虎丘。

② 李雯（1607—1647），字舒章，松江人。明末清初诗人，曾入清为官，著有《蓼斋集》四十七卷，《蓼斋后集》五卷。

③ 宋征舆，字辕文，松江府华亭人。明亡后失节。清顺治四年（1647）进士，曾任左副都御史。后卒，年五十。

④ 周道登，字文邦，吴江人。天启七年（1627）升任尚书，兼东阁大学士。崇祯二年（1629）闲居，六年（1633）卒。

⑤ 李待问，字存我，松江府华亭人。崇祯十六年（1643）进士，赐任中书舍人，工书法，自谓超过董其昌。抗清遇害。

⑥ 崇祯元年，有诏命推举大臣入阁为相，钱谦益时为礼部侍郎，担心同僚周延儒会被推上，遂联络门生瞿式耜等阻之。不料温体仁发难攻击钱谦益，钱被夺官，瞿式耜坐贬。于是常熟奸民张汉儒等希温体仁旨，借机攻击钱、瞿二人，欲一棍子打死。后崇祯帝悟温体仁结党营私，命将张汉儒等枷死。瞿式耜，万历四十四年进士，时任户科给事中。

⑦ 谢三宾，字象三。号塞翁，鄞（今浙江宁波）人。钱谦益门生，天启五年（1625）进士，工书画，曾追求过柳如是。清兵南下，陷害降顺的江浙抗清义士。

⑧ 据计六奇《明季南略》(中华书局 1984 年版)118 条“声色”(该书 156 页)中披露：阮大铖天天将童男童女色诱弘光帝朱由崧。弘光元年“正月十二丙申，传旨天财库，召内竖五十三人进宫演戏饮酒，上(即弘光帝)醉后淫死童女二人，乃旧院雏妓，马(士英)、阮选进者，抬出北安门，付鸨儿葬之。嗣后屡有此事。”“二月二十三日，命礼部广选淑女。”因杭州只选到淑女程氏一名，朱由崧大为不满，下旨切责，并称：“选婚大典，地方官漫不经心，且以丑恶充数，殊为有罪。责成抚按道官于嘉兴府加意遴选，务要端淑，如仍前玩忽，一并治罪。阮大铖曰：‘定三名不可少’。”随后，嘉兴即“合城大惧，昼夜嫁娶，贫富、良贱、妍丑、老少俱错，合城若狂，行路挤塞。苏州闻之亦然，错配不可胜纪，民间编为笑歌。”

⑨ 见《明季南略》156 页。

⑩ 长洲，即苏州。

真实的李香君是否“爱国烈女”

艺术作品中的形象，常常会把真正的历史人物弄得面目全非，或曲解、或无限拔高，明末清初的李香君就是被拔高的一例。这位秦淮河畔的普通歌妓女伶，经过孔尚任（清代）、欧阳予倩（现代）等诸多文学大家的艺术创造，竟变成为南明小朝廷治下的一位保持“气节”的“爱国烈女”，其名声大大超过了当时的许多坚贞不屈的抗清英雄，人们把艺术作品中的李香君形象，当成了历史上真实的李香，曲解了孔尚任写《桃花扇》的本意。

李香君，本名李香，号“香扇坠”；李香君乃《桃花扇》中的艺术人物名字，因该剧流传广，人们误以为历史上真有个李香君，于是约定俗成，流播声远。

历史人物李香，约生于明天启四年（1642），清顺治十年（1653）去世，享年 30 岁。她是明末四公子之一的侯方域之妾，曾为侯产下一子，子从李姓，未入侯氏宗谱。

孔尚任传奇《桃花扇》中的李香君

《桃花扇》传奇剧的作者为清代剧作家孔尚任，这部剧作知名度高，对后世影响巨大，为中国古典戏曲“十大名剧”之一。《桃花扇》创作下笔于何年，迄无可考，但作者称其“三易其稿而书成，盖己卯之六月也”（孔尚任：《桃花扇本末》），即写成于康熙三十八年（1699）；首演则在次年元宵灯节夜，地点在武英殿大学士、吏部尚书李天馥（字湘北，合肥人）家宅厅堂，由可能是徽籍之金斗班出演。该剧以 1644 年明朝覆灭后，南明政权从仓促建立到短暂存亡的历史为背景，“借离合之情，写兴亡之感”，围绕书生侯方域与秦淮歌妓李香君的“桃花扇情缘”，抒发了作者“不因重做兴亡梦”、“桃花扇底送南朝”（该第四十出“入道”尾声词）的感受，昭示了南明朝的腐败和必然灭亡的结局。

该剧一开始就介绍：南京秦淮河畔名妓李贞丽有一养女名叫李香君，她妙龄佳色，兼擅歌舞，李贞丽欲物色一位世家公子来“梳栊”(妓女初次接客称谓)李香君，客人杨文骢(字龙友)介绍书生侯方域(字朝宗)去“梳栊”她，并出资三百两银子代侯方域付妆奁、酒席之资。侯方域是中州归德(今河南商丘)人，父侯恂曾为明朝户部尚书。侯方域因在江南乡试中落第，闲居金陵莫愁湖畔，以诗酒消愁，于是由艺人柳敬亭陪同走访城东旧院，与美丽的李香君约定三月十五日成亲。至期，热热闹闹地与李香君办了喜宴，秦淮名妓卞玉京、寇白门、郑妥娘等均来贺喜，侯方域以白纱宫扇题赠香君为定情之物。

李香君对于杨文骢拿出这么多钱来资助她的侯公子心生疑窦，杨文骢告诉侯方域和李香君：这笔妆奁之资，是出于怀宁阮圆海(大铖)之手。当年阮大铖结交了魏忠贤阉党，江南复社诸生不原谅他，倡论攻击他。“圆老”(阮大铖)说，我故交虽多，只有河南的侯先生才可以救我。侯方域误认为阮大铖情辞迫切，亦觉可怜，既悔过来归，亦不可绝之太甚，愿向朋友陈定生、吴次尾去说项化解。时值崇祯十五年(1642)，闯王李自成农民军逼近北京，朝廷濒危。南京复社文士祭孔，不料昔日臭名昭著阉党余孽阮大铖亦混入祭孔队伍，儒生陈定生、吴次尾等认为阮亵渎先师，将其痛打一顿，还联络百人发帖揭发阮大铖劣迹。阮走投无路，才请盟弟杨文骢出面，希图出钱拉拢侯方域。

李香君得知杨文骢这笔“赞助费”的原委后，对侯方域的无原则妥协很不满，便大义凛然地说：“官人是何说话？阮大铖趋附权奸，廉耻丧尽；妇人女子，无不唾骂。他人攻之，官人救之，官人自处于何等也。”并说：“官人之意，不过因他助奁妆，便要徇私废公；哪知道这几件钗钏衣裙，原放不到我香君眼里。”当场将侯方域送来的钏钗衣簪统统脱下，事后，侯方域拒绝了杨文骢的要求，决不为阮大铖讲好话，坚决划清界线。

时南京形势日益紧张，“北兵”(李闯王军或清军)虽尚未来，镇守武昌的明朝军阀宁南侯左良玉却借口安抚饥兵，欲顺势占领南京。南京留都官员认为左良玉心怀不臣，十分惊慌，他们听说侯方域父侯恂于左良玉有擢拔之恩，遂通过杨文骢来请侯方域代父修书劝退了左兵。哪知局势稳定下来后，阮大铖却勾结凤阳督抚马士英等反诬侯方域“勾引”左兵来南京。马士英派人缉拿侯方域，赖杨文骢报信，侯方城奔淮投漕抚史可法，他与香君凄然而别，李香君安慰他：“官人素以豪杰自命，为何学儿女子态。”

崇祯十七年(清顺治元年，即1644年)三月十九日，李自成军攻陷北京，崇祯帝自缢，明亡。不久，马士英伙同阮大铖等在南京议立福王朱由崧为帝，建南明小朝廷，改元弘光。马士英亲戚田仰升任漕抚，他欲以三百两银子买一美妓带往任所，杨文骢推荐了李香君。哪知香君忠于侯方域，坚决不下媚香楼。马士英欲以财礼强逼，香君持侯方域所赠诗扇撞地晕倒，血溅诗扇，养母李贞丽无奈顶名赴田仰府从良。香君病倒于媚香楼，杨文骢与香君师父苏昆生来探望，杨文骢在诗扇上就血迹点染而为桃花，遂使此定情宫扇成“桃花扇”。香君醒后更思念侯方域，请苏昆生持扇赴江北寻找侯方域。

正月初七，马士英、阮大铖在赏雪亭赏雪，命女伶排演阮大铖新作《燕子笺》传奇，李香君冒李贞丽名义被强拉来应景，她以不会唱曲为借口，拒绝在席间献唱，并当众斥责马士英、阮大铖二阉党，马、阮羞愤难堪，便要将香君丢于雪中冻死，又踢打香君。赖杨文骢救护，香君被打入内庭为宫奴。但她不悔，控诉道：“奴家已拼一死。吐不尽鹃血满胸，吐不尽鹃血满胸！”

侯方域离开史可法军南下，路遇逃难的苏昆生、李贞丽，苏取出桃花扇转交侯，备述香君之贞坚。侯捧扇痛哭，急赴南京寻香君。但媚香楼物是人非，仅有杨文骢好友蓝瑛赁居于此，正好杨文骢来访，他告知侯不可在南京久留。不幸，侯方域仍为阮大铖捕去，系于狱中。时清兵南下，史可法等部均失败，史投江殉国，弘光朝作鸟兽散，马士英、阮大铖携姬妾财物出逃，侯方域乘乱出狱，避入南京城郊深山丁继之道士的采真观；此时，李香君也随众女逃出宫中，她遇杨文骢与苏昆生，香君决定随师父苏昆生寻访侯方域，杨则返贵州老家。苏昆生领着香君逃至栖霞山葆真观，观主即好友、昔日秦淮名妓卞玉京。

乙酉（清康熙四十四年，1705 年）七月十五日，有道长张薇在白云庵为崇祯帝做追荐道场，侯方域与李香君听说后，不约而同前去参观，意外重逢，惊喜莫名，两人缱绻，却被张薇道长斥责，侯方域辩道：“从来男女室家，人之大伦，离合悲欢，情有所钟，先生如何管得？”张薇斥骂了“两个痴虫”，要他们割断花月情根，一番话震醒了“冷汗淋漓，大梦忽醒”侯、李二人，侯拜丁继之为师，李拜卞玉京为师，分别在两观出家。张薇当场为他们撕碎桃花扇。

在《桃花扇》中，李香君有正义感，不肯与阉孽马士英、阮大铖同流合污；虽出身娼优妓家但不羡金银财富，不为追求物质享受而放弃人格原则，甘守清贫，保持了高尚节操；同时对爱情忠贞不二，可惜作者安排他们的结局却是出世而不是团圆。此后的李香君，既可以被认为是明朝的遗民，也可以被认为是当清朝的顺民，孔尚任在这里搞了个“模糊哲学”，故《桃花扇》中的李香君，与权奸势不两立是事实，但与民族气节却实在无关。因为孔尚任作为清朝儒生，他是不敢涉及此类敏感问题的。

历史上真实的李香

关于李香的历史记载，与孔尚任在《桃花扇》中所描写的李香君人生前期大致相似。

最权威、最直接的有关李香的史料，最先出自侯方域的《李姬传》(出自张潮辑《虞初新志》一书，北京文学古籍刊行社 1954 年版)。此文一开始他即明确指出，“李姬者，名香”。也就是说，他所宠纳之妓妾，名叫李香，不叫“李香君”。李香为秦淮名妓李贞丽的养女，李贞丽亦非等闲人物，她富于钱财，侯方域称其“尝一夜博，输千金立尽”，这是何等身价、何等气魄？又称李贞丽“交接皆当世豪杰”，这是说李贞丽在秦淮风月场中地位，大约是黑道白道都吃得开，当然，李贞丽亦有自己的相好知音，即阳羡士人陈贞慧(字定生)。余怀(字澹心)在《板桥杂记》中亦称：“李贞丽者，李香之假母，有豪侠气，尝一夜博输千金立尽，与阳羡陈定生善。”李香在这样的养母家庭中长大，自然便“亦侠而慧，略知书，能辨别士大夫贤否”，因此，当时南京的复社首领张溥学士、吏部考功主事夏允彝都称赞她。

关于李香的外貌，侯方域称其“少风调皎爽不群”，余怀《板桥杂记》则称：“李香身躯短小，肤理玉色，慧俊婉转，调笑无双，人名之为香扇坠。”同书又记述说：“香年十三，亦侠而慧。”可从中知，年仅十三岁的李香，个子娇小，皮肤白嫩如玉，确是招人喜欢的一位美女，因此，养母李贞丽便不肯轻易让狎客“梳栊”，故李香在碰到侯方域之前，一直未正式“接客”。

秦淮河畔的高级妓女，不仅要色美，还需擅演艺，故明末清初的“秦淮八艳”个个多才多艺，寇白门、董小宛、卞玉京、葛蕊芳等皆无不如此。当时昆曲盛行，士大夫喜拍曲赏曲，妓女若非擅此，不可能结识士子，因此，李香从少年起即开始学昆曲，《李姬传》称其“十三岁，从吴人周如松受歌‘玉茗堂’四传奇，皆能尽其音节，尤工《琵琶》词，然不轻发也”；《板桥杂记》亦叙其“从吴人周如松受歌，‘玉茗堂四梦’皆能妙其音节；尤工《琵琶》”。“玉茗堂”传奇“四梦”即昆曲大家汤显祖所作的四部剧作《紫钗记》《南柯记》《邯郸记》《还魂记》(即《牡丹亭》)，与稍前高明(字则成)的《琵琶记》，都是古典戏曲的代表作，为艺术的巅峰。李香能“尽(妙)其音节”，可见其艺术素养之高、演唱水平之优。这样一位才貌双全的年轻女子，侯方域自然会被打动。

侯方域在《李姬传》中叙述，他“己卯(1639)来金陵，与(李香)相识。姬尝邀侯生(即侯方域自己)为诗，而自歌以偿之”。原来，因皖人阮大铖阿附魏忠贤，躲藏到金陵(南京),“为清议所斥,阳羡陈贞慧、贵池吴应箕实首其事,持之力,大铖不得已,欲侯生为解之”。侯方域出身于世宦,最主要的是侯方域在文坛上名声很大,又是与方以智、陈贞慧、冒辟疆齐名的明末复社“四公子”之一,侯方域的父亲侯恂,则任过明朝的太仆寺卿、兵部侍郎等职,胡介祺撰《侯朝宗公子传》说:“大铖佥壬险,顾少有俊才,其朱党阉时,司徒公(即指侯恂)绝爱之。后以身陷大逆,见槟君子,犹欲以世讲之谊,与公子通殷勤,且欲借公子以解于四公子之徒,公子拒之峻。”这就是说,阮大铖选侯方域作为结交的目标,完全是由于侯的独特身份引起他的兴趣,此前他们并不认识。侯方域与李香是如何认识的呢?《桃花扇》的描写是杨龙友把侯方域有目的地带到李贞丽家,使侯与李香君认识,这是艺术虚构,不足为凭。但也不是如《李姬传》所透露,是那位王将军所介绍,而是另有他人,此人即当时复社首领之一张溥。侯方域在《致田中丞景》书中说:“仆之来金陵也,太仓张西铭(即张溥)语仆曰‘金陵有女伎李姓,能歌玉茗堂词,尤落落有风调’。仆因与相识,间作小诗赠之,未几,下第去,不复更与相见。”在金陵女妓中,能唱全四本“玉茗堂”的人极少,故李香名声在外,文士中没有不知道的。侯方域这里所说的“小诗”,疑为他第一次去李香家,看到墙上有《寒江晓泛图》画并诗:“琴瑟西风净远大,江山如画镜中悬;不起何处烟波叟,日出呼儿泛钓船。”画是李香所作,诗也是李香所题,文人见了,哪能不跃跃欲试?侯即赋小诗赠李香,曰:“绰约小天仙,生来十六年;玉山半峰雪,瑶池一枝莲。境院留香客,春宵月伴眠;临行娇无语,阿母在旁边。”这诗反映出两人是一见钟情,但因李香养母李贞丽在身边,他们无缘亲密——确切地说,梳栊妓女是要花钱的,侯方域此时身上没钱,故他们双方虽有情,但难亲密。

阮大铖得知侯方域钟情于李香,“乃假所善王将军,日载酒食与侯生游”。面对王将军与侯生在李家的撒漫花费和排场,李香首先发生怀疑:“姬曰:‘王将军贫,非结客者,公子盍叩之。’侯生三(次)问,将军乃屏人述大铖意。”侯方域忙告诉李香:银钱是阮大铖出的。李香“私语侯生曰:‘妾少从假母识阳羡君(即陈贞慧),其人有高义;闻吴君(即贵他吴应箕)尤铮铮,今皆与公子善,奈何以阮公负至交乎?且以公子之世望,安事阮公?公子读万卷书,所见岂后于贱妾耶!’侯生大呼称善,醉而卧。王将军者殊怏怏,因辞去,不复通。”李香久识士林中俊恶,而养母李贞丽的狎客兼情人又是宜兴士人陈贞慧,当时金陵复社士子发揭帖揭露阮大铖的阉党罪恶,即《留都防乱揭》,发起人正是陈贞慧和吴应箕两人,所以,李香对阮大铖不仅了解,而且深恶痛绝,于是才力劝侯方域坚决断绝与李将军和阮大铖的联系,以洁身自好。这样看来,李香的才智、见识很不一般,很富于正义感。《李姬传》虽写了侯与李香的交往感情，但并未提及他“梳栊”李香的情节，我估计，此时因为是为李香作诗，故侯方域羞于提及梳栊李香的事，《桃花扇》中写到阮大铖通过杨龙友出钱让侯方域去“梳栊”李香君，虽是戏剧情节的加强需要，但不一定不是真实历史。

遗憾的是，侯方域与李香的这段感情并未能持续多久，其原因就是侯方域在科考中落第。原来，侯方域此次来金陵，是专程赴乡试的，但不幸，侯方域虽在考试中得分排第三，最后他与陈贞慧、冒辟疆都落榜了。其事情经过，侯方域《壮悔堂文集》卷八之《南省试策一》有徐邻唐按语云：“是科为己卯，朝宗举第三。放榜之前一夕，而副考（官）以告正考（官）曰：‘此生如以此策入彀，吾辈且得罪。’本房廖公国璘力争曰：‘果得罪，本房愿独任之。’正考迟回良久，曰：‘吾辈得罪，不过降级罚薪而已。姑置此生，正所以保全之也。’朝宗遂落。”凭侯方域的文才，中个举人是不成问题的，《清史稿·文苑一·侯方域传》称其师从大儒倪元璐，“性豪迈不羁，为文有奇气。时太仓张溥主盟复社，青浦陈子龙主盟几社，咸推重方域，海内名士争与之交……”其应试之策论，语及慷慨，正是针砭时弊之作，但考官们怕得罪权奸，故而黜其落榜。这一时期，失意的侯方域应该与李香有一段很幸福的同居生活。

当时正是癸未年，即崇祯十六年（1643），北京的明王朝已处于风雨飘摇之中，李自成农民军正逼近京城。在南方，明朝平贼将军左良玉被李自成打败于开封，遂南下据武昌，因军多乏食，扬言欲东下南京。左良玉军纪律极差，与强盗无异，留都士人担心左良玉军到南京劫掠，人心惶惶。南京兵部尚书熊明遇托侯方域以父亲侯恂名义劝阻左良玉来南京，左良玉当初曾是昌平督治侍郎侯恂的部下，侯恂对左有荐举之功，故侯方域也就欣然允诺作书给左良玉。谁知此事被阮大铖知晓，阮正欲报复侯方域，苦于找不到茬，现在有了机会，便乘机放出谣言，称侯方域暗中勾结左良玉为内应，推动掌握南京朝政的凤阳总督马士英下令逮捕侯方域。赖与阮大铖有亲戚关系的杨文骢赶来报信，急促侯方域赶快离开南京。《李姬传》记载：侯方域离开南京时，“姬置酒桃叶渡，歌《琵琶》词以送之，曰‘公子才名文藻，雅不减（蔡）中郎。中郎学不补行，今《琵琶》所传词固妄，然（蔡邕）尝昵董卓，不可掩也，公子豪迈不羁，又失意，此去相见未可期，愿终自爱，无忘妾所歌《琵琶》词也！妾亦不复歌矣’。”李香在送别宴上要侯方域别忘了她唱《琵琶记》词的意思：一是要侯不要在政治压力下让步，不要像蔡邕投靠董卓那详，与朝中权奸同流合污；二是她以赵五娘自许，等着侯方域，要侯别忘了她。

侯方域别过李香后，即与元配常氏（明东平太守常维翰三女）至宜兴陈贞慧家避难，并以己幼女许聘陈贞慧幼子。不久，弘光朝权奸马士英、阮大铖派人至宜兴捕走陈贞慧，侯方域遂赴江北投奔明将史可法，后又奉史可法令，入史可法部将高杰部(《清史稿·文苑一·侯方域传》称：“方域夜走依镇帅高杰。”)。史部失败后，侯方域渡江南下，往徽州朋友处避难。时清兵占领南京，弘光朝作鸟兽散。

李香送走侯方域后，即杜门谢客，遵守着与侯方域的约定。当时有曾当过宰相的大官田仰，听说李香既漂亮又多才，打算出资三百两银子召她“出台”至府，但李香坚决予以拒绝。田仰恼羞成怒，放出话来威胁、中伤李香，李香坚定地说：“田公宁异于阮公乎？吾之所赞于侯公子者谓何？今乃利其金而赴之，是妾卖公子矣。”

据传：李香曾被弘光帝强征入宫为歌舞女，南京城破后，她逃出宫，可能流落于栖霞山一带，至清顺治二年，侯方域到南京方找到李香。李香已无所依，遂随侯方域归河南商丘老家，隐瞒身份为妾，开始两年相安无事。不料后来侯方域父侯恂得知李香的妓女身份，不准她在家居住。侯方域只得于顺治十年(1653)将李香安置于离城十五里外的侯府柴草园居住。李香在那里产下一子，数月后她即病死。据说李香所生之子不准姓侯，也不准入侯氏宗谱，只能姓李。此一支脉在该地雪苑村繁衍生息，至今该村已发展到三百余人。

侯方域于顺治三年(1646)五月返乡，筑园著书；顺治七年(1650)受有司威胁，被迫应乡试，中式副榜。两年后筑壮悔堂，编《壮悔堂集》及《四忆堂文集》。顺治九年(1652)九月，携两部文集至宜兴访陈贞慧(可能是送女出嫁)，年底返里。顺治十一年(1654)秋，侯方域生病，有司仍欲逼其出去应试，延至十二月十三日，遂不起，撒手西归。侯方域与元配育有三子一女。

李香为何被拔高为“反清烈女”

从以上叙述中可以看出，无论是孔尚任《桃花扇》中的李香君，还是历史上那个真实的秦淮歌妓李香，都不是具有反清思想意识的爱国烈女，除了才貌艺技之外，她仅仅是个有正义感的女子，对以阮大铖为代表的阉党愤慨和对以马士英代表的南明小朝廷权奸们的不满，而这种感情，不仅反映了撰写《李姬传》的侯方域和撰写《桃花扇》的孔尚任两人的思想感情，也反映了当时大批汉族士人和老百姓的情绪。要知道，在清初侯、孔生活的时代，统治者大搞“文字狱”，禁锢人民的思想，因此，无论是侯方域还是孔尚任，他们下笔写人物，是都不可能公然歌颂或肯定反清思想或行为的，他们笔下的李香或李香君，都是只反阮大铖一类的腐败阉党，揭露马、阮阉党们搞坏南明朝政治、残害人民的罪行，绝不会流露出半点反清意识或倾向。因此我们可以说，真实李香和原创的李香君艺术形象，与反清事业、“保持民族气节”根本不沾边。

要解开这个结，先要简略谈一下孔尚任这个人和分析一下他写《桃花扇》的意图。孔尚任(1648—1718)，字聘之，又字季重，号东塘，别号岸堂，自号云亭山人。他是山东曲阜人，孔子第六十四代孙。孔尚任成年时，清已统一中国，孔子嫡裔已袭衍圣公号，作为孔氏族人，昔日南明朝英烈及江南百姓抗清义举，对他而言已是远去的历史，所以他应该是拥护新朝的，20岁前即应县试成为秀才，康熙十七年(1678)八月赴济南参加乡试，未中，后于康照二十年(1681)典卖田产捐了国子监监生，为科举做准备。他曾返曲阜参与重修《孔子世家谱》《阙里志》，于康熙三十四年(1685)复进京任国子监博士，开坛讲经。康熙二十五年(1686)，孔尚任进入宦途，随工部侍郎孙在丰至淮扬督理水利工程，在此期间，他曾来往于扬州、南京、镇江一带，接触了许多江淮士子，对南明弘光朝史事有颇多了解，也勾起他对前朝的兴亡之感，从而引发了写《桃花扇》的冲动。康熙二十九年(1690)，孔尚任返京后，曾先后迁任户部主事、宝泉局监铸等职，康熙三十九年(1700)升户部广东清吏司员外郎，旋被罢官。返乡后，曾赴平阳及莱州助修府志，康熙五十七年(1718)病逝于曲阜家中，时年71岁，葬于孔林。

孔尚任是何时构思、写作《桃花扇》的？具体时间现在已不可稽考，我认为他构思此戏，当在康熙二十六年(1687)前后，即在他淮扬河工任上走访了解许多南明遗迹、人物之后，而脱稿时间当在康熙三十八年(1699)年左右，因为他的《桃花扇小引》一文，明确称写于康熙已卯即三十八年六月，他在《桃花扇本末》一文中就指出：“予不得已，乃挑灯填词，以塞其求。凡三易稿而书成，盖已卯之六月也。”(有研究者称《桃花扇》初稿作于康熙二十六年之前，恐不确，因孔尚任在康熙二十三年写成《小忽雷传奇》，他不可能同时进行两部传奇的创作。)

从孔尚任所写的四十出、外加一个“余韵”的大型传奇剧《桃花扇》来看，我们实在看不出该剧有什么反清思想意识，相反，从全剧的总倾向来看，倒是通过侯、李的爱情磨难，暴露了南明朝政治的腐败、黑暗，论证了它丧失人心、必然崩溃灭亡的历史真实，例如：那个福王朱由崧一旦成为弘光皇帝，头一件事不是励精图治，而是选秀，把民间美女掠入宫中供自己淫乐；他重用马士英、阮大铖、高杰等一班害民权奸，疏远排挤忠义之士史可法；生活上是超级腐化，吃喝玩乐，宫廷中整天搬演传奇，这样的大昏君，又怎能成为晋元帝司马睿、宋高宗赵构那样拥有半壁江山的偏安之主？故朱由崧实在是一个昏堪晋惠、弱比汉献、痴如唐庄、庸赛刘禅、淫过隋炀的亡国昏君。而《桃花扇》中描写的残明弘光朝的腐败，不正显出清朝代替明朝、入主中原是应天顺人、“救”江南之民于“倒悬”吗？孔尚任在《桃花扇小引》中开宗明义讲了写此剧的宗旨，是“予以警世易俗，赞圣道而辅王化，最近且切”，他又说：“《桃花扇》一剧，皆南朝新事，父老犹有存者。场上歌舞，局外指点，知三百年之基业，隳于何人？败于何事？消于何年？歇于何地？不独令观者感慨涕零，亦可惩创人心，为末世之一救矣。”这两段话包含这几层意思：第一，他要使《桃花扇》一剧，帮助新的清王朝服务，歌颂“圣道”而辅“王化”，即有利于巩固大清统治，而且认为这个体验“最近且切”；第二，他明确自己笔下的戏剧情节、人物都是南朝的旧事，包括他从所采访的那些犹存于世的南朝“父老”那里获得的材料，证明他写的都是真实历史；第三，表现形式，是他作为“局外人”，以“场上歌舞”来找出明朝三百年基业毁灭的根源，从而达到“惩创人心，为末世之一救”，也就是说，他想以此戏警告那些至今还为南明唱挽歌、怀旧的江南遗民，挽救这一批末世人之心，使他们赶快向新朝效忠。

这里还有一个插曲：获知《桃花扇》写成后，清廷曾十分紧张，以为是反清戏剧，孔尚任在《桃花扇本末》一文中说：“己卯（即 1699 年）秋夕，内侍索《桃花扇》本甚急。予之售本莫知流传何所，乃于张平州中丞家，觅得一本，午夜进之直邸，遂入内府。”据说数日之后，康熙帝召见孔尚任，他进殿后见皇帝叩首跪见，口呼“小臣该死”。康熙帝将手中《桃花扇》稿本一扬，说了句：“先生笔下留情。”便转身而去了。可以想见，由于《桃花扇》牵涉清军和南明关系，剧中又出现史可法这样的抗清民族英雄，题材十分敏感，清廷不放心是很正常的。还好，孔尚任在《桃花扇》中对敏感的情节、人物命运作了改动，如用“北军”这种含糊词眼代替清军，或让人理解成农民军，以打马虎眼；将淮扬的明朝残军写得无战斗力，以证明抗清是徒劳之举；将史可法死于扬州城破后的清军之手，改为史可法渡江时自己投水沉江而亡。故康熙帝说是“先生笔下留情”，这话是一语双关：你写清军攻灭南明尚算留有余地，未一概实写（如清军屠扬州等史实），但还是要警告一下，今后仍不许乱写。当然，康熙帝对此剧本的思想、情节还是能接受的，故未过多责备，更未惩处他。而更重要的是，孔尚任作为一名汉族知识分子，此时早已归顺清朝，据孔尚任自己在《出山异数记》一文中披露：康熙二十三年（1684）十一月，康熙帝玄烨东巡曲阜，驾临孔府，孔尚任应衍圣公孔毓圻之邀，参加了接驾盛典，并为康熙帝讲解《大学》，大颂皇上“至德体乾，圣功开泰。省方观民以敷治，教思容保以求宁。固已广连无方，极效天法地之量；太平有象，宏开物成务之图矣”。

这次为皇帝大臣讲课，深得康熙帝欢心，康熙帝“面谕大学士明珠、王熙曰：‘孔尚任等，陈书讲说，克副朕衷，著不拘定例，额外议用。’”在这篇长文中，孔尚任以诚惶诚恐的心态及语气，详尽地记述了他受康熙帝的眷顾，完全是一副忠臣的面孔。所以，孔尚任是决不会利用写《桃花扇》来发泄对新政权不满的，他并没有反抗清政府的思想基础。

再从《桃花扇》作品本身来说，前已说过，孔尚任在写作中对敏感事件、人物作了技术处理，在抹去反清意识形态方面，他做得是很到位的。其中他更精心写作了第四十出“入道”，实际把他对南明政权的政治态度完全表现出来了。这场戏一开始，就通过了道士张薇做法会，叩请崇祯帝及甲申“殉难”众臣神魂莅坛接受祭享，而把国难仇恨的账记在“流贼闯盗”身上；接着是让史可法、左良玉、黄得功三忠魂晋升神职；又传报马士英、阮大铖死讯。这些作为铺垫，是对活着的南明遗民及弘光朝志土后裔的安慰，这岂不是在代表“大清”在收拢人心吗？随后，便是侯方域与李香君在法会观礼人群中的劫后相逢。由于他们都是南明朝的忠臣及百姓，是遗民的代表，为此，孔尚任通过张道士之口，针对两人称要“夫妻还乡，都要报答的”言语，说出了这样一番话：

> 你们絮絮叨叨，说的俱是那里话。当此地覆天翻，还恋情根欲种，岂不可笑！[生(即侯方域)]此言差矣！从来男女室家，人之大伦，离合悲欢，情有所钟，先生如何管得？[外(即张道士)怒介]呵呸！两个痴虫，你看国在那里，家在那里，君在那里，父在那里，偏是这点花月情根，割他不断么？

可以说，这一段话，是全剧的画龙点睛之笔：作者是在告诉侯方域、李香君辈的南明遗民：你们今天讲国、明天论家，今天谈君、明天说父，可是，南明早就灭亡了，现今，你们的“国在哪里，家在哪里，君在哪里，父在哪里”呢？就你们那点亡国遗民的情结(即文中的“花月情根”)，难道就“割他不断么”？果然，侯、李经此点拨，就从此悔过出家，也就是说，归顺新朝了。至此，一出轰轰烈烈的离合兴亡历史之戏，便以到新朝当顺民而圆满结束了。

正是因为《桃花扇》实际是在帮清朝做着对明遗民的“统战工作”，因此该传奇一出，便“王公荐绅，莫不借钞(抄)，时有纸贵之誉”。(见孔尚任：《桃花扇本末》)延至己卯(1699)除夕之夜，该剧由徽籍相国(武英殿大学士、吏部尚书)李天馥(字湘北)的家乐班“金斗班”首演于李府，“名噪时流，唱‘题画’一折，尤得神解也”。(见《桃花扇本末》)此后,《桃花扇》一剧,一直在清代的大小舞台获得演出,据当代戏曲家蒋星煜先生考证,《桃花扇》自康熙朝首演以后,从未绝迹于清代舞台,盛况空前,故此剧终于流传下来。(关于这一情况,可参阅蒋星煜著《桃花扇研究与欣赏》一书,上海人民出版社 2008 年版。)

李香君在《桃花扇》中由拒奸烈女变成仇恨满清的爱国民族英烈,源于现代剧作家欧阳予倩。在《桃花扇》问世后,尤其是从辛亥革命以来,戏剧界的爱国志士结合反帝、反侵略的现实,为揭露北洋军阀及国民党政府的腐败,纷纷以孔尚任原作为蓝本,将《桃花扇》改编演出,其中尤以欧阳予倩为最,他曾在抗战前后三次将《桃花扇》分别改编为京剧、桂剧、话剧演出。他的话剧《桃花扇》是三幕九场,改成于 1946 年 12 月,这个话剧本,将孔尚任原作结尾“入道”完全颠覆了,改成了侯方域与李香君在栖霞山重逢,李香君发现侯已剃发换了清装,又出山应试,遂与之决裂。该剧中的李香君,将正义感和爱国民族情绪结合在一起,既与马士英、阮大铖奸臣斗争,又关心南明朝的命运,支持侯方域赴江北抗清;最后,她宁可隐姓埋名,坚决不做清朝的顺民。此时的李香君,已成为一名“爱国主义”英烈,但却与真实历史人物李香和孔尚任《桃花扇》中的李香君艺术形象,距离越来越远了。

还要指出的是,孔尚任是不会谴责侯方域应科举考试的,因为他自己就参加过科考,并感遇到康熙帝的“隆恩”,他的《桃花扇》只能是让南明遗民割断前朝“花月情根”的结局,不会在乎侯方域的出山科考这件事,何况侯还是被逼的。至于孔尚任被罢官的原因,我看也不一定是因为他写了《桃花扇》,而是另有原因,如官场倾轧、怠于政事、不见容于上司等都有可能,但有一点是肯定的:他并未因《桃花扇》遭迫害;相反,清廷对其成就是肯定的,相国厅堂首演《桃花扇》,没有康熙帝的默许,恐怕李天馥是没这个胆子的。

看来,我们应该还李香君(李香)一个正义感女子的本相,不必让她戴着沉重的“爱国主义”桂冠“跳舞”。

清代女侠林四娘、吕四娘之谜

清朝中期有一个奇特的文化现象，这就是众多文人都青睐着一位英烈女性，多位文人将她采入野史笔记或写进小说中，这个人物就是林四娘。

我们对林四娘并不陌生，读过《红楼梦》的人都记得第七十八回中曾写到的这个“姽婳将军”，曹雪芹花了很长的篇幅描述这位巾帼英雄，称林四娘故事是“风流隽逸、忠义感慨”的“千古佳话”，不但让贾宝玉在众多清客面前专门诵读了他的长篇《姽婳词》，还让纨袴子弟贾环和小才子贾兰各作了一首五言律诗和七言绝句来赞颂林四娘，曹雪芹这么倾情一位女性是很不寻常的。清代另一位文学家蒲松龄也以林四娘的题材为背景，撰写了一个短篇小说《林四娘》，收在《聊斋志异》第三卷中。此外，另有王士祯的《池北偶谈》、林云铭的《林四娘记》、陈维崧的《妇人集》、卢见曾的《国朝山左诗抄》、李澄中的《艮斋笔记》、安致远的《青社遗闻》、邱宗玉的《青社琐记》、王士禄的《燃脂集》等，也收有关于林四娘事迹的笔记，曲家杨恩寿更是以林四娘故事编撰了六出昆曲大戏的文本《姽婳将军》。

林四娘的来历

按有关材料记载，林四娘应为明末清初人，因为在清初或清朝中叶时期，林四娘在社会上或文化圈子中的名声很大。而按《红楼梦》中的描写，林四娘不但美丽、有武艺，而且还在丈夫恒王死后，勇敢地站出来带领恒府眷属与“流贼余党”奋战，最后“殒身于王”，是不折不扣的节烈女。但在正史中，这个人物却不见踪影，无论《明史・列女传》还是《清史稿・列女传》中都未收录林四娘的事迹，就连长达十二卷本的《清朝野史大观》也未见有林四娘的条目，看来，林四娘这个人物有可能来自民间的传说。

林四娘的来历，按《红楼梦》介绍，是恒王的一位宠姬，最得恒王宠爱，被超拔统辖诸姬，但究竟是哪一个朝代的人则未点明。《聊斋志异》中的林四娘身份是一位宫女，她的主子变成了衡王，只说她以 17 岁处女之身，遇衡府剧变，遭难而死，其鬼魂与青州道陈宝钥交往时，曾奏“亡国之音”，但所亡何国，则避而不谈。不过，尽管恒王变为衡王，但其两者系谐音，显然是一个人。清代著名学者“渔洋山人”王士祯(1634—1711)在《池北偶谈》中关于林四娘的身世故事又进了一步，文中林四娘向陈宝钥作自我介绍称：

> 妾故衡王宫嫔也，生长金陵。衡王昔以千金聘妾，入后宫，宠绝伦辈，不幸早死，殡于宫中。不数年，国破，(衡王)遂北去，妾魂魄犹恋故墟。今宫殿荒芜，聊欲借君亭馆延客……

陈维崧(1625—1682)所著《妇人集》一书中也收录了有关林四娘故事的内容，他称“王十一(即王士祯)为余述林四娘事，幽窈而屑瑟，盖《搜神》《酉阳》之亚也。四娘自言故衡府宫人”。接下来，是所附王士祯《林四娘歌》及“小序”，序中叙述的即是陈宝钥邂逅林四娘鬼魂事迹，称“四娘貌本上流，妆从吴俗……环悬利剑，冷然如聂隐娘、红线一流。婢东儿青儿皆殊丽，恒持左右，人亦无敢调(戏)者”，居三月才与陈宝钥告别。文之末后有一首伪托林四娘鬼魂写的七绝：“玉阶小立羞娥蹙，黄昏月映苍烟绿。金床玉几不归来，空唱人间可哀曲。”

在文人所述林四娘事迹中，林云铭笔下的林四娘，与其他人的身世描写均不相同，一是林四娘父任江宁府库官，与王士祯《池北偶谈》中说她是金陵人虽对得起来，但多了一个福建蒲田的籍贯；二是否定了林四娘是衡(恒)王宫人身份，变成库吏女儿；三是林四娘父亲怀疑她与表兄有染，为明志而投缳自杀，并非为衡(恒)王死节。

在所有关于林四娘的描写中，陈宝钥同乡林云铭(字西仲)的《林四娘记》(见张潮辑《虞初新志》卷五，文学古籍刊行社 1954 年 12 月北京版)记述得最为详细。陈宝钥是福建晋江人，字绿崖，该故事所述为康熙癸卯年(康熙二年，即 1663 年)事，试摘录如下：

> 晋江陈公宝钥，号绿厓，康熙二年，任山东青州道佥事。夜，辄闻传桶有敲击声，问之，则寂无应者。其仆不胜扰，持枪往伺，欲刺之。是夜，但闻怒詈声。已而推中内直入，则见有鬼，青面獠牙，赤体挺立，头及屋檐。仆震骇，失枪仆地。陈急出诃之曰：“此朝廷公署，汝何方妖

> 魅，敢擅至此！”鬼笑曰：“尊仆欲见刺，特来受枪耳。”陈怒，思檄兵格之；甫起念，鬼又笑曰：“檄兵格我，计何疏也。”陈愈怒。迟明，调标兵二十名守门。抵夜，鬼却从墙角出，长仅三尺许，头大如轮，口张如箕，双眸开合有光，蹩跚于地，冷气袭人。兵大呼发炮矢，炮火不燃；检帐中矢，又无一存者。鬼反持弓回射，矢如雨集，俱向众兵头面掠过，亦不之伤，兵俱奔溃。陈又延神巫作法驱遣，夜宿署中。时腊月严寒，陈甫就寝，鬼直诣巫卧所，攫去衾毡衣裤，巫紧急呼救。陈不得已，出为哀祈。鬼笑曰：“闻此神巫乃有法者也，技止此乎？”遂掷还所攫。次日神巫惭惧，辞去。自后署中飞炮掷瓦，晨昏不宁；或见墙覆栋崩，急避之，仍无他故，陈患矣。嗣余有同年友刘望龄赴都，取道青州，询知其故，谓陈曰：“君自取患耳，天下之理，有阳则有阴，若不急于驱遣，亦未扰扰至此。”语未竟，鬼出谢之。刘视其狞恶可畏，劝令改易颜面。鬼即辞入暗室中，少选复出，则一国色丽人，云鬟靓妆，袅袅婷婷而至，衣皆鲛绡雾縠，亦无缝缀之迹，香气飘扬，莫可名状，自称为林四娘……

这是林四娘最初出现于陈宝钥眼中的情景。陈宝钥起先想用武力、用神巫去驱除，均未成功，又由于此鬼魅竟能知人心中之事，十分可怕。后陈宝钥在朋友刘望龄劝导下，对此鬼魅以礼相待，狰狞恶鬼很快便化身为美丽女郎林四娘。此后，陈宝钥与女鬼林四娘成了朋友，两人欢宴亲昵，“惟不及乱”，林四娘还为陈制造案卷文书，又为陈宝钥解决了一笔达二千缗的债务纠纷，陈宝钥的朋友有疑难，她赠以预言。有人欲对她起淫念，则立刻遭报复。

那么，这个美丽女鬼从何而来？

> 陈（宝钥）叩问其为神始末，答曰：“我莆田人，故明崇祯年间，父为江宁府库官，逋帑下狱。我与表兄某悉力营救，同卧起半载，实无私情。父出狱，而疑不释。我因投缳，以明无他。烈魂不散耳。与君有桑梓之谊而来，非偶然也。”计在署十有八月而别。别后陈每思慕不置。康熙六年，陈补任江南驿传道，为余述其事，属纪之。

这段人鬼交谊故事，编得像真的一样，看来，各家文人都写到陈宝钥与林四娘有感情纠葛故事，那么，关于林四娘这个人物，就一定与陈宝钥有关。据林云铭说，他与陈宝钥是同乡，是他亲自聆听了陈宝钥讲的这段人鬼“奇遇”后，才写成这篇《林四娘记》的，因此，我们可以推断出林四娘的事迹，最早是由清初在青州任佥事的陈宝钥“亲历”或原创编撰的，然后由林云铭正式付诸文字，故事便逐渐传播开来，又经王士祯、卢见曾、陈维崧这些文人予以丰富或改编，逐渐敷衍成一位节烈女子的事迹。

林四娘是否实有其人，我们还可从陈维崧的经历中获得旁证。陈维崧（1625—1682），字其年，宜兴人，清初文人，其父陈贞慧，曾是明末著名的“四公子”之一，坚决反对阉党。入清后，由于陈维崧伤故国之亡，一直未能得官，对清廷存有不满情绪，直至康熙十八年（1679）才举博学鸿词科，任翰林院检讨，54岁时参与修纂《明史》。试想，如果林四娘果系衡（恒）王府宠姬，又如《红楼梦》中描写是与“流贼”奋战牺牲，陈维崧岂会不将她写入《明史·列女传》？显然，林四娘系传闻中的人物是无疑的，也正因为此如此，文人们撰写的鬼魂怪诞故事只能入笔记小说而不入《明史》《清史稿》甚至《清朝野史大观》，也就是顺理成章的事了。而林四娘这个人物的原创者，可能就是那位青州道佥事陈宝钥。

陈宝钥为何要编这么一个人鬼交谊的美丽故事？我认为应从故事中林四娘那句“故明崇祯年间”中去找答案。故事的背景不放在明初，也不放在明中期，特别点出崇祯朝时期。而这个时代，正是明亡清兴，这就透露出一点信息：可能是汉族知识分子在抒发对故国的思恋之情，实乃是一种对清廷统治不满的发泄。

清代文人为何看重林四娘

于是，另一个问题就出来了：为什么清代中叶时有那么多的重量级文人对创作林四娘形象发生兴趣呢？

首先，我们来查找一下历史上衡（恒）王这个人物。据《明史》第一百十九卷“诸王传”记载：第一代衡恭王叫朱佑楎，为明宪宗第七子，弘治十二年封于青州，建衡王藩府，后袭传衡庄王厚燆、衡康王载圭、衡安王载封（载圭弟）、衡定王翊镬、末代衡王朱由棷，共五世六王，前面五任衡王都是病死的，所以不可能是林四娘的主人。只有最后一任衡王朱由棷袭王爵后，已是明代末年的崇祯朝，时清军入关，又占领山东许多地方。而李自成农民军退出北京后，其中一支在大顺部将军赵应元率领下，打着“复明”旗帜来到山东，攻下青州，杀死清廷委署的官员王鳌永（淄川豪强），赵应元找到昔日的衡王朱由棷，想拥戴他“南面为君”，以为号召。但朱由榔却是个脓包，他见清军势大，况且他的衡府未破，仍能过着纸醉金迷的生活，于是坚决不肯僭位称帝，整天哭着哀告放过他，把眼睛也哭肿了。顺治二年(1645)十一月，清军复攻陷青州，杀死赵应元，遂将朱由榔押往北京“恩养”，次年与家人皆被杀。随后，清廷又将衡府宫女138人解京，宫女们不愿离开故土，被押解前，许多人自杀身亡，自此便在民间生出衡王旧宫“闹鬼”的传说。我们有理由相信，陈宝钥在青州任职时，会搜集到衡王旧宫的传悦，并编造出一个鬼魂林四娘与他交往的故事，借以抒发伤怀故国之情。而据有关资料，陈宝钥在南明时期，曾参与过抗清活动，所以，他所著的《陈绿厓诗稿》在乾隆朝被禁，原因是他“纪崇祯以后唐(即抗清的唐王朱聿键)、桂(桂王朱由榔)二王事，语多狂吠”。这样一位与清廷貌合神离的文人，编造一个自己与林四娘鬼魂交往的美丽故事以抒发胸中怀故国之情，是很自然的。值得注意的是，后来王士祯《池北偶谈》和卢见曾的《国朝山左诗抄》中叙述林四娘故事时，都讲到林四娘在衡宫亡故后，“不数年，(朱由榔)国破，遂北去”。而《聊斋志异》第六卷中的《林氏》篇，则写到一位贤美妇女林氏被掳的悲惨经历，称“会北兵入，被俘去”。林氏被逼自刎才保住贞节，但受了重伤，伤愈后失去生育能力。这“北去”、“北兵”等文字，正影射了清兵南下和将朱由榔押往北京谋害的事。朱由榔并未参加反清活动，他的悲惨结局当然会引发前明入清文人们的一掬同情。

由此，我们可以认为，曹雪芹和蒲松龄等将艺术传说人物林四娘作为题材写入自己的作品，应该也都是有深意的，它反映了在文字狱高压政策下，文人们一方面不敢从正面描写末代衡王朱由榔的悲惨遭遇，只好小心弈弈地或改成林四娘这个“姽婳将军”是与“流贼余党”奋战捐躯，或干脆写其与陈宝钥的“人鬼之恋”。另一方面，他们却又大编林四娘的故事，奉为民族英烈，蒲松龄的《林四娘》一篇似更露骨，末后附林四娘诗曰：“静锁深宫十七年，谁将故国问青天？闲看殿宇封乔木，泣望君王化杜鹃。海国波涛斜夕照，汉家箫鼓静烽烟。红颜力弱难为厉，惠质心悲只问禅。日诵菩提千百句，闻看贝叶两三遍。高唱梨园歌代哭，请君独听亦潸然。”诗中“汉家箫鼓静烽烟”中的“汉家”，不正是清代文人对汉人政权前明王朝的惜亡之情吗？我们知道，元朝时汉人因受元蒙统治者的民族压迫，人心思汉，无处表达，便创作杂剧以发泄情愫，如关汉卿的《单刀会》、马致远的《汉宫秋》，都曾在作品中突出汉朝，寄托向往。因此，我们在研究《红楼梦》《聊斋志异》二书时，对林四娘的情节似不能等闲视之，应对两作者流露出来的反清怀明的感情倾向，给予足够的重现。

而事实上，林四娘的故事可能还隐喻着一个吕四娘的故事。

林四娘背后还有个吕四娘

据《清朝野史大观》卷十二《江南北八侠》和《甘凤池》两篇笔记小说所载，清朝雍正、乾隆年间，大江南北有八大侠，为首的叫了因僧，以下依次有吕四娘、曹仁父、路民瞻、周玙、吕元、白泰官、甘凤池，各有精绝武艺，后了因和尚无行作恶，被其他七侠所除。据说此七人都曾是抗清英雄郑成功的部下。当时雍正帝胤禛厌恶剑侠，遂严行缉捕。七人中吕四娘的身世又不一般，她“本晚村先生裔，国仇家难，刻不去怀”，“图报愈急”，并欲“甘(噉)心虏酋”。

这里还牵涉到清初的一桩大文字狱冤案。先说“晚村先生”，他就是明末清初著名的文人吕留良。吕留良(1629—1683)，字用晦，号晚村，浙江崇德(今桐乡市)石门人。明末清初著名思想家、学者、诗人。崇祯十七年(1644)李自成攻破北京，旋清军入关渡江南下，吕留良遂散“万金之家以结客”，奔走于浙西各地，参加抗清斗争，左股曾中清军之箭，留下终身创伤，而其侄吕宣忠更被清军捕去后杀害于杭州。顺治五年(1648)，抗清失败的吕留良回到家乡，为摆脱窘境，不得已在顺治十年(1653)易名光轮参加科考中秀才，对于这次“失节”，吕留良引以为耻，遂归隐林下，著书讲学，绝不出仕。康熙十七年(1678)，清廷开博学鸿词科考以笼络人才，逼士人们出仕，吕留良为拒当官，被迫落发为僧，潜心学问，于康熙二十二年(1683)病逝于家乡。

不料迨至雍正时，有一名崇拜吕留良思想、学问的湖南靖州书生曾静忽发梦想，命徒弟张熙投书清廷川陕总督岳钟琪，要求这位“岳飞后人”(纯系臆测)举兵反清。岳钟琪震怒，当即将张熙拘捕严刑审讯，张熙供出曾静。曾静被捕后，称系受江南儒生吕留良诗书“邪说”蛊惑，并将所得吕留良的著作和日记交出。因是“谋逆”大案，很快报告至雍正帝御前，雍正帝胤禛决定大开杀戒镇压“悖逆”言论，于雍正七年(1729)五月命九卿翰詹科道会审此大案，次年八月审结。刑部等衙门会议提出，判决已死的吕留良及长子吕葆中戮尸，次子吕毅中斩立决，并株连子女亲属，吕家16岁以上男子均处死，其余人员充军黑龙江，家产抄没。此案还株连了一大批士人和浙江、湖南的当地官员，曾静、张熙算是“受骗上当”免去死罪(后于乾隆时仍被处死)，雍正帝还亲撰《大义觉迷录》一书，逐条批驳吕留良“悖逆狂言”，也算是开了“大批判”之先河。

自雍正帝制造吕留良文字狱冤案后，清廷对知识界言论加大了钳控力度，压得江南士人气都透不过来，此后又连续制造了几次文字狱案，每次都充满血腥，还株连大批老百姓家破人亡，人民不堪其痛，更加激起不满情绪。雍正十三年(1735)，胤禛突然暴病去世，于是，民间便编出了吕留良有孙女为剑侠，她为报家仇国恨，飞身入宫杀死雍正帝，还斩去了雍正帝的头颅。《清朝野史大观》不仅指吕四娘是吕留良之孙女，还称蒲松龄《聊斋志异》中另一篇小说《侠女》，叙述的主角侠女原型也是吕四娘。

从林四娘到吕四娘，"四娘故事"又有了发展。那么，吕留良究竟有没有一位剑侠孙女呢？答案显然也是否定的。吕家世代诗书传家，不可能出习武之人，更不会有女性去学剑术。当初吕留良冤案发生时，吕家遭灭门之祸，官府早将吕家大小人口逮捕，不可能有吕留良某个孙女逃离罗网。而据2003年浙江桐乡市政府所编的《吕留良纪念集》(内部汇印)一书披露，吕留良两个儿子中，也没有一个被称为"四娘"的孙女。因此，把雍正帝之死附会成是"女侠吕四娘"所为，实在只是一个美好传说，并没有真实史料作为依据。而更有意思的是，清代中期文人不仅创造了林四娘传奇，还延续创造了吕四娘的剑侠传奇，他们爱屋及乌，后来对"四"也情有独钟，如吴敬梓的《儒林外史》就创造了侠客凤鸣歧的形象，早有人指出：其人物原型是反清剑侠甘凤池，作者更将凤鸣歧唤做"凤四老爹"，依我的理解，那更是把甘凤池和吕四娘两个人物并在一起了。看来，清代的林四娘、吕四娘文化现象，反映了当时社会士人和老百姓中强烈的反清怀明情绪，今天仍值得人们去研究。

权女篇

《洛神赋》不是书写曹植、甄后“叔嫂恋”

学术浮躁造就学术谎言，三国时陈思王曹植与其嫂、魏文帝曹丕之妻甄氏有所谓“叔嫂恋”，即是一例。而这股风，也刮到了文艺界。近些年来，有关曹植与其嫂甄氏的所谓“恋情”，不时在戏曲舞台上出现，其中影响较大的要数京剧《洛神赋》。平心而论，这一题材虽然很适合戏曲表现，但所编之戏人物的背景和史实却极不靠谱。2011 年 10 月 18 日，上海艺术节开幕大戏大型舞剧《水月洛神》，艺术表演上很美，剧情叙述曹植与甄氏相恋，曹丕却掳走这一绝世佳人，终演绎了一场才子佳人的“悲剧”，这个戏于史实也是“胡编乱演”，当然，艺术不会在乎和拘泥于史实，所以曹植、甄氏“叔嫂恋”亦无伤大雅。

文艺作品的“误编”，源于古今某些学者对曹植《洛神赋》的学术误读。

首先，当我们翻开浩缈的中国文学史料及作品时，里面总是有因后人误读而记录下的许多谎言，对曹植与甄氏的“研究”而得出的谎言，几乎已成为广大读者的“信史”了。曹植曾写有著名的《洛神赋》，描写他于洛水之畔见到一位神女宓妃，因美丽异常，于是萦绕于心，遂有此赋。后世文人因此附会曹植是在怀念被冤死的乃兄曹丕的夫人甄氏（魏明帝时追谥为文昭皇后），并进而推测曹植曾经慕恋过甄氏而未得，所以只能在赋中寄托思念之情；有的著述中还把《洛神赋》改称为“感甄赋”（如明代万历间学者商周祚就在《苎萝志序》中有“夫《高唐》证梦于行云，《感甄》寓言于洛滏”之说法）；文人们更将洛水之神宓妃的名谓，妄加给甄氏作为名字，直呼甄氏为“甄宓”，尊她为“宓妃”、“宓后”，把甄氏与洛水女神混为同一个人，甚至连严肃的学术著作中也采用此说，如 1988 年上海古籍出版社出版的《古文观止新编》一书即采用“感甄赋”之说，而她真正的谥号“文昭皇后”却没有多少人知道。于是，许多戏曲作品便大写曹植与甄的“真挚爱情”，公开宣扬从未存在过的乱伦“叔嫂恋”，实在是谬误之至。

看来，有必要给甄氏还以一个清白的人格。

三国史上最美丽的女性

晋陈寿所著《三国志》对三国时期美丽女性有很多记载，如张济之妻、袁术姬妾冯氏、孙权夫人步氏、吴张布女儿张氏、秦宜禄妻、桂阳太守赵范寡嫂樊氏等，另有传说中的大、小乔及貂婵，明人罗贯中著小说《三国演义》，更是大力描写貂蝉的美丽和魅力，将董卓、吕布玩弄于股掌之中，后人错以为她就是三国时期最美丽的女人。貂婵史无记载，有没有这么个人，还该打个问号。如果要按真实的历史“选美”，我以为第一美女恐怕非甄氏莫属。

甄氏即魏文帝曹丕的夫人，史未见载其名字，她是三国时中山无极人，据《三国志・后妃传》转引《魏书》注，甄后生于东汉光和五年(182)十二月丁酉日，她先嫁军阀袁绍的二儿子袁熙，再嫁曹丕，黄初元年(220)十月，曹丕称帝建魏朝，甄氏仍在后宫。黄初二年(221)六月，因后宫争宠失败，被迫令自杀，享年39岁。

甄氏之美，首先体现在外貌上，这在史书中是有明确记载的，裴松之注《三国志・魏书・后妃传》转引《魏略》中的描写称，建安九年(204)七月，袁氏集团老巢邺城被曹操军攻破，正在军中的曹丕带兵直入袁绍府第，只见厅堂上有两妇人呆坐，那年轻的少妇吓得在发抖：“文帝(曹丕)入绍舍，见绍妻及后(甄氏)，后怖，以头伏姑(婆母也，即袁绍后妻刘氏)膝上，绍妻两手自搏。文帝谓曰：‘刘夫人云何如此？令新妇举头。’姑乃捧后令仰，文帝就视，见其颜色非凡，称叹之。太祖闻其意，遂为迎娶。”该传同时引注《世语》中对曹丕抢夺甄氏为妻经过的描写：“太祖(即曹操)下邺，文帝先入袁尚(袁绍小儿子及继承人)府，有妇人被发垢面，垂涕立(袁)绍妻刘(氏)后，文帝问之，刘答‘是熙妻’，顾揽发髻，以巾拭面，姿貌绝伦。既过，刘谓后(即甄氏)‘不忧死矣’。遂见纳，有宠。”

这两条史料，一方面叙述了甄氏天姿国色，在夫家战败、无心妆扮自己的慌乱中，蓬头垢面的她，依然掩藏不住美貌，吸引了胜利者曹丕，从而由女俘虏变为曹家的媳妇。另一方面，也说明在汉末军阀混战中，妇女与财物一样，都是战利品，胜利者对失败者的妻女是可以任意抢夺占有的。当时甄氏已嫁给袁绍中子袁熙，因袁熙被其父派去幽州当刺史，故甄氏留在邺城婆家。曹操大军攻破邺城，袁熙与袁尚败投辽西乌桓部。在其丈夫依旧活着之时，曹丕却将甄氏作为“战利品”占为己有了。作为甄氏婆母的刘夫人(为袁绍续娶之妻)，此时也顾不得袁氏家族脸面，为保自己性命，不借将儿媳妇献给曹丕。在军阀混战的时代，这似乎已成为常态，所以甄氏与她的婆婆刘夫人都是“习惯”的。

像所有大富大贵的人一样，甄氏生下来时就是个奇女子。幼年时，她睡下后，家里人经常看到影影绰绰中像是有人将玉衣盖到她身上去，这种怪现象一直出现。甄氏父名甄逸，为上蔡县令，去世时甄氏仅 3 岁，她哭得很伤心。有位著名的相面术士刘良见了甄氏，立即指着她对家人说：“这个小姑娘将来会大富大贵的！”还有一件事也足以看出她的人品：她的二哥甄俨，曾举孝廉，任大将军掾、曲梁长，不幸早逝，14 岁的甄氏也哭得十分伤心，还对寡嫂十分敬重，又珍爱幼小的侄子。她见母亲张氏对待二嫂很严厉，常摆出当婆婆的样子，便劝慰母亲说：“二哥不幸去世了，二嫂年轻守节，还要带小侄儿，她是很苦的。以情分而言，她应该对你这位婆婆尽孝道，你对她像大嫂、三嫂一样严厉也没什么；但她毕竟失去了二哥，所以应该既把她当媳妇，又把她当女儿，多给她一份关爱。”张氏听罢想起二儿子甄俨，竟感动得哭起来，于是便让甄氏与二儿媳共同生活，从此待其更像亲生女儿。

甄氏的美丽，还体现在她的不凡识见上。《三国志・后妃传》载有一件事：董卓造孽后，社会动乱，“加以饥馑，百姓皆卖金银珠玉宝物，时(甄)后家大有储谷，颇以买之。(甄)后年十余岁，白母曰：‘今世乱而多买宝物，匹夫无罪，怀璧为罪。又：左右皆饥乏，不如以谷振(赈)给亲族乡里，广为恩惠也。’”于是，全家都赞同她的主意好，立即开仓以粮食赈济亲友乡里，做了一件大好事。甄氏的识见和美丽，使她声名播扬，引起割据冀州的军阀袁绍的注意，此后，袁家即为二儿子袁熙聘娶了甄氏。

甄氏的美，在遵循封建时代权贵女子的“妇道”上也体现得淋漓尽致，这种“妇道”，是指除了“三从四德”、极尽孝悌以外，还要善于持家理内，驾驭好婢妾，而更重要的一条，就是不妒忌，丈夫为子嗣计再娶小妻，聘买更多的媵妾，妻子要支持丈夫的做法，甚至晚间把丈夫送到其他女人的房里去。《魏书》记载：甄氏改嫁曹丕后，很得爱宠，但她越是受宠幸，越是谦虚自抑。好色之徒曹丕的姬妾甚多，有些被他玩腻了，就失宠了，甄氏便经常去安慰、开导她们，还在饭桌上劝导曹丕说：“古时黄帝的子孙繁茂，原因是他的妾媵娶得多，所以帝业能承继不衰。我希望夫君你也能广娶淑媛，以便达到多子多孙。”这番话曹丕听了自然特别舒服，可能那个时候，甄氏尚未生育魏明帝曹叡，且嫁与袁熙后始终未生育，对自己能否生儿子没有把握，所以不得不这么说，以免重蹈赵飞燕那样遭别的女人妒忌之覆辙，实在也是用心良苦。曹丕曾有位媵妾任氏，虽然聪明漂亮，但性格倔狭，又不柔顺听话，多次在言语上顶撞曹丕，曹丕不喜欢她，决定赶她出府。甄氏劝他说：“任氏出身名族，又是你的同乡，品德、容貌都比我强，为什么要赶出去呢?”曹丕解释原因,甄氏劝道,“你这样讲,我就更不安了,大家都知道我受到你的宠遇恩惠,一定会认为任氏被赶,是我在其中起了作用,这样,我就陷于两难境地:既忧人家背后议论是我的私心害了任氏,又冒犯专宠的罪衍”。虽然曹丕仍不听甄氏的劝,依旧把任氏赶了出去,但当时的甄氏确实是个明白人。

甄后悲剧源于曹丕好色

中国一直有红颜薄命的宿命说法,这话对甄氏而言,简直是一语中的的谶语。

自从进入曹府后,甄氏虽正式获得了“夫人”的名分,但深知自己是嫁过一次的,又是夫家的“战利品”,所以从不敢骄奢张扬,在恪守“妇道”方面,除了无条件地顺从丈夫之外,还千方百计地处理好与势焰熏天的婆母卞氏的关系,以博得卞氏的欢心,巩固自己在曹府中的地位。

建安十六年(211)七月,时任丞相、武平侯的曹操出兵征讨关中军阀马超、韩遂等势力,夫人卞氏(后成为魏王妃,曹丕称帝后被尊为武宣皇太后)随军西行,因身体染小恙,不得不留住在孟津。早在是年正月,曹丕已被任命为五官中郎将,自置官属,实际行使副丞相的职权,为了巩固后方,曹丕及夫人甄氏都被留守在邺城。据《世语》记载说,甄氏在邺城得获悉卞夫人染病,又无法亲往探视,十分担忧和害怕发生意外,日夜哭泣,部属连忙告知她卞氏病体有好转,她也不相信,说:“卞夫人在家时,每次生病都需要过一段时间才痊愈,这次卞夫人的病怎么会好得这么快?你们是在安慰我呵!”不久,卞夫人亲自写信来告诉甄氏病已好了,甄氏这才破涕为笑。建安十七年(212),卞氏随曹操大军回到陪都邺城,甄氏去拜见她,望着帏幄座中的卞氏,深深表达重逢后悲喜之情,感动了卞氏及其左右人员,卞氏对她说:“好媳妇,你以为这次我的病会像过去那样麻烦呵?其实我只是生了点小病,十来天就好了,你看看我的脸色是不是像个健康的人了呵!”她感叹地赞许甄氏道:“你真是个孝顺媳妇呵!”后来建安二十一年(216)十月,已进位为魏公的曹操又与夫人卞氏率军东征孙权,世子曹丕及与甄氏所生的幼子曹叡、女儿曹氏(即后来的东乡公主)都随行,独甄氏因病留在邺城。建安二十二年(217)九月,大军还邺,卞氏见甄氏病后面色丰盈,很觉奇怪,便问甄氏:“你的两个孩子都被我们带出去了,你难道不思念他们而消瘦吗?”甄氏对道:“叡儿等跟着婆母您在身边,您一定会非常关怀孙儿孙女的,我有什么好担心思念的呵?”

尽管甄氏对卞氏竭尽孝道,对丈夫曹丕在女色上的胡作非为也一味地顺从退让，但悲剧还是降临到了她的头上。当时曹丕又娶郭氏、李氏、阴氏等为妻妾，没名分的美女更是不计其数，反正是见一个爱一个。丈夫的女人多了，甄氏自己又因为也生了孩子，加上年龄增加而使外貌发生了变化，这样，曹丕就不大到她的房帏中去了。甄氏再柔顺，老实人也会产生点脾气，夫妻间不可避免会发生龃龉，曹丕便开始嫌弃过去为之惊艳的妻子。延康元年(220)正月，曹丕逼汉献帝刘协禅位，他当了大魏国的皇帝，践阼之后，他一改历朝历代新皇帝登基同时册封皇后的常例，竟没有册封正配夫人甄氏为皇后，这是一个不好的信号。原来此时的曹丕，更喜欢的是小老婆郭氏。郭氏，安平广宗人，生于东汉中平元年(184)三月。小时候，其父亲郭永就对他这个女儿寄托希望，扬言“这个女儿就是我家的女中之王”，于是便以女王作为郭氏的名字。郭氏嫁入曹丕府以后，除美貌之外，更有心机和智慧，据说曹操当上魏公，在立谁为世子问题上，几个儿子都煞费苦心，明争暗斗，郭氏运用自已的才智，帮曹丕出了不少主意，最后，曹丕终于战胜了曾获父亲青睐的弟弟曹植，以活着的最年长儿子身份，被立为魏世子。曹操进为魏王，曹丕又成为魏国的王太子。曹操病死后，曹丕继位为魏王，又灭东汉，当上皇帝。所以，无论是论功还是论情，此时的曹丕，都更喜欢郭氏，他一即位便封郭氏为贵嫔，这是为她被立皇后做铺垫，后宫的人谁还看不出来？

而甄氏的地位，此时仍只是夫人，她的命运岌岌可危。

这时又发生了一件大事：曹丕即位后，素知汉献帝刘协的两个女儿长得十分漂亮，再加上刘家血统高贵，于是便指使部属要刘协(此时已降为山阳公)把两个女儿奉献给她当贵嫔。刘协的命运已捏在曹丕手上，再说人家曹操在建安十八年(213)一次就将三个女儿送给了自己当大小老婆(最小的女儿还未成年，先在曹操府上养着，成年后方娶过去)，刘协于情于理于势都不敢违拗。两个刘氏少女入魏宫后，亦深得曹丕的宠幸，好色的曹丕便整日如蜜蜂般穿梭于后宫花丛之中，此时越发没“过气女人”甄氏的事儿了。

情急之际，甄氏也开始不再冷静，她改变了刚嫁曹丕时那种建议丈夫多畜美女当姬妾的“贤惠”形象，开始干预丈夫床第之事。这种改变基于以下三个原因：一是曹丕现在是皇帝了，后宫美女更多，对甄氏不仅是一般的冷淡而是厌烦，此时可能连丈夫的面也见不上了，甄氏不免要在背后发些怨言；二是甄氏此时已有儿子，她很希望“子凭母贵”，因为若自己被立为皇后，儿子就将是当然的太子，这就不仅是自己一个人的进退，而是牵涉到儿子将来的前途命运、曹魏社稷江山交给谁的问题，所以她此时不能再“装贤惠”了，为了儿子，她要与郭贵嫔等进行抗争；三是此时后宫女子、宦官多了，不像原先的丞相府、魏王世子府那么相对地简单，在复杂的后宫人际关系中，是需要用各种手段的，但甄氏太“传统”，估计不大会笼络人心，所以她对曹丕的“怨言”，便会有宫女、宦者这些“长舌头”，通过郭贵嫔等新宠密奏给曹丕，其中不免会添油加醋。而从郭氏方面看，她为了争立皇后，也会下死劲地在曹丕面前争宠，利用“近水楼台”的便利条件，在曹丕耳边絮絮叨叨，曹丕自然会受影响，况且对一个皇帝而言，女人更是一件“衣服”(刘备的这个理念，大约是三国时男人形成的“共识”)，甄氏这件“衣服”已经穿旧了，他正要丢弃这件“衣服”呢，焉得不是机会，于是，曹丕震怒之下，遂于黄初二年(221)六月下旨将甄氏“赐死”，也就是逼着她喝了鸩酒或以白练自尽。甄氏死后葬于邺城，葬礼也很凄惨，遗体受到侮辱，曹丕毫不念夫妻之情，下葬时将甄氏尸体弄得长发覆面，口中塞满糠秕。甄氏死后，她所生的儿子曹叡和东乡公主都认郭氏为母，由郭氏负责养育他们。黄初三年(222)，曹丕终于不顾大臣反对，正式立郭氏为皇后，可惜郭氏未能生育。曹叡因素为祖父曹操喜爱，又是曹丕的长子，加之又赖郭氏“恩养”，遂被封为平原王，黄初七年(226)五月，曹丕病重，曹叡被立为太子。

因没有儿子，郭氏的结局就不好。原来甄氏临死前，暗中曾将儿子曹叡托付给了李夫人照料。李夫人也是曹丕一位失宠的老婆，她把甄氏的悲剧记在心里。黄初七年曹丕死后，太子曹叡顺利继位，即魏明帝，第二年改元太和，郭氏被尊为皇太后，同时马上追谥生母甄氏为文昭皇后，算是为甄氏平反。

不久，一场向太后郭氏展开的清算便拉开了：早在曹叡幼年时，因母亲被赐死，他进入郭氏宫，心里就很不平，可能是李夫人暗中教导他实行韬晦，他暂时改变了对郭氏的态度，由仇视变为尊崇，早晚都去问候，把失母之恨藏进心里。而郭氏呢，因自己无子，也就想笼络曹叡，对他亦很好，毕竟直接害死甄氏的不是她，她存有侥幸之心。倒是曹丕看出曹叡对郭皇后不好，所以想立京兆王曹礼，但曹礼有生母徐姬在，若立为太子，郭氏的皇后位置就会动摇，所以她只能反对。曹丕当了七年皇帝，一直未立太子，直到临死前才匆匆立曹叡。曹叡当上皇帝后，多次哭着向郭氏追问母亲被害情节，郭氏生气地回道：“你母亲的死，是先帝自己处理的，你怎么来责怪我？而且你是先帝子，难道可以追究父亲的罪责，为了生母而杀后母不成！”郭氏不知道，她此时虽贵为皇太后，已无法掌握自己的生死命运了。这场对话使曹叡与她彻底翻脸，很快便秘密将郭氏弄死，史书记载称是“暴崩”，死后也“享用”甄氏的“待遇”：殡葬时“被发覆面，以糠塞口”。

不过，郭氏总算在当皇后时，“虽有异宠，心愈恭肃”，后宫树敌尚少，而性又俭约，孝顺婆母卞氏，教导训育后宫众女，倒也取得了一定威信，故仍被魏明帝曹叡谥为文德皇后，众家族亦未受影响，依旧安享荣华富贵待遇。

亡故的甄氏除被追封为文昭皇后外，还享立庙祭祀规格，其家族亦被赐予高官侯爵，甄氏父亲被追封为敬侯，由嫡孙甄像嗣爵，甄氏母亲被封为广乐乡君，甄氏二哥甄俨被追封为安城乡穆侯。甄像后来官至太尉、散骑常侍、伏波将军、射声校尉等，曾持节任东征部队监军，死后谥为贞侯。甄氏子弟另有多人被封为列侯，女眷为乡君、县君。

《洛神赋》怎会是“感甄”篇

后世直至当代的诸多文人生造出曹植垂涎甄氏美色，并称甄氏先被曹植看中，两人发生恋情，甄氏死后，曹植因感念甄氏撰写《洛神赋》等情节，还有文人编了戏剧来演译这场“叔嫂恋”。其实这些全是虚妄之言。

曹植(192—232)，字子建，曹操夫人卞氏所生，曾被封为平原侯、临菑侯，任邺城留守，曹操死后，其兄魏文帝曹丕贬曹植为安乡侯、鄄城侯，黄初三年(222)始被封为鄄城王，食邑二千五百户；第二年又迁为雍丘王，黄初六年(225)获增邑五百户。魏明帝曹叡太和元年(227)改封浚仪王，次年又还归雍丘王封地。太和三年(229)改封东阿王，太和六年(232)二月，朝廷以陈地四县改封他为陈王，食邑增为三千五百户。由于封地多次迁徙，不被曹丕、曹叡父子信任，“常汲汲无欢，遂发疾薨”(据《三国志・曹植传》)，享年41岁，谥为“思”，史称陈思王。

为什么说甄氏与曹植不可能有恋情呢？首先，从两人年龄的相差，可击破甄氏在嫁曹丕之前与曹植有“恋情”的谎言。前已指出，甄氏生于后汉光和五年(182)，而曹植则生于后汉初平三年(192)，这都是史所明载的，也就是说，甄氏比曹植整整大了10岁。甄氏改嫁曹丕，是在建安九年(204)八月那场曹兵破邺战役胜利之际，那一年甄氏已22岁，而曹植年仅12岁。22岁前的甄氏，会与12岁前的曹植产生恋情吗？后世诸文人对此种“风流故事”的想象力也太“丰富”了些吧？

其次，甄氏嫁曹丕之前，曹植也根本没有机会去与甄氏亲热、“谈恋爱”。有的戏曲作品为了让曹植与甄氏的恋情更富“诗意”，杜撰了曹植在洛水之畔艳遇甄氏的情节，“美”则美矣，实颇荒唐。因为在此之前，甄氏早嫁于袁熙，按据《三国志・武帝纪》及袁绍传载：建安元年(196)九月，曹操迎汉献帝于许都，袁绍被任命为太尉、大将军，是年，袁绍攻灭公孙瓒，以三子分据三州，二儿子袁熙出任幽州刺史，《三国志・后妃传》转引《魏略》注称，“熙出任幽州，后(即指甄氏)留侍姑(即婆母刘夫人)”,说明建安元年时甄氏已嫁袁熙,甄氏嫁龄应为 14 岁(虚岁 15 岁),已成年,按古代习俗可以出嫁。而这一年,曹植才 4 岁。甄氏嫁后,一直留住在邺城袁氏府中,在此期间,史书上从未有甄氏到过有过洛阳的记载,所以,就算曹植 4 岁就“早熟”,他们亦不可能在洛水之畔相遇。而甄氏嫁曹丕的过程,《三国志・后妃传》转引《魏略》《世语》都有明确记载,是随军的曹丕入邺城袁氏府中先发现甄氏,并将她掳获为妻的,此战役中,12 岁的曹植并未随军参战。曹丕生于中平四年(187),他比曹植大 5 岁,纳甄氏为妻时为 17 岁,甄氏应是“大娘子”,这大概也是曹丕后来遗弃她的一个原因吧?甄氏死于黄初二年(221)六月,那一年她已 39 岁,曹丕为 34 岁,曹植仅 29 岁。

当然,由于曹丕、曹植是亲兄弟,在家庭聚会上,曹植是会有机会见到亲嫂子甄氏的,他也可能对美丽的嫂子有好感,但曹府规矩森严,加上男女授受不亲的礼教,曹植与甄氏不可能有单独相处的机会。再则,曹植成年后,即成为曹丕争当嗣子的主要竞争对手,曹丕对他的防范一定甚严,两人也不会有更多的交往,曹丕不会疏忽到给曹植有向甄氏示爱的机会,故曹植与甄氏间决不可能有爱恋之情发生,曹植也不会对这个嫂子有非分之想。

那么。曹植的《洛神赋》又是为谁而写的?答曰:为他自己述志也。

要弄清这一点,就须从曹植的遭际说起。当年,好色的曹操宠幸有数十位美女,其中 13 个大小老婆就生下 25 个儿子(尚有丁夫人等许多未生育儿子的小老婆),至于女儿生了多少,史书不见记载,大约亦不会少于这个数字吧?他的嫡配正妻卞氏,出身“娼家”,可能是一名歌舞演员,因容色美丽,很受曹操所宠,他为曹操生下了曹丕、曹彰、曹植、曹熊四兄弟。曹操后来成为魏公、魏王,他的儿子们便开始勾心斗角,都想成为世子或王太子即继承人,而在曹操的 25 个儿子中,有几个儿子很具竞争实力,首先是最大的儿子曹昂(刘夫人生),按古人“立嫡以长”的规矩,他最有希望,但很不幸,此子早年在征张绣的战役中被杀。环夫人所生的曹冲,聪明之极,过去小学语文课本上的“曹冲称象”故事就是指他,为曹操最钟爱的儿子,曹操曾多次公开对部属表示要立他为嗣,但不幸生病早亡,为此曹操一直哀痛不已。第三、第四个竞争对手便是曹丕、曹植,他们两个中,曹丕在曹昂亡后成为最年长儿子,且有文才;曹植也有文学天才,能“言出为论,下笔成章”,故“每进见(曹操)难问,应声而对,特见宠爱”(见《三国志・曹植传》),曹操一直想立曹植为嗣子,称他是“儿中最可定大事”者(据《三国志・曹植传》转引《魏武故事》注),所以曹植便成为曹丕最强、也一度是最危险的竞争对手。但曹植却收罗丁仪、丁廙等书生为党羽,过早暴露接班的野心,又过分“任性”,“不自彫励,饮酒不节",终于被曹丕抓住把柄;又因犯法妄开司马门,加上建安二十四年(219)曹操命他为南中郎将行征虏将军事,让他带兵往樊城南征关羽救曹仁之军,他醉得无法受命上任,于是曹操最后决定选立曹丕为世子。

这样的结果,对曹植当然是灾难性的。曹丕在与曹植争当世子的过程中,一直担惊受怕,对曹植内心积怨甚深。所以,他一旦接了班,便开始收拾这位骨肉亲弟,先以未及时到许都奔丧的罪名,将曹植拘押起来,并诛杀了曹植党羽丁仪、丁廙等人,他本打算也杀掉曹植,母亲卞太后出面干预。于是曹丕出难题,命曹植在七步之内赋诗,若不能成章便处死;曹植踱行七步,吟出了著名的《七步诗》,保住了一命(据《世说新语·文学》),但仍贬为安乡侯,赶出京城,在封地被监视起来。

曹植虽有名士作派,但自恃才情,醉心于名利,一直梦想能像父亲曹操那样建功立业;曹丕称帝后,他作为亲弟弟亦想为曹家基业做些贡献。因此,虽知自己不得宠,仍希望曹丕能原谅自己过错,赐以一官半职予以任用,一展平生抱负,但曹丕却根本不予考虑,曹植心中的苦闷就可想而知。怎么办?文人还是用文人的办法:以诗文明志,向曹丕吐露心迹,因为他相信同是文人的曹丕是能读懂的。

正好一个机会触发了他的想法:黄初三年(222),曹植奉命朝见乃兄文帝,被改封为鄄城王,有了较多的食邑,此时他可能生出幻想,以为曹丕已开始饶恕他的过错,在回封地时路过洛水,想到了蔡邕的《述行赋》和宋玉的《神女赋》,引发灵感,遂欲借《述行赋》中"乘舫舟而泝湍流,浮清波以横厉。想宓妃之灵光兮,神幽隐而潜翳"的意境,写出千古不朽的《洛神赋》,以含蓄、曲折方法向曹丕陈述希望被起用的心情。赋中诳称自己在洛川之畔,发现一位极其美丽的神女宓妃,"其形也,翩若惊鸿,婉若游龙。荣曜秋菊,华茂春松……远而望之,皎若太阳升朝霞;迫而察之,灼若芙蕖出渌波。秾纤得中,修短合度。肩若削成,腰如束素。延颈秀项,皓质呈露。芳泽无加,铅华弗御。云髻峨峨,修眉连娟。丹唇外朗,皓齿内鲜。明眸善睐,靥辅承权。瑰姿艳逸,仪静体闲"。然后,作者发出"余情悦其淑美兮,心振荡而不怡"的感慨。这么美的丽人,却使他的心快乐不起来,为什么呢?曹植又称是"无良媒以接欢兮,托微波而通辞"。这里,曹植分明是在自诉:他把自己的才学比作美丽的神女,但自己无用武之地,这是因为"无良媒以接欢",也就是说,朝中没有大臣向皇帝建议能起用我,所以只能"托微波而通辞",即作赋而述志了。但是,曹植也知道重新被起用是有难度的,因而在后面的赋句中发出了"于是洛灵感焉,徙倚彷徨;神光离合,乍阴乍阳;竦轻躯以鹤立,若将飞而未翔”的无奈心声，继而又叹息“恨人神之道殊兮，怨盛年之莫当；抗罗袂以掩涕兮，泪流襟之浪浪”，最终则是“悼良会之永绝兮，哀一逝而异乡”，“揽騑辔以抗策，怅盘桓而不能去”，一副踌躇满志，但又无限惆怅。值得注意的是，该赋向曹丕乞怜表忠心的意图是十分明显的，其倒数第二节中有“虽潜处于太阴，长寄心于君王”二句，即是明证，这是直接以神女而自喻，以君王比曹丕。而假如错解曹植将宓妃比甄氏，那么，自己就在自比君王了，他敢吗？这不是在向朝廷提供谋反篡逆证据？所以，《洛神赋》中的美丽的洛水之神宓妃，就是曹植的自喻，当然，这“美女”的含义，就是他自以为的治国平天下之才情，即所谓的“抱利器而无所施”(《三国志・曹植传》)。

曹植的《洛神赋》所以会被误解为悼念甄氏，是甄氏被杀与《洛神赋》写作时间上接近造成的误会。甄氏被赐死是在黄初二年六月，而《洛神赋》写于黄初三年，这样便容易引发误解。但从情理上，曹植以《洛神赋》悼念甄氏是不可能的，一则此时曹植处于曹丕的高压、监视之下，他虽新晋封为鄄城王，但其实在朝中是被边缘化的人物，必须小心谨慎，不可能对大嫂寄托情意，因为这对曹丕是亵渎、大不敬；二则甄氏此时尚未平反，她仍是有罪之身，若曹植为她歌颂，这不是与曹丕对着干、自寻麻烦吗？再则，曹丕是文学大家，曹植《洛神赋》的影射、比喻他岂会不明白，所以，此赋作成后，曹丕只是依旧不任用他，并未究罪，因为他知道此赋实在不是在“怀甄”、“感甄”。

其实，古代文人以美女此喻自己的才学，曹第并非第一人。最早战国时的伟大诗人屈原，就在《九歌》的《湘君》《湘夫人》篇中，借美丽的湘水女神形象来自喻，冀盼楚怀王重新欣赏自己，因而喊出“时不可兮再得，聊逍遥兮容与”和“时不可兮骤得，聊逍遥兮容与”的愿望，抒发了政治上的失意与惆怅。唐朝诗人朱庆余科考之前以美人比文章，其名篇《近试上张水部》云：“洞房昨夜停红烛，待晓堂前拜舅姑。妆罢低声问夫婿：画眉深浅入时无?”考官水部员外郎张继答诗云：“越女新妆出镜心，自知明艳更沉吟。齐纨未足时人贵，一曲菱歌敌万金。”以越女喻朱庆余文章成熟，对得巧妙。

曹植以美女自比，并非《洛神赋》一首，在其他诗中也曾多次比喻过，如他的《杂诗七首》之三就将自己比为“织妇”，有“妾身守空闺，良人行从军”、“愿为南流景，驰光见我君”之句；《杂诗七首》之四中有“南国有佳人，容华若桃李”、“时俗薄朱颜，谁为发皓齿”之句；《杂诗七首》之六有“抚剑思南望，思欲赴太山”句；《七哀》诗中有“上有愁思妇，悲叹有余哀”、“(夫)君行逾十年，孤妾常独栖……愿为西南风，长逝入君怀。君怀良不开，贱妾当何依”等句。这些诗都是咏志寄怀，目的是希冀引起曹丕注意、重新获得任用的。不仅如此，我们再联系到他多次上表给曹丕求情的事实，如魏太和二年(228)就因"抱利器而无所施"而"上疏求自试"，他在奏章中不惜"敢冒其丑而献其忠"，"冀以尘雾之微补益山海"。直到临终那一年，即魏明帝太和六年(232)，他还在进京朝见期间"每欲求别见独谈，论及时政，幸冀试用"，但"终不能得"，最后才"怅然绝望"。作为文学名士的曹植，他在政治、军事方面不可能胜任大事，他就是个文学家。过去，他也并非没有过机会，但他都未把握住，证明了他从政、带兵并不行；而过多的欲望却损坏了他的身体，因想不开而不幸早夭，酿成悲剧。他与甄氏都毁于曹丕之手，但两人绝对未产生过私情，这才是历史的真相，蒙在文学和历史间的灰尘应该拂去！

孙夫人：婚姻失败源于不懂爱情

说起三国时孙仁献这个人物，恐怕在古文献研究专家之外，没有几个人知道的。但要是我告诉你：她就是三国时东吴大皇帝孙权的妹妹、蜀汉昭烈皇帝刘备的孙夫人，则几乎是家喻户晓了。现代人，谁没看过古典小说《三国演义》和电视剧《三国》？谁没看过京剧《龙凤呈祥》（又称《甘露寺》《刘备招亲》）？那里边的孙夫人（孙尚香），国色天香，人见人爱。

真正的孙夫人（孙仁献），娘家大富大贵，亲哥哥孙权是东吴之主；丈夫刘备原是东汉皇族，曾被汉献帝封侯，最后打下一片土地，自封为汉中王，后又当上皇帝，孙夫人头上有这么两个男人"罩着"，怎么也无法将她与悲剧的人生联系起来。然而，历史就是无情，史上真正的孙夫人，确确实实是一位悲剧女性；造成她婚姻悲剧的原因，皆由她不会经营爱情，不真爱自己丈夫，这是她自身性格中弱点使然。

现在，让我们从孙仁献的艺术形象入手，去还原一个真实的孙夫人吧。

"三国"题材文艺作品中的孙夫人

在正史《三国志》（晋陈寿著）中，孙夫人未单独立传，她能出名，源于"三国"题材的小说和戏剧，其故事情节大同小异，但描摹得曲折，颇是好看。

罗贯中所著《三国演义》中对孙夫人与刘备从结亲到分离的一段故事，与历史上的真实的孙夫人经历，有的相同，有的相去颇远，但却是京剧《龙凤呈祥》情节的源头，该书所涉及的孙夫人事迹，分别见诸于第五十四回"吴国太佛寺看新郎、刘皇叔洞房续佳偶"、第五十五回"玄德智激孙夫人、孔明二气周公瑾"、第六十一回"赵云截江夺阿斗"以及第八十二回、八十三回、八十四回，书中从第一次孙夫人出场，直到叙述其投江自尽，始终都未交代她的名字。在《三国演义》中，孙夫人一开始是作为周瑜欲夺回荆州而向孙权建议的一条“虚拟美人计”。原来赤壁之战中刘备、孙权联合打败曹操南征大军后，孙、刘两家便开始抢夺曹操被迫“吐”出的一大块南荆州土地，包括有江陵、南郡、公安、长沙、桂阳、零陵等州郡。其中，刘备先下手为强，抢得了这块地盘，建立了根据地；该地域又处于东吴的上游，对东吴的孙权集团形成了无形的压力。为此，孙权感到很不舒服，便要手下大都督周瑜出兵去夺回这片土地。但此时，赤壁大战刚结束不久，两家马上翻脸大战，北面的曹操便有机可乘，这事儿不能干；而刘备方面，既有一个能掐会算的“半神仙”诸葛亮当军师，又有万夫不挡之勇的猛将关羽、张飞、赵云、黄忠、魏延等辅佐，这样，东吴若与刘备的荆州军决战，并无胜算。在此情势下，有了一个机会：刘备的嫡配夫人甘氏死了。刘备是好色之徒，对女人见一个爱一个，玩过后却像衣服那样扔在一边，又想着讨新的。于是周瑜才想出了一个“虚拟美人计”，即假称吴侯（孙权）要把妹妹嫁给刘备，把刘备诓骗到东吴，然后把他扣押起来，逼刘备吐出已占领的荆州土地；他若不允，便立即杀死，再出兵打荆州。此时荆州群龙无首，必然分崩离析，不仅荆州可以夺回，连“卧榻旁”的刘备集团也铲除了。而在行使这条美人计时，孙家“美眉”完全不必出场的，所以许配给刘备的“孙妹妹”，只是一个虚拟世界的“美眉”，刘备不仅沾不上边，还得赔上荆州的“老本”。

周瑜的主意是很完美的，但三国史上政治、军事斗智，一向是强中更有强中手。荆州那边的军师诸葛亮马上识破了周瑜的毒计，便决心与东吴“玩一把”：你们使“虚拟美人计”，我偏叫你们“赔了夫人又折兵”，要将假招亲弄成真入赘。诸葛亮命赵云陪刘备赴吴娶亲，临行前给了赵云三个锦囊，要他依计而行。第一个锦囊教导赵云、刘备说，要他们一到东吴的临时都城南徐（今镇江），就大张旗鼓宣传刘备过江招亲的新闻，不仅开动大小“媒体”造势，还让刘备亲自带上重礼，到东吴的头面人物乔玄那里去公关，请他帮忙促成此事。这乔玄是个好事之人，就以孙权嫁妹给刘备的“喜讯”，去向孙权之母吴国太致贺。吴国太根本不知有此事，她大吃一惊，责问孙权说：哪有女儿出嫁，连母亲都不让知道的道理？虽然孙权兄妹不是吴国太亲生，但吴国太亲姐、孙权兄妹的生母老国太去世时，曾关照孙权要像亲生母一样对待吴国太。吴国太想起这事来就有点火，就把孙权叫来责问。孙权见了国太解释说，这是周瑜计谋，嫁妹是假，扣留刘备是真。吴国太更光火了，责骂周瑜无能，怎么把主子的妹妹用来作“美人计”的诱饵？乔玄在旁扇风点火，认为这太丢人。吴国太责骂孙权说，你用这办法杀了刘备，我女儿便是“望门寡”，将来她还怎么嫁人？最后三个人商定：由吴国太在甘露寺相婿，相中了，就真嫁；相不中，那个刘备听凭孙权杀还是关。由于刘备靠乔玄帮忙，争取到一个"相婿"的机会，终于在甘露寺博取吴国太的欢心，双方结亲的事便定了下来；很快，刘备顺利入赘吴宫，当上女婚，抱得美人。成亲当晚发生了一个小插曲：孙夫人在与刘备拜过天地后，竟然在洞房中放了许多刀剑兵器，她的侍婢也个个拿刀佩剑，好像这不是在成亲，而是在准备打仗。刘备吓得不敢进去，孙夫人得知，扑哧一笑，讥讪了几句刘备胆小的话，撤去兵器，让刘备进去完成了成婚的"手续"。

周瑜、孙权计策失败，赔了夫人，自然很不甘心。他们又想出一计：用舒适生活消磨刘备斗志，达到长期软禁刘备在东吴的目的，使荆州群龙无首，进而伺机摧毁刘备集团的势力，夺回荆州。但这一计谋又被诸葛亮识破，他在第二只锦囊妙计中告诉赵云，要他去向刘备谎报，称曹操起兵五十万来进攻荆州，报赤壁之仇。刘备慌了，遂告知孙夫人要偕她同回荆州。此时孙夫人委身于刘备，自然与丈夫一心，禀告过吴国太，假托赴江边祭祖，夫妻只带一应细软，逃回荆州去。此事被孙权及时发现，他派手下大将追赶。危急之际，又赖诸葛亮的第三只锦囊，让刚猛的孙夫人出面，喝退阻拦的吴将，终于逃出东吴势力范围。后来东吴大将蒋钦、周泰持孙权"尚方宝剑"来追赶时，荆州方面来"接亲"的军马已到，救走了刘备夫妇。

第六十一回写到，刘备率军进入西川开"荆州分公司"，孙权、张昭等又出鬼点子，想通过孙夫人，把刘备的儿子刘禅（阿斗）抓到东吴来做人质，迫刘备就范。他们假称吴国太病重，盼孙夫人回去探亲。孙夫人不知有诈，抱了刘备前妻生的儿子刘禅就乘上船回东吴去。不料，途中被刘备集团的大将赵云、张飞截住，刘禅被夺去，孙夫人独自回到东吴。估计因为目的未达到，东吴又折一将军周善，孙权对其归去的妹妹是很冷淡的，此后孙夫人一直住在娘家，与入川的刘备分居了。

这次夫妻分居，对孙夫人的生活及个人前途影响很大。由于她是有丈夫的人，所以婚姻关系还在，不能再嫁他人；但赴蜀再当刘备夫人，事实上又较难了。刘备那边事业成功，不仅先当了益州牧，又自立为汉中王，因孙夫人不在身边，便正式立部将吴懿之妹、前益州刺史刘焉之子刘瑁所遗寡妻吴氏为王妃（第七十七回）；刘备当上皇帝后，吴氏成为皇后。而此前正式聘娶的孙夫人，却连后妃的名分也未给。章武三年（223 年，即后主刘禅建兴元年），刘备伐吴失利，"时孙夫人在吴，闻（刘备）猇亭兵败，讹传先主（刘备）死于军中，遂驱车至江边，望西遥哭，投江而死。后人立庙江滨，号曰枭姬祠"（第八十四回），算是为刘备尽了节。

京剧《龙凤呈祥》《甘露寺》包括吴国太甘露寺相婿、美人计招亲、刘备携孙夫人安全返回荆州等情节，与《三国演义》相同，但有一点与《三国演义》不同，作者竟想当然地给孙夫人按了个名字：孙尚香。而大家和道，《三国演义》中的孙夫人是没有名字的。

历史上真实的孙仁献

其实，历史上真实的孙夫人是有名字的，叫孙仁献，《汉晋春秋》有记载云："孙夫人者，被(破)虏将军孙坚之女也，名仁献"。估计因为这孙仁献像男子的名字，故许多文艺作品就不采用，而要另安一个"孙尚香"给她做名字，是赞她相貌为"国色天香"的意思。不过，真实的孙夫人即孙仁献是否漂亮，我认为是大有可疑的。

孙夫人出生于军阀的家庭，父亲孙坚，吴郡富春人，自称春秋时兵圣孙武之后。年轻时即强悍，曾因讨伐黄巾而"立功"，被封为乌程侯、长沙太守，后升破虏将军、豫州刺史。参加讨董卓之战，初平三年(192)，在争夺荆州战役中，被荆州军阀刘表部将黄祖的军士射死于襄阳之岘山。

孙坚此人，素昔为人霸道。年轻时，他看中了钱塘吴景的姐姐吴氏，便想把她娶过来。但吴景及亲友族人嫌孙坚轻浮狡狂，名声不好，欲拒婚。吴氏见情势不好，遂对诸亲戚说："何爱一女以取祸乎？如有不遇，命也。"(《三国志·吴书·妃嫔传》卷五十)以后吴家便把吴氏许配给了孙坚，很明显，这桩婚姻是被逼的。当时吴氏姐妹及弟弟吴景失去父母，吴氏的婚姻是其他亲族长辈做主的，既然吴氏愿嫁孙坚，亲族为避祸，牺牲一个族中女子也无所谓。吴氏后来给孙坚生下四子一女，四子即孙策、孙权、孙翔、孙匡，另有一女即孙仁献。值得注意的是，孙坚还把吴氏的妹妹也占有了，这就是《三国演义》描写的吴国太，她也生下一子，叫孙仁。

孙家尚武，尤其是大哥孙策，在父亲被射死时，他年仅18岁，即接过打江山建功立业的重担，带兵过江东杀败刘繇、王朗、严白虎等地方势力，26岁时完成在东吴的割据，俨然一方诸侯。孙策死后，二哥孙权接位，他也东征西讨，杀黄祖，抚山越，又与曹操战于赤壁。由于孙家父子都是"厮杀汉"，当然也会影响到幼年的孙仁献，她耳濡目染父兄的武力，自幼亦爱好习武，这非常正常。毕竟军阀混战之际，哪个军阀也不能保证百战百胜，女子若能够习武练艺，平时虽不必去参加打仗，但遇到危急时，也可以挺身而出保护自己。所以，无论是父亲孙坚，还是两个哥哥孙策、孙权，都不会反对孙仁献习武。这样，孙夫人从小就养成了刚猛的性格，平时很喜欢舞刀弄枪，《三国志·法正传》(卷三十七)称："初，孙权以妹妻先主(刘备)，妹才捷刚猛，有诸兄之风，侍婢百余人，皆执刀侍立，先主每入，衷心常凛凛。"这"有诸兄之风"的话，大可玩味。不仅如此，她还组建了一支贴身的"娘子军"，皆能"执刀"，都是慓悍女子，一百多人，足足一个连的建制，这是她建立的私人武装，是她在东吴"闺中"时就建立起来的。她们平时训练，操练阵法、刀法，在野外日晒雨露，很显然，这支"侍婢军"，已经没美女相了，肯定个个粗壮，力大如牛。弱不禁风、娇滴滴的美女是进不了这支警卫部队的。以此推理，这孙仁献恐怕也早就没什么"女人味"，风吹日晒，天天练武，她的脸蛋不可能雪白粉嫩，再联系到乃兄孙权的长相"碧眼紫髯"，孙仁献的长相恐怕就好不到哪里去，虽不一定是丑女，但亦决不是美女，更不可能是女人味很浓的、有魅力的女子。从"法正传"记载看，这支娘子军作为"嫁妆"，由孙夫人带到荆州去了。

孙仁献嫁给刘备，是孙家主动嫁的，不是刘备主动求婚的，《三国志·蜀书·先主传》卷三十二明确记载："(孙)权稍畏之，进妹固好。"这里有个政治背景：原来赤壁之战前，刘备集团被曹操大军打得溃不成军，因赖已故荆州刺史刘表的长子、江夏太守刘琦，以万余荆州军接应，退守夏口一隅之地。刘备无奈，只好派诸葛亮出使江东，表明投靠之意，实际是将他的"公司"挂靠在"东吴股份公司"名下，但并未交出军队。孙、刘此时虽表面结为一体，但兵力依然不多，都感受到曹操大军的压力。曹操还公然写书威胁孙权说："近者奉辞伐罪，旌麾南指，刘琮束手。今治水军八十万众，方与将军会猎于吴。"(引自《曹操集》卷三《与孙权书》)曹操自诩有"水军八十万众"，还要与孙权"会猎"，就是较量一番的意思，这多么吓人！孙权此时没有力量吞并刘备的"挂靠公司"，怎敢去单挑那个曹丞相的"大公司"？情急之下，他只能被迫和刘备集团联手抗曹，两家齐心，后来终于取得赤壁之战的胜利。战后，刘备虽寄居在江东势力范围之下，但由于他的军队未被编散，又有诸葛亮、关羽、张飞、赵云这些谋臣、猛将，加上利用刘琮的声望，刘备集团势力很快膨胀起来，他发兵南征四郡，武陵、长沙、桂阳、零陵等先后降顺，又有庐江雷绪部数万(按《三国志》常将数万称为三万，此处应为三万)部曲也来投顺。正在此时，原荆州刺史刘琦病死了，于是刘备便被推为荆州牧，开始实际统治这一大片土地，他的军队数可能已扩充至五六万人左右，大致与孙权军力相当(孙权赤壁之战时，能集中起来参战的部队仅三万人)。这样，孙权对刘备更有所忌惮，只好"进妹固好"，就是两家结为婚姻，使刘备不来打东吴，先保住自己的地盘要紧。

这桩政治婚姻，出主意的是谁呢？应该是周瑜，这个情节《三国演义》倒没有戏说。赤壁战后，东吴派周瑜与刘备在南郡打败曹操部下曹仁军，周瑜以偏将军、领南郡太守之职，驻军江陵；刘备以左将军、宜城亭侯领荆州牧（自己任命的）身份驻公安。当听说刘备赴京口去见孙权时，周瑜便提出要解决刘备集团的“独立王国”问题。《三国志・周瑜传》说：“瑜上疏曰：‘刘备以枭雄之姿，而有关羽、张飞熊虎之将，必非久屈为人用者。愚谓大计宜徙（刘）备置吴，盛为筑宫室，多其美女玩好，以娱其耳目，分此二人（指关、张二将），各置一方，使如（周）瑜者得挟与攻战，大事可定也。今猥割土地以资业之，聚此三人，俱在疆场，恐蛟龙得雨，终非池中之物也。’权以曹公在北方，当广揽英雄，又恐备难卒制，故不纳。”周瑜对刘备集团分而歼之的计策是对的，但刘备也不是吃素的，一下子也无力消灭他，所以孙权不敢用这个计。但周瑜建议把刘备弄到京口养起来，多筑宫室，“多其美女玩好，以娱其耳目”的主意，孙权还是采纳了，所以才有对刘备“进妹固好”的举动，想以女色消磨刘备斗志。

不过，孙夫人在守妇道这一点上做得非常不好。从史书记载看，他们夫妇之间的生活是非常不和谐的。《华阳国志・刘先主志》卷六就记载说：刘备娶孙仁献为夫人后，处境十分不好：“（刘）公之在公安也，北畏曹操之强，东惮孙权之逼，内虑孙夫人兴变于肘腋之下。”这是诸葛亮亲口说的话，应当不假，其中一句“内虑孙夫人兴变于肘腋之下”，把刘备描绘得十分可怜，也十分狼狈，孙夫人哪里还像自己老婆，倒像一只睡在身边的老虎，时刻要提防她会吃了自己，这是丈夫过的日子吗？作为丈夫，刘备每天下班回到家，看见家里的侍婢剑拔弩张，吓得汗毛凛凛，这样的老婆，谁见了不怕？所以，刘备的重要谋士、扬武将军兼蜀郡太守法正（字孝直）就公开“劝先主还之”（见《华阳国志》卷六，齐鲁书社 2010 年第一版），即主张把孙夫人休掉，把她送还给东吴。这说明，孙夫人这个人喜欢自行其是，所以连带对乃兄孙权交给她用女色消磨刘备意志的计划，也根本没有认真执行，只凭自己喜好办事。身边众美女不调教她们学歌舞，而是舞剑弄拳的；日常对刘备也不施以温厚体贴，夫妇生活的不和谐，当然就无法为刘备生儿育女。孙夫人与刘备的整个短暂婚姻中，两人“恩好绸缪”可能只是在新婚的几天里，此后便形同陌路。故法正才敢公然劝主子刘备离婚。在主属关系中，这样情况实在罕见，这也充分证明，刘备平时在下属面前没少诉过受老婆欺凌的苦。

刘备对孙夫人一直严密防备。当初孙夫人来到荆州，带来了许多陪嫁人员，其中既有侍女警卫队，还有吴国的官吏兵丁，这些人来了后，孙夫人有了底气，故她的大小姐脾气尽情发泄，下属的吴兵吏役也跟着骄纵不法。《三国志・蜀书・赵云传》引《云别传》注称：“先主入益州，云领留营司马。此时先主孙夫人以权妹骄豪，多将吴吏兵，纵横不法。先主以云严重，必能整齐，特任掌内事。”赵云是刘备心腹猛将，只有他能弹压住孙夫人和她的下属。由于当时刘备是“寄寓”在东吴的地盘，他在未取得两川、汉中时，力量不大，名义上未独立，对孙权有所忌惮，故孙夫人及带来的陪嫁人员敢于在荆州横行不法。

刚猛女子的悲剧结局

孙夫人（仁献）后来的结局是不好的，一方面是孙刘交恶，她的处境尴尬；另一方面，由于她不懂得守妇道，在婚姻中有些事处理得很不妥，扩大了夫妇间的矛盾裂痕。

建安十六年（211），刘备率步卒数万（三万）人入益州。孙权得到消息，欲与刘备翻脸，因此派了许多舟船到荆州，要把妹妹孙夫人接回去。本来，女子嫁后应从夫，与丈夫共命运，她根本不应离开刘家。但孙夫人可能并不深爱丈夫，不仅欣然同意返吴，而且还自作主张把幼小的刘备儿子阿斗带回吴国。《三国志·蜀书·后妃传》转引《汉晋春秋》记载：“先主入益州，吴遣迎孙夫人。夫人欲将太子（阿斗）归吴，诸葛亮使赵云勒兵断江留太子，乃得止。”这里交代孙夫人要将刘备儿子阿斗带往东吴娘家，是她主动的。《三国志·蜀书·赵云传》转引《云别传》说：“权闻备西征，大遣舟船迎妹，而夫人内欲将后主还吴，（赵）云与张飞勒兵截江，乃得后主还。”古人记事虽比较简单，但这句“而夫人内欲将后主还吴”，则大可玩味，它告诉我们，孙夫人是怀有一定目的，有意把阿斗抱回东吴的。什么目的？因当时刘备仅有这么一个儿子，若东吴将其掌握在手中，则就等于拿到了刘备的人质，在军阀纷争中，这是一件很有力的武器，足以牵制刘备。孙夫人这个举动，对刘备集团是很致命的，所以刘备的“警卫团长”赵云敢于毅然截江夺阿斗。那么，孙夫人为什么会想到要把阿斗带回江东呢？我认为这中间肯定是孙权策划好的计谋，内中情由告诉了孙夫人，让孙夫人借口阿斗年幼、生母甘夫人又亡故，以继母照应丈夫儿子的借口，明正言顺。所以，孙夫人此时犯了个最大的错误，即她的行动表明，她在孙、刘两家的明争暗斗中，是站在娘家一边的，对丈夫刘备并不忠诚，违反了古代女子“在家从父、出嫁从夫”的信条，决不如《三国演义》中所描写的那样，孙夫人是听说母亲病重、心慌意乱中疏于考虑带走阿斗的。顺便说一下，《三国演义》中对孙夫人的描写是过分美化了，如称她对刘备很忠心、人很漂亮、身边侍婢佩刀无歹意等，都不符合史实。

而“大遣舟迎妹”这一细节，也会让人生出联想：首先，孙权主动派许多舟船赴荆州接妹妹，说明孙夫人身边的吴方各类人员确是原先有计划地派去的，其作用，侍候、保卫孙夫人之外，可能还兼当卧底。但现在刘备赴蜀了，这些人员再留驻荆州已无意义，故决定全部撤回。其次，孙权主动接回妹子，表明他想割断与刘备的姻亲关系，从此，孙夫人与刘备夫妇二人天各一方。第三，这里叙述的孙权"大遣舟迎妹"，未像《三国演义》描写的那样将"吴国太病重"作为借口，而是在不知会刘备集团的情况下，就突然派许多舟船来把孙夫人和东吴的人员接回去了，这种举动很不友好。这也是法正所以敢建议刘备休弃孙夫人的原因之一。

这样看来，孙夫人在处理自己的婚姻问题上，做得并不聪明，她的悲剧是不可避免的。她先是未很好地经营与刘备的爱情而错失在先，又擅自不先告刘备而回娘家东吴错误在后。她既嫁刘备，就是刘家的人，怎么可以回娘长期住着？而孙夫人在东吴居住后，她的处境及婚姻前途亦很糟糕。首先，她既已出嫁，在娘家就已没有位置，其地位从过去的娇小姐、"小公主"跌落到寄食者。二是她与刘备既不离婚、又分居的婚姻状态，使她不可能再嫁他人，毕竟孙、刘两家还是联盟，孙权把盟友的妻子擅自另嫁他人，这于道德、于情势都通不过。这样，孙夫人就只能在东吴守活寡。后来刘备得了两川，因孙夫人不在身边，婚姻名存实亡，故他名正言顺再娶吴夫人。吴夫人成为王妃和皇后，后主刘禅（阿斗）即位，又尊为皇太后。而先与刘备结婚、娘家又势力显赫的孙仁献，身份却仍只是刘备的一位夫人，《三国志·蜀书》"二主妃子传"中亦无地位。

其实对于刘备来说，他的身边并不缺漂亮女人。据《三国志·蜀书》卷三十四记载，刘备在豫州任上时，在小沛纳甘氏为妾（即后主阿斗母、后追谥为皇后），又称"先主数丧嫡室"，则明说其已数次娶过正妻，"数"的具体量化是多少？至少为"三"吧，也就是说，甘氏当妾，刘备已至少三次娶妻，而其他的妾还有没有？肯定有。而正式的夫人，除此前所"数娶""数丧"的以外，还有一位糜夫人是正式载入史册的，《三国志·蜀书·糜竺传》载："竺于是进妹与先主为夫人。"所以，加上后来的孙夫人、吴夫人，刘备至少娶过七位以上有正式名分的夫人，而其他妾侍还不算在内。《三国演义》借刘备之口，认为他视妻子为“衣服”，而他的“衣服”穿旧了是要勤换的，所以孙夫人滞吴不归，他亦不会去坚决索要，他实际上与孙夫人并没有什么爱的情意，孙夫人又未为他生育子女，所以孙夫人在经营婚姻上是失败的。

其实刘备最后娶的嫡夫人吴氏也没有生育。《三国演义》称刘备子鲁王刘永、梁王刘理是吴夫人（即穆皇后）所生，这是戏说，《三国志·蜀书·刘永传》只说他是“后主庶弟”，未说是穆后吴氏所生。而同书刘理传则明确指出，刘理“亦后主庶弟也，与（刘）永异母”。这说明，刘备可以循迹的大小老婆，除前面所说的至少七名之外，另外还有两名小老婆为他生了儿子，但没有名分。吴夫人与孙夫人相比，出身门楣不及孙夫人显赫，而且还是寡妇再醮，也同样未生育，但最后却能进位为皇后，主要是吴夫人谨守了妇道，而孙夫人不能。

孙夫人返吴之后，她的日子不会好过，因为此后孙、刘两家关系一直在恶化，最后兵戎相见，孙权袭取荆州，杀死刘备大将关羽，又发生夷陵之战，孙权正式降魏，刘备势力大受挫折，使孙夫人回到丈夫身边的可能最后破灭了。此时，她的处境便尴尬起来，既不能再嫁他人（谁会娶她?），但她的身份又是敌营主子刘备的妻子，在东吴遭受冷遇是不可避免的；她已没有了利用价值，孙权肯定会把她丢在一边。吴国太的病逝，进一步使她失去怙恃，故《汉晋春秋》称“先主崩于白帝城，夫人欲归不得，望江，主哀泣”。民间则称她写驱车至江边祭拜后，投江而死。此时，她的心中肯定是懊悔的，但一切都已晚了，世上没后悔药可吃。一个并不漂亮的寡妇，平时又崇尚暴力的半老徐娘，谁还把她当一根葱？在蜀、吴两国，她都已是多余的人了。

孙夫人肯定是以人生悲剧而结局，无论她是老死于娘家，还是投江成为节烈妇，反正历史中没有她的位置了。

被误读的改革家“文明冯太后”

在中国历史上，有的改革家常常会被误读，或改革业绩遭受“剥夺”，或个人形象被史家歪曲。北魏时有一位出身少数民族的女改革家，她为了强大政权，实行了一系列改革措施，使这个鲜卑政权完成了与各族人民及各种政治势力的大融合；但是，史家却常把她的改革贡献“忽略”掉，而算在她辅助的小皇帝魏孝文帝身上。她，就是实际在北魏执政多年的文明冯太后，一个未在历史上留下大名的改革家，我们姑且称呼她为“冯文明”吧。

封建社会时期，许多人一旦取得权力就像吸上毒品一样，终身都不能再离开，无论是帝王将相、军阀后妃，没有谁舍得把手中的权力自动放掉。这是因为，权力能给人带来至高无上的地位，能帮助自己实现所有奢望，能满足一呼万应的无比虚荣，能获得无限的金钱、美女和财富，能使江山土地改换主人，能将历史进程改写……总之，权力变成了神奇的魔杖，是上帝在人间的化身，是社会动荡的发动机，又是政坛的万恶之源，是人人讨厌的东西，又是个个想获致的人生目标。即使是在今天，在海外那些所谓“民主、平等、自由”的社会，权力也仍然是许多人无法淡定、无法放手的东西，“为嫌纱帽小，致使枷锁扛”，又何止限于《红楼梦》描写的年代？不过，历史又是复杂、多变而奇怪的。在封建社会也有另外一些人，虽然他们获得了权力，但在享用权力与享受自由生活发生矛盾的时候，他们会选择离开权力，例如西汉时的张良、盛唐的李泌、清季的郑板桥辈就是这类人。

冯文明作为一位曾经统治了整个国家（北朝的半壁江山）的皇太后，她两次执掌朝廷最高权力，在权力的刀尖上跳舞，但却不终身迷恋权力，在改革中实现了自己政治理想抱负之后，毅然将权力交给了与自己无血缘关系的改革派皇帝，彻底退居后宫，含饴弄孙（非血统孙子）、颐养天年。她这么做，既不是因为具有“民主”、“共和”意识，也不是为个人明哲保身。因为当初她接受权力，并非为了像吕后、武则天、慈禧太后那样为自己攫取无限好处，而是为了显摆自己作为女人，具有与男子一样治国施政才能，借权力的平台，在人生社会的巅峰“潇洒走一回”，也算是满足一下自己的表现瘾。

皇帝后宫的“准童养媳”

冯文明少年时期，曾经历过大起大落的生活，以致她不得不被弄到宫里当“准童养媳”。

北魏朝虽然在全盛时期统一了中国北方，但它是公认的一个少数民族政权，姓拓跋氏。《魏书·序纪》(卷一)有一种说法，称“昔黄帝有子二十五人，或内列诸华，或分列荒服。昌意少子，受封北土，国有大鲜卑山，因以为号”，这是说北魏的拓拔氏远祖也是黄帝后裔，与中原汉族同宗，所以后来拓跋氏入主中原就有了“合法性”。《魏书》的作者是北齐的尚书右仆射魏收，此人修史学风不严谨，颇受讥议，后两次奉旨修改，方才定稿，所以，把鲜卑族祖先说成是黄帝苗裔，可能亦无确凿的科学考征，只是凭北魏官史编造的故事来论定而已。

鲜卑族“统幽都之北，广漠之野，畜牧迁徙，射猎为业，淳朴为俗，简易为化，不为文字，刻木纪契而已”，关于其姓氏来历，则谓“黄帝以土德王，北俗谓土为托，谓后为跋，故以为氏”。由于文化及产业落后，故后来的鲜卑统治者便要追求汉化，钟情于改革。拓跋氏自始祖昌意开始，积67代，方才传至成皇帝拓跋毛，俨然为中国北部一方势力，成“统国三十六，大姓九十九”规模，又历经多代，传至拓跋珪。拓跋珪祖父叫什翼犍，为十六国时代的代王，因内乱被前秦符坚政权攻灭，代国大臣将拓跋珪保护至独孤、贺兰等部落内隐居，后符坚在与东晋的淝水之战中失利，拓跋珪见前秦政权走向衰亡，乘机复兴代国，于东晋太元十一年(386)正月戊申日，在牛川(今呼和浩特市东郊)即代王位，四月，又改国号为魏，建年号为“登国”，史称北魏。拓跋珪死后被谥为道武帝(曾谥宣武帝)，庙号太祖，随后，北魏又经过太宗明元帝拓跋嗣(392—423)、始祖太武帝拓跋焘(408—452)、南安王拓跋余(？—457)几代皇帝，传到高宗文成帝拓跋濬这一代(440—465)。

文明冯太后是魏文成帝的皇后。

冯文明(441—490)，生于魏太武帝太平真君二年(南朝宋文帝刘义隆元嘉十八年)，死于魏孝文帝太和十四年(南朝齐武帝萧赜永明八年)，长乐信都(今河北冀县)人。父冯朗为北魏秦、雍二州刺史，封西城郡公；母亲是乐浪王氏。

冯朗的父亲冯文通原是北燕国主，共生有四子一女，依次为冯崇、冯朗、冯邈、王仁，女儿入魏宫充当拓跋焘的左昭仪。冯朗、冯邈因与其父政见不合，投降北魏，获得高官，冯朗在长安居住时生下儿子冯熙和女儿冯文明。魏太武帝太平真君四年(443)九月，冯邈与镇北将军封沓叛逃蠕蠕国(柔然)，魏太武帝拓跋焘大怒，遂诛杀冯朗，冯朗被杀前让冯熙(字晋昌)逃走，女儿冯氏(即冯文明)年仅2岁，先躲在平城民间。此事惊动了拓跋焘宫中左昭仪冯氏，她得知兄长被杀，侄子逃亡，遂设法将幼小的侄女冯文明找到，带入宫中亲自抚养，冯文明在后宫总算获得了平安成长的环境。幼年的冯文明在亲姑妈冯左昭仪的关心、养育和教导下，很快便熟悉宫闱规矩和人情世故，又能读书识字，冯文明被教导成为一个知书达理、懂得宫中规矩的贤淑女子，再加上她天性聪慧，理解能力强，遇事沉稳大度，遂被冯左昭仪培养成为一位堪担当母仪天下的皇家儿媳。

南朝宋文帝元嘉二十九年(452)三月，北魏的宦官宗爱弑即位仅7个月的北魏朝南安王拓跋余(魏太武帝拓跋焘第六子，拓跋焘亦是被宗爱所害)，文成帝拓跋濬即位，改元兴安。冯文明长期在后宫生活，与拓跋濬相识，他们可说是两小无猜，加上冯文明人长得也漂亮，文成帝早已喜欢上了这个“准童养媳”。太安元年(455)，14岁的冯文明被选为贵人，新婚之夜，两个年轻人喜欢异常，他们也可以说是“自由恋爱”的结果，自然分外甜蜜。也由于他们的相熟相知，太安二年(456)正月，冯文明便被文成帝立为皇后，是年冯文明虚龄仅17岁。冯文明与文成帝拓跋濬感情甚笃，相亲相爱度过了十余年的夫妻生活，只是有一点比较遗憾：冯文明未能生育儿子。其实，对冯文明个人命运而言，却无疑是一桩幸事，因为若冯文明生下儿子，肯定会被立为太子，但马上便是灭顶之灾，《魏书·皇后列传》中“道武宣穆皇后刘氏”传中就明确指出：“魏故事，后宫产子将为储贰，其母皆赐死。”这一野蛮残酷的法令，曾在东北少数民族政权中一直延续到满清开国初期。

不过，乐极也常常会生悲，和平六年(465)五月癸卯，文成帝因病驾崩于太华殿，年仅26岁，庙号高宗。这一年，才24岁妙龄的皇后冯文明便不幸成为寡妇，她为丈夫的去世感到十分悲伤，一下子失去了依靠，行事也不免失态。按北魏朝祖宗丧仪旧法，皇帝去世的三天后，需将其生前一切御用器物及御服都进行焚烧。这天举行焚烧大礼时，百官和宫中后妃都到场参加并哀号哭泣，最伤心的冯文明想起自己与皇帝的种种恩爱而情绪失控，突然，哭着跳进了火堆中，卫士、宫人连忙将她拉起，她却已昏晕过去，经过太医奋力救治，过了好一会才苏醒过来。冯文明的勇敢精神及她对丈夫文成帝的深厚感情，获得了朝中上下的赞许，所以后来她临朝称制时，朝中许多大臣都支持她。

游走于政坛的“权力轮回”

在冯文明临朝称制执掌北朝政权过程中，曾经历了“获权—交权—获权—再交权”的权力轮回，最后终于成功，这得力于她的聪明和果敢。

文成帝死后，12 岁的太子拓跋弘即位，第二年改元为天安，史称献文帝(庙号显祖)。与此同时，年幼的献文帝又依例尊冯文明为皇太后，这样，冯文明便从法律上取得了最高尊长的地位。

魏制：新皇帝虽即位，但要为死去的父皇守制三年，穿葛麻衰服，朝夕拜祭，这样，新皇帝就没有精力去处理国事，再加上拓跋弘才 12 岁，缺乏治国能力，于是，冯文明作为皇太后，便处于可以临朝称制的地位，对朝政大事拥有了处置权，其标志和开端就是粉碎乙浑专权集团。

乙浑是高宗文成帝时代的权臣，深得文成帝乳母常太后的重用，常太后曾长期干政，还主持了冯文明册立皇后的典仪。文成帝在世时，乙浑在朝中一直炙手可热，并逐渐培植起自己的一股势力。由于《魏书》未给乙浑单独立传，故现在我们对其来历及发迹经过均不详，但有一点是肯定的，他曾投靠了常太后，是常太后控制朝政班子中的重要成员之一。文成帝和平元年(460)，大权在握 8 年的常太后病死，文成帝亲政。此时，乙浑凭借其势力，仍稳坐高位，官居车骑大将军，封公爵。和平三年(462)，乙浑又被高宗文成帝进位为太原王(据《魏书・文成帝传》)。和平六年(465)五月，文成帝去世，献文帝即位，乙浑“迁司空，加侍中”(据《魏书・何其奴传》，列传第四十四卷)。他行霸道之事，竟勾结宦官、尚书、平凉公林金闾(亦是常太后心腹，侄女被选入宫，后为孝文帝拓跋宏的皇后)，矫诏将尚书杨保年、平阳公贾爱仁、南阳公张天度等大臣打入天牢擅杀之。不久，侍中、司徒、平原王陆丽自汤泉入朝，乙浑又擅将陆丽杀死。这是公然不把小皇帝和冯文明放在眼里了。为此，激起殿中尚书元郁的忿怒，他欲率宫中宿卫士逮捕乙浑。乙浑害怕，便将林金闾推出来当替罪羊，苦于找不到惩治林金闾的把柄，便把林金闾贬出去当了定州刺史。乙浑干完了这些事后，又逼献文帝拓跋弘任命他为太尉、录尚书事，“秋七月癸巳，太尉乙浑为丞相，位居诸王上，事无大小，皆决于(乙)浑”(以上均据《魏书・显祖纪》卷六)。新皇帝即位仅两个月，乙浑又是杀人，又升官至丞相，独揽了朝政，实在也太迫不及待了，怎么不惹人怀疑要行篡位？

冯文明扶立的小皇帝刚即位，马上就碰到权臣乙浑这样的挑战，她不免想起汉末董卓、曹操专权的后果，因此便不安起来。献文帝虽然幼小，但毕竟已 12 岁了，权臣在朝堂作威作福，他的滋味也不会好受。于是，母子俩在宫中悄悄地策划着粉碎乙浑集团。《魏书·文明皇后冯氏传》（卷十三）称，时“丞相乙浑谋逆，显祖年十二，居于谅暗，太后密定大策，诛（乙）浑，遂临朝听政”。那么，冯文明究竟“密定”的是什么大策呢？史书未详载，但我们却知道，和平六年（465）十月，即乙浑为丞相后的三个月，冯文明便利用自己作为皇太后和掌控皇帝的两大优势，一次就下诏征召了阳平王拓跋新城、京兆王拓跋子推、济阴王拓跋小新城、汝阴王拓跋天赐、任城王拓跋云等五王入朝，此五人皆是前太子拓跋晃的儿子，从辈分看，都是献文帝的叔叔，个个手握重权，其中新城为征西大将军，征调后为内都大官；子推位为侍中、征南大将军，长安镇都大将，其人“性沉雅，善于绥接”（《魏书·景穆十二王列传上》）；小新城为外都大官，颇有武略；天赐为镇南大将军、虎牢镇都大将；拓跋云时任使持节、侍中、征东大将军和龙镇都大将军。可以想见，这些手握兵权的皇叔进京之后，立即便震慑住了乙浑。有了五王作后盾，冯文明的腰干便硬起来了，接下来调查乙浑的罪名就十分方便，只须把乙浑擅杀大臣的事一公布，判他个死罪也就是非常容易的事。次年，献文帝改元天安元年（466），二月庚申日，太原王、丞相乙浑便被诛杀，详细过程史所不载，但皇太后、皇帝发出逮捕乙浑的诏书，想来在五王的支持下，是不会有阻力的，乙浑集团就这样在五王进京的三个月后被粉碎了，而冯文明则顺利成章地得以临朝听政。

临朝后的冯文明，首先便为魏朝的日后改革进行人才准备，天安元年九月，下旨初立乡学，规定每郡置博士（教学负责人兼教授）2 人、助教 2 人，招收学生 60 人入学就读。同时，冯文明又为献文帝的婚事忙碌起来，文成帝去世前夕，她为尚是太子的拓跋弘挑选了一位 18 岁的女子李氏为太子妃，纳入东宫。冯文明这么做，完全是为献文帝早生子嗣考虑，因为若选 12 岁以下女子为太子妃，发育未全的少女就无法马上生育；而假如献文帝早生儿子，则将幼童立为太子后，可按祖例赐死其生母，然后冯文明就可以抚养皇孙为名，培养深厚感情，从而把未来的皇帝自小就抓在手里了。果然，献文帝即位的第二年八月，夫人李氏便生下一个儿子，即中国历史上著名的改革家孝文帝拓跋宏。据《魏书·皇后列传》载：李夫人为中山安喜人，南郡王惠之女。皇兴三年（469）六月，皇子拓跋宏正式被冯文明立为献文帝的太子，然后依例将其母李夫人赐死，幼小的拓跋宏即转归冯文明抚育。李夫人姿德婉淑，她被赐死时，宫中上下都十分悲悼可惜，魏孝文帝拓跋宏承明元年（476），追谥生母李夫人为献文思皇后。

献文帝拓跋弘虽然年纪尚小，但他既然做了皇帝，就想自己作主，因此，对皇太后冯文明的擅权便逐渐产生嫌隙，又加上他对冯文明早心存着三桩积怨，帝后间的矛盾终于爆发。一是献文帝母被赐死，虽系祖制，但由冯文明实际监督执行，献文帝便把怨气结在皇太后身上。二是献文帝的岳父李惠被杀事件。李惠的女儿献文思皇后李氏因生太子被赐死，冯文明素来就讨厌李惠，遂又借机诬陷李惠欲叛逃南朝，将李惠的两个弟弟及儿子都杀死，连李惠留在青州的后妻梁氏也杀死，家产充没，朝廷内外都认为是一桩冤案。献文帝不仅失母，又失去外家亲戚充当羽翼，焉得不怒？第三件事，是24岁冯文明守寡后，因耐不住孤寂，与朝中青年大臣李弈发生私情，这件事传到献文帝耳中，他自觉很不光彩，于是便指使因贪骄被治罪的李䜣，罗织罪名告发大臣李敷和其三弟李弈的20条罪名，献文帝以此为借口诛杀了李敷、李弈兄弟。时李氏兄弟倚仗冯文明权势，其兄弟党羽在朝为官的达十个人。这件案子对冯文明打击极大，《魏书·文明皇后传》记述道："太后行不正，内宠李弈。显祖因事诛之，太后不得意。"献文帝为了排除皇太后势力，依靠五王的力量，对京兆王拓跋子推尤其倚重，又大力提拔了一批自己的亲信。这样，冯文明在朝中的势力大为削弱。她是聪明的人，决定放眼长远，一门心思抚养太子拓跋宏，同时也可避开因情人被杀的尴尬局面，于是，自皇兴三年(469)起，便退回后宫，结束了长达一年半的第一次临朝称制。

献文帝此人，其性格喜武，更热衷于当统帅带兵打仗，不爱治理繁杂的日常政务，所以，刚当了几年皇帝，便对政务产生厌倦情绪，对此，《魏书·显祖纪》(卷六)明确记载称："(献文)帝雅薄时务，常有遗世之心，欲传位于叔父京兆王(拓跋)子推"。子推原任侍中、征南大将军、长安镇都大将，其人"性沉稳，善于绥接，秦雍之人，服其威惠"；他被调进京协助粉碎乙浑集团后，又"入为中都大官，察狱有称"，这样一个进京五位叔王中最为能干、权势最大、几乎是完美的政坛人物，若真的接了位，那冯文明便只好退居"皇嫂"之位，恐怕在皇宫内从此将再无立锥之地，这就直接关系到冯文明的生存了。大约打算传位于叔王子推的话，献文帝可能不只说过一次，他的这一弱点，自然逃不过正在韬光养晦的冯文明，这样，冯文明就不能不当真了，于是，一场希图东山再起、重掌国政的政变想法，便开始在冯文明的脑际逐渐酝酿成熟。

冯文明需要等待的，仅是合适的时机。

那些年，献文帝的精力主要转到对内对外用兵上，皇兴元年(467)，他平定东平王道符的叛乱，讨伐刘彧势力成功；皇兴二年(468)又铲平徐州农民起义军司马休符部；尤其是皇兴四年(470)八月，境外蠕蠕部来侵，献文帝于当年九月亲自率军北伐，大破蠕蠕军，凯旋后他大为得意，还"饮至策勋，告于宗庙"，庆祝胜利的活动搞得很奢华；皇兴五年(471)四月，西部勅勒族发生叛乱，献文帝先派汝阴王拓跋天赐、给事中罗云去征讨，结果大败，罗云被杀，士卒死者超半。献文帝决定御驾亲征，于是年六月出发，经河西、到阴山，直至八月丁亥日，车驾才回宫。这时，乘献文帝外出的机会，太后冯文明早已经暗中规划布置妥当。当献文帝返京刚恢复朝会，冯文明便率领她的心腹大臣向皇帝发难，逼他交权。对于这次政变，《魏书》“显祖纪”、“景穆十二传”及“皇后列传”等都不载，《魏书·文明皇后传》只是简单地以“承明元年，尊曰太皇太后，复临朝听政”记载，政变细节则毫不涉及。

不过，《魏书·显祖纪》及“景穆十二王传”中还是多少透露了一点情况：献文帝回朝后，冯文明便批评他不理国政，不再适合当皇帝，建议他退位传太子。献文帝见自己在朝中已趋孤立，皇太后势力已酿成，于是便同意退位，但提出要传位于京兆王拓跋子推，目的当然是想以这位强势的叔王来抑制冯文明的野心。但朝中大臣们的工作早已被冯文明做通，于是出现了“群臣固请，帝乃止”的一边倒局面，即不同意他传位于拓跋子推(据《魏书·显祖纪》)。其中原先进京的“五叔王”之一任城王拓跋云更是带头开炮，说：“陛下方隆太平，临覆四海，岂得上违宗庙，下弃兆民，父子相传，其来久矣，皇魏之兴，未之有革。皇储正统，圣德夙章……若欲舍储，轻移宸极，恐非先圣之意，骇动人情。又，天下是祖宗之天下，而陛下辄改神器，上乖七庙之灵，下长奸乱之道，此是祸福所由，愿深思慎之。”随后，太尉源贺、东阳公元丕也附和。(据《魏书·任城王传》)激烈争论的结果，是献文帝失败，被迫传位于年仅5岁的太子拓跋宏，即后来的高祖魏孝文帝。不过，为了让献文帝顺利交出国家行政大权，冯文明亦做了一些妥协，决定尊献文帝为太上皇，主要负责对外军事征伐事务，允诺因“皇帝幼冲，万机大政，犹宜陛下(献文帝)总之”，“国之大事咸以闻”。但太上皇的办公条件却简陋多了，“太上皇帝徙御崇光宫，采椽不斲，土阶而已”(《魏书·显祖纪》卷六)，孝文帝则每月去“奉呈”一次。5岁的皇帝能掌什么朝政大权，还不是冯文明说了算？所以，显文帝名义上是传位于儿子孝文帝，实际是传位于冯文明，冯文明从此执掌朝政。

将北魏带进农耕社会的改革家

应该说，在冯文明再次执政的头几年间，献文帝倒也能基本满足自己的“兴趣爱好”，亲统雄兵南征北讨，颇为得意。孝文帝延兴二年(472)十月，蠕蠕国大军犯境，十一月，太上皇拓跋弘统军出征，将涉沙漠远击，蠕蠕军北撤达数千里；

延兴三年(473),拓跋弘又统兵进驻云中;同年七月,拓跋弘携孝文帝幸河西;同年十月,又率大军南讨;延兴五年(475)冬十月,"太上皇帝大阅于北郊",举行盛大军事检阅(均据《魏书·高祖纪》卷七),这些都要花费许多时间和精力。拓跋弘不懂,权力者频频离开权力中心是大忌,因为这很容易为政敌暗算。

正当拓跋弘将"太上皇"当得很滋润的时候,冯文明这一方却没有"只管自己",正在做着进一步夺权的准备。承明元年(476)六月甲子日,魏孝文帝拓跋宏(实为文明太后冯氏)突然"诏中外戒严";辛未日,太上皇拓跋弘暴崩。这一切,显然都是冯文明精心策划,即使正史为尊长讳,但我们也可窥见她的一些夺权动作:一是她乘拓跋弘频繁外出,进行了一系列的布置,先是在幼主孝文帝承明元年十月,除掉了拓跋弘的靠山、势力很大的京兆王拓跋子推,历史记载是派他去当青州刺史,结果竟"道薨",有可能是被毒死;济阴王小新城、汝阴王天赐也都"薨"或"卒",史书并未载他们因病而死,亦有谋杀的可能。二是坚决反对献文帝传位于拓跋子推的任城王拓跋云,在冯文明执政后不仅活得很好,还一路升迁,曾先后任侍中,征东、征南大将军,都督徐兖及淮阳、陕西诸军事,徐州、冀州、雍州刺史,两次获得巨额赏赐(一次获帛千匹、羊千只,另一次获帛千匹),直至太和五年(481)才去世,还在京城给他大办丧事、赐谥。显然,拓跋云已是被冯文明收罗在麾下的亲信。三是史书明载,冯文明为重掌大权,谋杀了拓跋弘,《魏书·文明太后传》称:"显祖暴崩,时言太后为之也。"而冯文明与献文帝结怨,可能是献文帝诛杀了她的情人李弈为最大主因,当时使冯文明名誉扫地,无法再临朝执政;同时,冯文明也担心献文帝将为母亲的死对自己下手,所以,她才精心谋划,置仍掌军事大权的"太上皇"拓跋弘于死地,从而使她能第二次跨上政坛。

这一切都说明,北魏朝堂内的政变活动是存在的,也很残酷。

冯文明重新登上了政治舞台,她便想有所作为,并且也有了权力作为运作的资本。

北魏是个从游牧部落走出来的政权,早期的政权更是典型的"马背王国",食物以畜类为主,无农耕及长期固定国土,实行部族奴隶制。大祖道武帝拓跋珪在前秦政权隐居时,可能接受了定居、农耕的理念,因此他在公元386年正月建立魏国后,便实行对贵族部落"分土定居"的政策,任用汉族士人,开始发展农桑,解决粮、畜结合的食物问题,推动北魏从奴隶制走向封建制农耕社会发展。但由于旧制度习惯势力强大,所以这种发展是十分缓慢的,至孝文帝即位和冯文明再次临朝称制时,北魏依然是奴隶制社会为主体,例如官吏无俸禄,全靠畜养的奴隶(佃农或牧奴)养活,而耕作的主要力量不是农民而是屯田的军士、掳掠的战俘及中原农民，至于刑狱紊乱、判案不公、对百姓任意刻剥，更是家常便饭。为此，冯文明以孝文帝名义，在临朝称制时期实施了一系列的改革，其举措集中在以下几个方面：

（一）实行均田制，取消计口授田旧制。北魏立国之初，虽在河北开垦、塞外屯田，但其主要财政收入仍是掠夺为主，如魏道武帝“登国六年（392）破卫辰，收其珍宝、畜产，名马三十余万、牛羊四百余万，渐增国用”。就在同时，北魏夺得中山郡，推行计口授田，“分徙吏民及徒何（某部落）种人、工伎巧（匠）十万余家以充京都，各给耕牛，计口授田”。（《魏书·食货志》）但这种办法初期尚可，施行日久，弊端即现。土地一旦授出，便永远归属，若人口发生减少，田地就只能荒芜，而新增的人口则处于无田可耕的窘态；同时，豪强大族又频繁侵吞农民土地，百姓处于贫困状态。太和九年（485）十月，在冯文明主持下，以孝文帝名义下诏施行“均给天下民田”制，规定“诸男夫十五以上，（每人）受露田四十亩，妇人二十亩，奴婢依良。丁牛一头受田三十亩，限四牛”，“诸民年及课则受田，老免及身没则还田”，还鼓励流民定居，“诸民有新居者，三口给地一亩，以为居室，奴婢五口给一亩”（《魏书·食货志》），对于何时计口、桑田如何处置等亦有详细规定。此政策对北魏休养生息、发展农耕意义极大，农民种粮植桑积极性大增。

（二）废除宗主督护制，实行“三长制”。北魏前期的行政管辖制度，是以宗族为主的坞壁督护制度，即将部落百姓及掠夺的牲口分给王公贵族及宗主大户，让他们建立城坞，以组织生产、管理事务。国家有事，则向他们征调人役（壮丁、徭役）及粮帛，此乃奴隶制国家遗迹，而其弊端明显：豪强往往隐匿财物人役。《魏书·食货志》称，“魏初不立三长，故民多荫附。荫附者皆无官役，豪强征敛，倍于公赋”；《魏书·李冲传》也称，“旧无三长，唯立宗主督护，所以民多隐冒，五十、三十家方为一户”，这很不利于朝廷赋税的征收。孝文帝太和十年（486），冯文明采纳给事中李冲建议，正式实施“三长制”，即五家立一邻长，五邻立一里长，五里立一党长，实际上清理了户籍，有利于真实征调赋役，加强了对最基层的管理。

（三）建立官吏俸禄制度。太和八年（484）六月，冯文明通过孝文帝下诏称：“置官班禄，行之尚矣……自中原丧乱，兹制中绝，先朝因循，未遑厘改。朕永鉴四方……故宪章旧典，始班俸禄。罢诸商人，以简民事，户增调三匹、谷二斛九斗，以为官司之禄，均预调为二匹之赋，即兼商用。虽有一时之烦，终克永逸之益。”（见《魏书·高祖纪》卷七）由于官员有了俸禄，可以在一定程度上减轻对民众的掠夺，减少官吏的贪腐。

（四）整饬吏治，严惩贪官。早在延兴二年(472)十二月，冯文明即以孝文帝名义下诏说：“顷者已来，官以劳升，未久而代，牧守无恤民之心，竞为聚敛，送故迎新，相属于路，非所以固民志、隆治道也。自今牧守温仁清俭、克己奉公者，可久于其任。岁积有成，迁位一级。其有贪残非道、侵削黎庶者，虽在官甫尔，必加黜罚。著之于令，永为夷准。”(《魏书・高祖纪》)太和五年更制订刑律，规定贪赃枉法十匹有罪，贪赃二百匹“大辟”（死罪）；太和八年更实行官吏贪一匹即有罪，有力地惩戒了贪腐官吏。延兴四年(474)，又下诏废除部分株连之罪，即除“谋反、大逆、干纪、外奔”外，罪止于本人，不再“一人为恶，殃及合门”。刑宽后，京城判死刑的罪犯，每年减至五六人。太和元年(477)正月，冯文明又力排众议，下诏废去男女死刑犯“裸体伏质”的野蛮旧法，并指示修改律法，要廷尉公正执法。冯文明还亲下廷尉狱、籍坊狱视察，亲审案子，当场释放轻犯，还部分废除“大枷”的刑罚。

（五）重视农桑，与民休息。冯文明执政期间，十分重视农桑，希望天下太平，百姓丰足。太和元年正月下诏，令农民努力生产，规定惰于农桑者加以罪刑。太和四年(480)四月，诏令廷尉说：“今农时要月，百姓肆力之秋，而愚民陷罪者甚众。宜随轻重决遣，以赴耕耘之业。”次年五月，又诏“农时要月，民须肆力，其敕天下，勿使有留狱久囚”，目的是抓好春耕生产。(《魏书・高祖纪》)

（六）整顿风俗，提倡婚礼简办，禁淫祀等等。

孝文帝即位前期，在冯文明的主导下，经过一系列的改革措施，北魏逐渐步入了农耕社会，从而为孝文帝后来迁都洛阳、使北魏彻底成为中原政权确立了基础。

但冯文明再度临朝称制后，却也把很大的精力用在清除异己上。她先收拾了威胁最大的京兆王拓跋子推，分化了其他四位皇叔；太和元年诛杀宿敌徐州刺史李䜣，太和二年又诛杀孝文帝亲外祖父南郡王李惠，太和四年又杀颍上王李钟癸，又害死了许多亲王。《魏书・文明太后传》说她“自以过失（即有男宠这件事），惧人议己，小有疑忌，便见诛戮……至于李䜣、李惠之徒，猜嫌覆灭者十余家，死者数百人，率多枉滥，天下冤之”。

她的性格，宽严都溢于表面，例如对自己身边人员，该怎么办就怎么办，赏罚都很分明，而且不记恨，但责罚时手段残酷，故《魏书・文明太后传》描述道：“后性严明，假有宠待，亦无所纵。左右纤介之愆，动加捶楚，多至百余，少亦数十。然性不宿憾，寻亦待之如初，或因此而更加富贵。是以人人怀于利欲，至死而不思退。”

另一方面，她又重用亲信，大力提拔自己哥哥冯熙及两个内侄冯诞、冯修，直至封王，冯熙的三个女儿都送入宫中，成为孝文帝的后妃。她又提拔自己的情人，如王叡，成为散骑常侍、侍中、吏部尚书，赐爵太原公，内参机密，外预政事，后又封中山王；情人李冲，虽能力很强，但其实是由于枕边“服务”得好，才被提拔起来，经常予以赏赐。冯文明还提拔了一批宦官，如杞道德、王遇、张祐、符承祖等多人，其中张佑还荒唐地被封为新平王，大起甲第，故《魏书》讽刺冯文明是靠“恩倖”、“小人”专政。看来，在上层官僚集团及后宫中，冯文明实行的有可能是特务政治，目的是牢牢地控制朝政，以防魏皇室的宗族发动政变。也正因为如此，对冯文明这个人物的评价就难以一言定鼎：她当然是封建改革家，但又是一个铁腕的政治家，或者还应该称为“阴谋家”。

“文明冯太后”为何会被误读

历史是诡秘的，冯文明虽然对北魏社会的发展、进化有功，但她却一再为后世的史家误读，《魏书・文明太后传》揭发她谋杀献文帝，“猜忍”、滥杀、枉杀、擅权等，帽子都扣在她的头上，至于史学界，更是对她褒贬不一。

误读之一：否认冯文明的改革贡献。

由于文明冯太后自己未称帝，更未启用过年号，所以，她用以发号施令的诏书，都是署孝文帝拓跋宏的御玺发出的，于是，有的历史学家便不提冯文明在北魏孝文帝时代改革中的主导作用，而将之都归功于孝文帝，例如当代史学家范文澜所著的《中国通史》就是这样，他把孝文帝纪年时代前期的改革成就，都归在孝文帝身上，完全不提冯文明在其中的作用、功绩，这是不公平的。《魏书・文明太后传》明确指出：“自太后临朝专政，高祖雅性孝谨，不欲参决，事无巨细，一禀于太后。太后多智略，猜忍，能行大事，生杀赏罚，决之俄顷，多有不关高祖者。”其实，并非高祖“雅性孝谨”，而是他尚在幼冲，一个尚只知道玩的5岁小孩子，实无执政能力，朝政大事，当然只能赖冯文明作主。而范文澜之所以不详述冯太后主导改革，可能是史家的“正笔”原因吧，但这样的“正笔”，却易误导不读《魏书》的读者。

误读之二：秘密生育孝文帝。

关于孝文帝拓跋宏的生母，《魏书》的记载既清晰、又暧昧。“高祖纪”明确称“母曰李夫人”，然后在“文明太后传”中却又加了一句“迄后（按：指文明太后冯氏）之崩，高祖不知所生”。冯文明死于公元490年，此时孝文帝已经是23岁的成熟青年，且又早已开始亲政，而魏国皇家“子贵母死”的先例，人人皆知，当年献文帝赐死孝文帝生母李夫人，是极公开的事，怎么能说孝文帝不知道是谁生了他？须知孝文帝是何等聪明之人！这样的记载，就让人极容易生出想象空间。

首次明确提出冯文明秘密生育了孝文帝的，是著名史学家吕思勉，他在其史作《魏晋南北朝史》中谈到冯文明罢政及《魏书》中的暧昧时说：“其事皆不可解。然则高祖果思后（李夫人）子邪？抑非思后子也？窃谓文明后为好专权势之人，岂有因生孙而罢政？且亦何必因此而罢政？岂高祖（孝文帝）实后私生子，后因免乳，乃不得不罢朝欤？”（见该书 452 页，上海古籍出版社 2005 年版）吕氏提出此说，证据有二：一为孝文帝出生与其父献文帝年龄不对，“案高祖之生，在皇兴元年八月，其父显祖年仅十三，能否生子，实有可疑”（同书 451 页）；二是认为孝文帝母李夫人娘家许多人，包括亲外祖父李惠，被冯文明屠杀，但终孝文帝时代，即冯文明死后，李家亦未获得平反昭雪，孝文帝的种种冷漠，似乎无法解释。不过，吕思勉先生也不得不承认，“此事固无证据可举，然以事理推之，实不得不作如是想”。

我们当然无法排除《魏书》记载的矛盾之处，但如果以此推断，孝文帝拓跋宏不是献文帝和李夫人所生，则便应是冯文明所生了。冯文明丈夫文成帝早已去世，她若再生育，一定便是个私生子，那么，他的生父（即冯文明情夫）又是谁？最后冯文明谋杀献文帝，可能是献文帝知道了孝文帝并非己出，则冯文明便是灭口了。再大胆一点推断：可能孝文帝自己也知道他系冯文明所生，所以后来他与冯文明关系亲密、冯文明也愿意彻底交权于他，这样，他们母子为了灭口，不仅杀了献文帝、李夫人，还杀了李夫人父亲李惠一家，而孝文帝因与名义上的外祖父李惠家无血缘关系，故绝对不会为外家平反昭雪，也就顺理成章了。但这样一来，北魏政权便不再是拓跋珪子孙的江山，冯文明与孝文帝是联手“窃取”了北魏江山。吕思勉先生的推断，“玩”得就有点大了。

不过，依我拙见，此一历史迷案在无确凿证据之前，还是从《魏书》所记为好，因为李夫人生孝文帝，有案可据，其实不必怀疑。若孝文帝是冯文明与情夫的私生子，献文帝及其叔王们岂能不公开发难？在冯文明第一次被迫退出执政地位时，献文帝和拓跋氏皇族就会轻易地废掉她、清算她了，还会容她一年半后东山再起？再说，即使冯文明第二次执政初，献文帝执掌着军权，若知道孝文帝非自己所生骨肉，岂会不废掉冯文明？他手里有兵，易如反掌。况且，冯文明养情人的事，朝内早已公开，献文帝发难，亦师出有名，故“冯文明生孝文帝”的推断，也不靠谱。至于说 13 岁男孩能否生子？我以为此年龄男孩已基本发育，完全可以生子,并非稀罕之事。所以,说孝文帝是冯文明的"私生子",是误读了冯文明。这其中原因,主要是后世人们读不懂冯文明为何彻底归政于孝文帝这件事。

误读之三:冯文明归政孝文帝不是"正常"举动。

冯文明为孝文帝朝的改革,做了大量的事情,但是,她却于孝文帝太和十年(486)宣布归政于孝文帝,《魏书·高祖纪》称:"春正月癸亥,帝始服衮冕,朝飨万国。"从这时起,冯文明名义上便退居后宫,专心抚育孝文帝幼子拓跋恂。

大凡封建时代著名女政治家(皇后、皇太后),一般都不肯自愿交出执政大权,如吕后、武则天、慈禧太后等,因此,冯文明在魏孝文帝拓跋宏19岁时彻底向这个并无血缘关系的孙子交权,便使后世的史学家无法理解。故吕思勉只能推测说魏孝文帝是冯文明婚外情后的"私生子",他认为非这样才能解释清他们之间的亲密关系。还有的学者认为冯文明归政是由于拓跋宏的"逼迫"所致,但这种说法也极不靠谱,因为冯文明归政后,拓跋宏依旧对她敬爱有加,重大政策仍然禀告,冯文明时的政令一条未改,全部继续施行,还年年驾临冯文明选定的她未来陵寝之地方山灵泉池,督促修陵工程的进程。太和十四年(490)九月冯文明崩逝后,孝文帝拓跋宏哀伤过度,五天水米未进,追谥她为"文明太皇太后",不仅举办隆重葬礼,自己还决定守制三年,不理朝政,专门下诏曰:"朕远遵古式,欲终三年之礼。百辟群官,据金册顾命,将夺朕心,从先朝之制。朕仰惟金册,俯视推省,取诸二衷,不许众议,以衰服过期,终四节之慕。"又令各州镇"绝告庆之礼"。当然,朝政事繁,也须处理,他称"群官以万机事重,请求听政。朕仰祗遗命,亦思无怠。但哀慕缠绵,心神迷塞,未堪自力以亲政事。近侍先掌机衡者,皆谋猷所寄,且可任之。如有疑事,当时与论决。"(《魏书·高祖纪》)他甚至还哀伤到"毁瘠,绝酒肉,不内御(不与后妃行房事)者三年",这说明,他"压迫"冯文明交权之说是毫无根据的。

冯文明自行解权原因唯一的解释,只能认为她虽掌国柄大权,但并不恋权、嗜权,在权力问题上,她是个拿得起、放得下的人;最大的权力已在自己手中玩过了,也做出了非凡贡献,她已获得满足,所以愿意从第一线退出,回后宫含饴弄孙,尽情享受天伦之乐,这才是她所追求的境界。我个人认为她能自愿、和平交权,主要为以下三个方面原因:

第一,冯文明虽叱咤政坛,但她骨子里仍是个"贤妻良母"型妇女。小时候,她由姑母冯氏在宫中带大,那种与姑母发生的童稚之趣生活,给她心灵上留下烙印,加上她自己未生育过,所以,就特别喜欢带育幼童,只有这样的生活,她才能重新回到当年在姑母怀抱庇荫下的那些快乐日子中去。于是,她抚育了幼小的献文帝，又抚育了幼小的孝文帝。如今孝文帝又生了拓跋恂，她又重燃抚育幼童的热情。从这点看，她与武则天不同，武则天只爱权力，不爱儿子、孙子，而冯文明内心喜欢孩子，对抚育幼童的"兴趣"乐此不疲，更有女人味和母性。所以当第一次她与献文帝发生矛盾时，便甘心退回后宫去抚育孝文帝，这未始不是她可从中获得乐趣的考虑。

第二，冯文明没有个人更大的野心。吕后、武则天之所以不肯将权力放手，系自己有野心，吕后一心想把权力传给吕家人，武则天是自己君临天下。但冯文明从没产生过非分之想，因为按魏制，异姓皇后是无法自立为帝的，且北魏朝妇女的社会地位不高，故冯文明不会产生"去幼主而自代"的想法。

第三，冯文明敢放手、肯放手交权，有一个重要前提，即接班人必须是可靠的心腹之人。她第一次交权给了献文帝，结果两个人关系紧张，连自己情夫的命也未保住，所以她必须伺机复出。而孝文帝对她言听计从，十分孝敬，两人政见契合得天衣无缝，所以，她退居后宫抚幼，不再临朝称制，便很放心。从此无忧无虑，尽享天伦乐趣，终成一代有为之皇后。

冯文明于49岁时病逝，虽不算长寿，但称善终，而她垂范后世的，是她潇潇洒洒在权力巅峰走了一回后，又突然主动放手，安然过起退休生活，一点也没有失落感，这种心胸、境界，不是一般的权力者所能达到的。

武则天：女皇的人生是失败

唐朝神龙元年十一月二十六日(705年12月16日)，凛冽的北风在中原大地肆虐着，纷纷扬扬的雪花密匝匝地拍打着京城洛阳上阳宫的琉璃屋顶。这时，在禁苑的仙居殿，一页历史正平静地翻过去：昔日不可一世的女皇帝武曌，今天的则天大圣皇后，在82岁的年龄段上慢慢地闭上了她的双眼。

历来史家都认为武则天是一位成功的政治家，因为她成为了中国历史上唯一的女皇帝，权力达致人生的顶峰。但这是历史对她的误读，其实，她的整个人生都是失败的。

“革命”回归起点，皇帝降为皇后

武则天(624—705)，讳曌，小名元照，唐朝并州(太原)文水县人，生于唐高祖(李渊)武德七年。父武士彟曾是商人，后任隋末太原留守李渊的司铠参军；李渊建唐朝后，武士彟步步晋升，官做到工部尚书、利州及荆州都督，封应国公，死后谥为“定”，赠礼部尚书。武士彟有两妻，先娶相里氏，生三子：武元庆、武元爽，另有幼子早夭；相里氏死后，武士彟续娶杨氏(前隋朝国相、遂宁公杨纳言侍婢兼大龄养女)，生二女，小女儿即武则天。

武则天毕生追求的，是当上皇帝，但她初时的人生道路充满荆棘。贞观十二年(638)，39岁的唐太宗李世民突然将14岁美貌的武则天，从家乡并州文水县征召入宫，成为正五品的“才人”。此举得力于她的亲威、李世民淑妃杨氏的推荐。杨淑妃原为李世民之弟、前齐王李元吉的王妃，李元吉在玄武门政变中被杀，王妃因貌美被李世民占为淑妃，很受宠爱。武则天的母亲杨氏为杨淑妃的姑母，武则天父亲武士彟死后，其母杨氏曾领着幼小的武则天进宫去探望过杨淑妃，杨淑妃对这位小表妹的美丽留下很深的印象，所以当朝廷要采选美女充填后宫时，杨淑妃便推荐了武则天。武则天沾上李世民的恩泽雨露后，被赐名“媚娘”。

此时，西域进贡了一匹烈性狮子骢良马，御马厩许多人都无法驾驭，李世民带着后宫女子去看这匹千里马，问在场的人有何办法制服它？武则天答称：她能制服烈马，但须铁鞭、铁挝、匕首三物。李世民问：要此三物何用？武则天说，我先用鞭子抽它，它若不服，再用铁挝挝它的头，再不驯服，就用匕首割断它的喉咙！李世民虽欣赏她的刚毅，但认为其心狠暴。不久，京城传言四起，称后宫有“天子气”，女主要取代唐朝，并杀害李氏子孙。李世民大惊，命术士李淳风踏勘占卜，李淳风从后宫“风水”看出了端霓，认为未来的女主确已隐藏宫中，但不知是谁，弄得李世民异常担心和郁闷。由于这“女主代唐”谣言在后宫秘密传扬，可能从那一刻起，倒反激起了武则天欲问鼎帝座的野心。

贞观二十三年(649)，一代英主李世民病逝，太子李治继位，是为唐高宗。按规例，凡被先皇“幸过”的嫔妃、才人之类，都要被发配到感业寺，武则天也未逃脱削发为尼、伴青灯古佛的命运。但吉人总有天相，好色的高宗想起建业寺中“存放”着许多先帝“用过”或“未使用过”的美女，便驾幸感业寺，一眼就喜欢上了使他神魂颠倒的武媚娘，马上召入后宫，不久进位为昭仪，又升为宸妃。由于武则天不仅美貌，而且遇事有主见，在枕边常常给懦弱又患风疾的唐高宗就军国大事出主意，终于获得高宗的特殊宠幸。这时的她，早已产生了冲击皇后宝座的欲望，不过，她亦多次遇到狙击的险恶风浪。

第一阵风浪：“老臣集团”反对立她为皇后的抗争。高宗原配王皇后出身名门，但一直未能生子，而“狐媚”的武则天不仅为高宗生了儿子，而且已成为病弱皇帝执政的一根“拐杖”，加之王皇后与同样窥测着皇后宝座的潇淑妃也有矛盾，武则天便开始行动。永徽五年(654)正月，王皇后来昭仪宫探视武则天所生仅3个月的女儿，武则天以“舍不得孩子套不住狼”的狠心，私下掐死亲生幼女，然后再诬王皇后害死了小公主，高宗闻知大怒，下定决心废后。哪知，以长孙无忌等顾命大臣为代表的“老臣集团”不肯同意。长孙无忌是开国功臣，又是高宗的亲舅舅，当时任太尉、扬州都督、赵国公，他与尚书省左右仆射于志宁、褚遂良等警告高宗要吸取褒姒灭西周的教训，不同意改立武则天为皇后。这虽是老掉牙的滥调，但在朝野颇有舆论市场。而武则天方面，则是志在必得，为此，她逼高宗召长孙无忌、李勣(时任开府仪同三司、司空、英国公)、于志宁、褚遂良入宫，连续几天开小会讨论，李勣始终不表态，其他三个人坚决反对，褚遂良发言最激烈，称“皇后无它过，不可废”，“陛下必欲改立(皇)后者，请更择贵姓。(武)昭仪昔事先帝，身接帷笫，今立之，奈天下耳目何？”这些话使“帝羞默”，褚遂良遂被驱逐出宫，在帷幄后听着的武则天大叫：“何不扑杀此獠？”长孙无忌称：“遂良受顾命，有罪不加刑。”（据《新唐书·褚遂良传》卷一百五）事后，高宗征求李勣意见，见风使舵的李勣道，这是陛下的“家事”，不必问我们的呀。这样，高宗终于放胆，于永徽六年(655)正式废王皇后，立武则天为皇后。经此一场惊心动魄的斗争，武则天深知她想“登天”，必须消灭掉这股老臣集团势力，遂唆使亲信许敬宗、李义府等人向高宗诬告长孙无忌“谋反”，迫使高宗将长孙无忌等贬往外州。长孙无忌在流亡地黔州自杀，褚遂良被贬潭州，于志宁被贬华州，后皆死在外地。武则天顺利封后，因高宗“多苦风疾，百司奏事，时时令后决之，常称旨，由是参预国政……乃数上书言天下利害，务收人心，而高宗春秋高，苦疾，后益用事，遂不能制”。（《新唐书·则天皇后传》卷四）

第二阵风浪：上官仪草诏废后事件。武则天是个极端迷信的人，她当了皇后，勾结道士郭行真入宫搞“魇胜”、“蛊祷”之术，是想咒灭其他妃嫔或王子（包括太子李忠）。不料郭道士鬼祟行径被内官（太监）王伏胜发现，麟德元年(664)十二月，王伏胜向高宗告发。本来由于武则天在朝中得志，“遂（事事）牵制帝，专威福，帝不能堪”，现在又发生“魇胜”事，使高宗愤怒，决定废掉武皇后，他立即秘密召来西台侍郎、同东西台三品上官仪商议。上官仪马上赞同，把诏书写好，高宗盖上御玺，正要发出，哪知这时武则天也气呼呼地赶到，原来高宗身边的宫女、宦官早被武则天收买，他们见高宗让上官仪起草废后诏书，便奔告武则天。面对皇后的责问和申诉，中风后木讷的高宗害怕了，反悔称这不是他的本意，是“上官仪教我”，把心腹大臣卖了，“废后诏”也变成废纸。事后，武则天便诬上官仪与太子李忠谋反，均予诛杀，“由是天下之政归于后，而帝拱手矣”。（据《新唐书·上官仪传》卷一百五）咸亨五年(674)八月，武则天推动党羽给高宗上封号为“天皇”，自己也成为“天后”，并改是年为上元元年。她的地位巩固了，“时帝风疹不能听朝，政事皆决于天后。自诛上官仪后，上每视朝，天后垂帘于御座后，政事大小皆预闻之，内外皆称为‘二圣’”。（见《旧

唐书·高宗传下》卷五）

第三阵风浪：徐敬业举旗造反。弘道元年(683)十二月，唐高宗李治去世，太子李显即位，史称唐中宗，武则天成为皇太后。李显是个胡涂虫，他当皇帝不久，就因失言要把天下交给岳父韦玄贞，被武则天抓住把柄，废为庐陵王，由她的另一个儿子豫王为皇帝，赐名旦，史称睿宗。李旦性懦弱，喜文学，怠于政事，甘于当傀儡皇帝。武则天乘机加快了她的"大周革命"步伐，下令易唐朝红色国旗为金(白)色，改官诰名，将东都洛阳改为"神都"，又改元为"光宅"。因其"篡唐"之心昭然，以徐敬业(前英国公李勣之子)为首的维护唐朝的官僚集团成员在扬州起兵十万，讨伐武则天"包藏祸心，窃窥神器"，要求太后下台归政。原长安主簿骆宾王的一篇《讨武氏檄》写得义正词严，一时朝野震动。遗憾的是，由于义军战略策略失误，未能引发各地响应，武则天派兵一举平定了造反大军，并杀了以中书令裴炎为首的一大批文臣武将，统治地位得到空前的巩固。

第四阵风浪：酷吏政治动摇朝纲。为了清除政敌，让自己顺利实现君临天下，武则天推行特务政治，采纳流氓鱼家保建议，在东都南堂设立铜匦，大兴告密诬陷之风，先后任用酷吏丘神绩、周兴、来俊臣、索元礼等人，这些嗜血者获得重用后，肆意杀害大量王室子弟及重臣，包括太宗孙子12名，高宗第三子李上金及7个儿子，高宗第四子李素节和所生9子；又杀高祖二十一子李元晓长子及韩王李元嘉、鲁王李灵、霍王李元轨、虢王李凤及儿子、江都王李绪、常乐公主等人，又镇压瑯玡王李冲叛军，杀了越王李贞、范阳王李蔼、琅玡王李冲等，嗣圣六年(689)，又杀郑王李璥等宗室，李唐皇室亲属被杀得只剩下李显、李旦兄弟等少数人。同时，酷吏们又将狄仁杰等一批好官株连进冤案，动摇朝廷的稳定。当反对势力基本被铲尽后，武则天于载初元年(690)九月初九日正式即皇帝位，改国号为大周，改元天授，降封睿宗李旦为皇嗣，赐改姓武。武则天见目的已达，她便铲除酷吏集团，周兴、来俊臣等人先后被逮捕处决，稳定了政局。武则天的地位、权力达到顶点，对她的个人崇拜也达到顶点，她当皇太后时就自称"圣母神皇"，"革唐命"当天，自称"圣神皇帝"；证圣元年(695)春正月，加号为"慈氏越古金轮圣神皇帝"；是年秋九月，又称"天册金轮圣神皇帝"；久视元年(700)，尊号的文字游戏才玩结束，停止了"金轮"等尊号。

再威武的戏剧也终有落幕的时候。由于武则天年纪渐老，她不得不于圣历元年(698)三月召庐陵王李显回京；九月，皇嗣李旦让位于李显，退居豫王之位(十一月改封相王)，武则天将李显立为周室太子，赐姓武。神龙元年(705)正月夜间，82岁的武则天病倒，秋官侍郎同平章事张柬之与羽林大将军李多祚等率兵入宫，乘机发动政变，杀死武则天心腹兼“面首”张易之、张昌宗，逼武则天下制命太子李显监国；次日，又迫使武则天下诏传位于太子李显，唐中宗宣告复辟。《新唐书》卷七十六“则天皇后传”（中华书局版第十一册），在叙述政变经过时这样说：“太后闻变而起，桓彦范进请传位，太后返卧，不复语。中宗于是复即位。徙太后上阳宫，帝率百官诣观风殿问起居，后率十日一诣宫，俄朝朔、望。”这里，“太后返卧，不复语”，明显透露出武则天被逼迫的窘态，她此时已失去话语权，甚至可能是已不准她再说话，让她退位的决定就执行了。中宗将她迁往上阳宫，实际是一种变相软禁，只留了个“则天大圣皇帝”空名号。李显复辟帝位后，宣布于次月恢复大唐国号，武周朝顿时灰飞烟灭，武则天花毕生之力进行的“革命”成果，就这样被李唐势力轻易地推翻了。当大周白色龙旗换成红色“大唐”龙旗时，竟没有在京城内外泛起一点涟漪。

神龙元年（705）十一月壬寅日，处于隔离状态的武则天病逝，咽气前，她被迫写下遗制（嘱），令去帝号，只称“则天大圣皇后”，要求将她合葬于高宗的乾陵内，她的神主牌位也只附于李唐宗庙之中。轰轰烈烈过了一把“皇帝瘾”的武则天，又回到李家来当孺人考妣。葬礼后，唐中宗追尊她为“大圣天后”。后来，又降格改称她为“则天皇太后”，连她当皇帝的历史也不认账了，似乎她“君临天下”几十年，依旧只是皇太后身份。后晋刘昫等修《旧唐书》，北宋欧阳修、宋祁撰《新唐书》，在“本纪”中列名时，只称她为“则天皇后”或“则天圣武皇后”，“大周朝”没能独立成为一个朝代，一切又回到“革命”前的起点，武则天人生中最浓重的一笔失败了。

理想“皇嗣”何处寻？“大周”接班终无人

武则天的“大周”朝昙花一现，并非是她才情、魄力不足，也不是她政策的失误、或社会的不稳定，更非被外力以战争形式所推翻，而完全是由于始终未找到她认为理想的“接班人”所致，故内部的一场政变就把“大周朝”轻易地拱倒了。

古代社会的帝王之家，都是把帝位、王位传给儿子的，这个铁律自夏禹将自己的帝位传于儿子夏启之后开始，成为历朝历代帝王传位的规则，数千年不变。永徽三年（652）李治首立长子陈王李忠为皇太子，但李忠不是武则天所生，其母为微贱宫女刘氏，武则天成为皇后以后，便策动死党、礼部尚书许敬宗上书高宗，声称“在东宫者，所出本微；今国家已有正嫡，必不自安，恐非宗庙之福”（据《旧唐书·高宗中宗诸子传》卷八十五），要求将皇后武则天所生的儿子李弘立为太子。

显庆元年(656)正月,高宗废太子李忠为梁王,代王李弘被立为太子。

李弘论排行为高宗第五子、武后所生长子,他虽是武则天亲生,但自小熟研《春秋左氏传》,又读《礼记》等经籍,为人正直,爱恤弱者细民,对母亲的残忍手段不以为然。已故萧淑妃生义阳公主、宣城公主,两公主因母亡失宠,被囚禁掖庭,过四十岁也不准出嫁,李弘非常难过和同情,遂向高宗建议将她们外嫁,让她们自由。武则天大怒,将她们配给普通卫士,并认为儿子同情后宫政敌所生女儿,觉得李弘不可靠,上元二年(675)夏六月,李弘从幸合壁宫,武则天竟指使人毒死了这个亲生儿子,时李弘刚 24 岁,天下莫不痛心,父亲高宗束手无策,连案子也不敢破,只好追谥为"孝敬皇帝"了事。

李弘死后,武则天又立亲生的次子雍王李贤为太子(高宗第六子)。李贤自小熟读诗书,颇为高宗喜爱,但武则天却不希望英武的儿子继承皇位,为此,她多次指责李贤不听话。宫中有流言说李贤是武则天的姐姐韩国夫人所生,越传越真,连李贤也怀疑起来。正在此时,又发生了一件事:为武则天制造符命骗局的正议大夫明崇俨在皇后面前散布"英王(即李哲,后改名李显,中宗)状类太宗,而相王(即李旦,睿宗)贵"的看法,"贤闻,恶之"。调露二年(680)八月,明崇俨为盗所杀,武则天遂下令中书侍郎薛元超、黄门侍郎裴炎、御史大夫高智周专案劾查,又在东宫马坊搜出皂甲数百副,遂以此诬李贤"谋反",由高宗下诏废李贤为庶人,立英王李哲为太子,改元永隆。这次风波与其说是高宗在换太子,不如说是武则天自己在挑选接班人问题上"换马",她作为政治强人,只能选较为胆小、弱智的李哲(显)。

不过,作为男人的李哲(显)也有性格和胡涂"主见",弘道元年(683)十二月,唐高宗病逝,太子李哲(显)即位,史称唐中宗。次年,中宗改元嗣圣,武则天成为军国大事最后决定权的皇太后。二月,中宗欲任命老丈人韦玄贞为侍中(宰相),顾命大臣中书令裴炎不同意,中宗发牢骚说:"我以天下与韦玄贞何不可!而惜侍中耶!"这话不妥是实,但属于政治上幼稚。武则天抓住这个把柄,便下诏将他废为庐陵王,改元"文明",由豫王李旦为皇帝;但李旦只准"居别殿,不得有所预,政事皆决于太后"。(见《纲鉴易知录》卷四六)

天授元年(690)九月,武则天即皇帝位,改国号大周,她又需要找接班人了,选储君就有了两种选项:一是按历代帝王惯例,选自己亲生儿子,在李显、李旦两兄弟中去挑一个,李显已贬至庐陵看管起来,只能立李旦,但李旦姓李而不姓武,也不顺;二是像历朝历代那样,武姓皇帝选一个姓武的子弟当太子,设想虽很好,但武则天养的儿子又不姓武,侄子倒有好几个,可哪有儿子不选却立侄子为嗣的？权衡再三，武则天只好立李旦为皇嗣，赐改姓武，这样，随母姓的“武旦”便把上面两大问题全解决了。作为牵制，武则天又扶立所喜欢的亲侄子武承嗣为魏王，武三思为梁王，武姓家族子弟十二人为郡王。

李（武）旦被立为皇嗣后，尽管他小心谨慎，从不插手朝中政事，但依然前途凶险。首先是要面对武家子弟武承嗣、武三思的威胁，武承嗣是武士彟次子武元爽的儿子，武三思是武士彟长子武元庆之子，都是武则天的亲侄子，在与李旦争当皇嗣的角逐中，武承嗣又更危险。武承嗣本来因受父亲武元爽牵连（曾欺侮幼时的武则天，武则天当了皇后得势后，将两兄元庆、元爽外贬）而随在岭南贬所，因武则天姐韩国夫人的儿子贺兰敏之与武则天之母、他的外婆荣国夫人杨氏淫乱，被武则天贬死。武则天感到朝中没有了家族亲人，于是便将她认为对自己忠心的武承嗣调回，让他袭了武士彟的周国公爵位，先当尚辇奉御，又迁秘书监、礼部尚书，然后又经过太常卿同中书门下三品的台阶，很快升到春官尚书同凤阁鸾台平章事、纳言，直至文昌左相。此人性残暴，曾夺左司郎中乔知之美婢窈娘，杀乔知之全家。他回到京师步入政坛，见姑母威迫亲生儿子李显、李旦，就开始做起当武家女皇的“太子梦”，利用经常在武则天身边的机会，出主意要皇后武则天赶快进行“革命”建周朝，《旧唐书·外戚传》（一百八十三卷）载：“承嗣尝讽则天革命，尽诛皇室诸王及公卿中不附己者，承嗣从父弟（武）三思又盛赞其计，天下于今冤之。”（《新唐书·外戚传》卷二百六）武则天在贬废李显、立李旦为太子并重新临朝称制后，开始了清除李家宗室的大屠杀，垂拱四年（688）八月，在平定了琅琊王李冲、越王李贞叛乱后，乘机杀了韩王李元嘉等许多皇族，还要株杀六七百家共五千多人，后赖大臣狄仁杰谏止；永昌元年（689）十月，武则天又疯狂杀郑王李璥等六人；天授元年（690）又杀南安王李颖等12人及前太子李贤之子、武则天亲孙子两名。为了给武则天当皇帝制造舆论，武承嗣还指使佞人捏造“祥瑞石”，上刻“圣母临人，永昌帝业”八个字，然后谎称“获之洛水”，献给武则天；武则天大喜，命名为“宝图”，并一本正经“拜受”，给自己加尊号，至永昌元年（689）十一月，武则天给自己改名“曌”，改诏书为“制”，完成了称帝准备，天授元年（670）九月九日，在百官、宗戚、百姓、四夷六万多人的“推戴”下称帝、改国号为周。这中间，武承嗣自认为功不可没，开始了拱倒皇嗣李旦的行动。

武承嗣私下找来武氏党羽、凤阁舍人张嘉福策划，由张嘉福去找到洛阳流氓王庆之出面，发动数百人联名给大周“圣神皇帝”武则天上表，请求立武承嗣为太子，理由是当今皇上姓武，所以不应立李家子孙为皇嗣。武则天内心是赞成的，但武承嗣非亲子，将来接位后吉凶难测，所以举棋不定。于她便召心腹大臣岑长倩、格辅元征求意见,二人认为朝中已有皇嗣,不宜再另立太子。武则天便将此议告知武承嗣,武承嗣马上找借口让酷吏来俊臣将岑、格二人杀害,又指使王庆之再上书武则天,要求废皇嗣、立武承嗣。武则天将奏章批成诏书,称"皇嗣我子,奈何废之?"王庆之又上奏称:"'神不歆非类,民不祀非族。'今谁有天下,而以李氏为嗣乎?"武则天仍然未同意,王庆之多次要求面见皇帝申辩,武则天大概也烦了,便下诏命凤阁侍郎李昭德将王庆之逮捕杖杀。李昭德劝武则天说:"皇嗣(李旦),陛下之子。陛下身有天下,当传之子孙为万代业,岂得以侄为嗣乎!自古未闻侄为天子而为姑立庙者也!且陛下受天皇(高宗)顾托,若以天下与承嗣,则天皇不血食矣。"武则天亦以为然。(参见《纲鉴易知录》卷四十六)这一番道理,武则天无法反驳,因为她已出嫁,若去世后传位于武承嗣,按封建宗法制度,她的灵牌进不了武家的宗庙。这次事件对武则天也是个警示:许多文臣武将依旧拥护李姓皇嗣,认为武则天仍是李唐家的媳妇、母亲。不过,武则天鉴于昔日李弘、李贤与自己的嫌隙,她对姓李的亲儿子还是不放心,一心要把辛辛苦苦建起的周朝,彻底变成武家江山,这种光耀武氏的情结,使她把感情的天平偏向了武承嗣。武承嗣洞悉这一切,他改变策略,把攻击目标集中在皇嗣李旦身上。

长寿二年(693),尚方监裴匪躬私下去晋见了一次皇嗣李旦,被人告发后遭判腰斩,武承嗣指使人告发李旦"潜有异谋",武则天命酷吏来俊臣严刑逼供,"左右不胜毒楚,皆欲自诬",眼看皇嗣的"谋反案"将炼成,不料太常工人(乐工或优伶)安金藏在被叫去审查时,突然从衣服中掏出所佩利刀大喊:"皇嗣是忠于圣神皇帝的,我愿挖出自己的心来证明他没有谋反!"随后剖开自己的胸腹,五脏都血淋淋地流出来,顿时昏死过去,在场的人都被这举动吓傻了。早有人报告了武则天,她没有料想到会发生这样惨烈的事情,大概此时想起了已死的太子李贤的《黄台瓜辞》,那"三摘犹为可,四摘抱蔓归"的悲凉之声又在耳边响起。母性萌动之下,命京监将安金藏抬进宫中,让太医救治,将五脏重新安放好,又用桑皮线缝上,再施以汤药,经一夜抢救,安金藏才苏醒过来。武则天破例亲去探视,对他说:"我养的亲生儿子,却不知道他的忠诚,还累你用性命来作证呵!"于是下诏命来俊臣停办皇嗣的专案,李旦拣回了一条命。武则天终未能在立嗣问题上为所欲为,因为连普通的乐工也参加了对武承嗣、武三思夺嫡的狙击。

但即使如此,武则天废李姓皇嗣的心仍未死,她内心中一个问题始终萦绕不去:儿子毕竟姓李,自己百年之后,李姓儿子接了皇位,周朝能否绵延就成为问题。武承嗣、武三思也决定在嗣君废立问题上再搏一下,他们多次联名向武则天提出要求当皇嗣,并说自古以来没有天子立异姓人当皇嗣的例子。武则天拿不定主意，便问时任银青光禄大夫兼纳言、同凤阁鸾台平章事之职的狄仁杰该如何处理。狄仁杰从容说，文皇帝（唐太宗）栉风沐雨打下江山，传之子孙，大帝（高宗）又以两子（李显、李旦）托付给陛下，陛下今天要将社稷送给他姓，这实在有违天意呵！况且，是姑侄关系亲呢还是母子关系亲？陛下立儿子，千秋万代后可配祀太庙；假如立侄子，则我还没见过有把姑母奉祀太庙的例子。武则天说，立谁为嗣，这是我家庭私事，你别管了。狄仁杰辩道，王者以四海为家，四海之内的事都是家事，臣备位宰相，岂可不发表意见？在场的大臣王方庆、王及善也劝武则天不要立侄子，武则天动心了。正在此时，武则天又做了个奇怪的梦，她"谓（狄）仁杰曰：'朕梦大鹦鹉两翼皆折，何也？'（狄仁杰）对曰：'武者，陛下之姓；两翼，二子也。陛下起二子，则两翼振矣。'"（据《资治通鉴》卷二百六）与此同时，有一位控鹤监供奉吉顼对武则天的男宠张易之、张昌宗兄弟（两人也都担任控鹤监供奉）说，你们两兄弟并非以功劳及德行取得官位，天下人对你们咬牙切齿，如果不立些功劳，将来怎么保全自己？两人惊惧流泪问计，吉顼出了个主意："天下士庶未忘唐德，咸复思庐陵王。主上春秋高，大业须有所付，武氏诸王非所属意。公何不劝上立庐陵王系苍生之望？如此，（你们）非徒免祸，亦可以长保富贵矣。"这两个头脑简单的"面首"果去向武则天说，武则天又问吉顼看法，吉顼力陈利害，说动了武则天。她决定以庐陵王李显有病为借口，召李显回到身边。武承嗣、武三思夺嫡阴谋又一次被狙击。（见《纲鉴易知录》卷四七）

由此可见，朝中大臣中许多人都遵守一条底线：就是他们认为武则天随便怎么"玩"，当皇帝改国号都可以，但她百年后，绝不允许武氏家族子弟来继位，因为在大家的心目中，这江山依然属于李唐，外姓人不行。经此次有力狙击，武承嗣夺嗣希望破灭，气得生了病，竟抑郁而死。圣历元年（698）九月，皇嗣李旦请求逊位，武则天立李显为周室太子、河北道元帅；李旦退就豫王位，十一月又被改封为相王。此后，武三思独力难支，加上武则天年事渐高，李显的地位再未动摇过。由于他有太子的名分，当神龙元年（705）正月大臣张柬之、崔玄時、敬晖等发动政变时，才顺利地以他名义诛张易之、张昌宗，并逼武则天立即传位。

伦理人性全扭曲，婚姻失控养男宠

由于感情失恃和亲情不存，武则天在伦理人性方面整个地扭曲了。年轻时她聪明、美丽而多才，但是，在感情上并不幸福。她的第一个男人贞观天子李世民，虽然是位英主，但也是个色鬼，曾将亲弟媳霸占为淑妃。武则天是以选美的方式掠进宫的，初时并没有被皇帝召幸，在宫中寂寞地度过了 4 年之后，到贞观十五年(641)，才有机会被唐太宗临幸，此时，李世民已经是 42 岁，武则天才 18 岁，他们之间只是肉体和情欲的占有，并没有爱情，此后，她再无机会获太宗雨露滋润，无缘怀孕生子。贞观二十三年(649)，李世民驾崩，26 岁的她成为寡妇，被迫到感业寺出家为尼。

好在武则天颇有心机，虽整天陪侍在生病的 51 岁的老皇帝身边，但早与常来侍候汤药的太子李治眉来眼去。李治生性惜弱，并不是体格健壮的人，但彼时的武才人不可能接触到除皇帝、太子以外的其他男人，故春心跃动的她，无论是感情上还是政治权势上，李治都是她最理想的选择。永徽元年(650)五月，李治来到感业寺，武则天终于使全力抓住了 22 岁的李治这根“救命稻草”，全然不顾及先帝的恩宠，移情于高宗。她在后宫从昭仪升到皇后，仅用了 5 年时间。

高宗本来就是庸懦之人，加上酒色所伤，身体就开始出毛病。显庆元年(656)，高宗患风疾之症(可能是高血压引起中风)，有时连处理国事也无力进行，床笫之欢恐怕也无法正常了，政务则更是常给武则天处理。32 岁的武则天处于“守活寡”状态，性情逐渐变得残暴乖戾，未始不与此有关。弘道元年(683)十二月，高宗病死，59 岁的武则天第二次当了寡妇。年事渐高的武则天，在生理感情上的需求却并未随年龄增加而稍减，生活上便放纵起来，伦理道德也无所顾忌了。垂拱元年(685)七月，踌躇满志的武则天在宫中接待唐高祖的小女儿、丈夫高宗的姑母千金公主。这位长公主告诉侄媳妇：她的侍女姘到一名市井从商男人冯小宝，京兆鄠县人，此人“伟形神，有膂力”，并称“小宝有非常材用，可以近侍”(见《旧唐书·薛怀义传》卷一百八十三)。武则天立刻将冯小宝召进宫来，试寝后大为满意，为了隐藏她与冯小宝的奸情，命冯小宝剃度为僧，公开入宫侍寝。为了提高冯小宝的士族地位，让他改姓薛，法名怀义，与太平公主的丈夫薛绍合族，让薛绍呼为叔父。薛怀义从此大受宠爱，封为梁国公，连武承嗣、武三思见了也要避让三分。垂拱初年，武则天又拨款在老洛阳城重修白马寺，命怀义为寺主，后来又派他主修明堂(朝廷举行盛大仪式的会堂)，此堂高三百尺，北面又起造天堂一座；又派怀义以清平道大总管、左威卫大将军名义率军征突厥，以军功封右卫大将军、鄂国公、柱国，赐帛二千段。武则天“革命”后，唐宗室遭清洗残杀，唯千金公主荐人有“功”，曲加恩宠，被赐姓武。千金公主不惜放低身段，荒唐地认武则天为母，改封为延安大长公主，获实邑。

武则天与薛怀义这样的市井无赖当然无爱情可言，纯粹是玩弄男宠。为酬劳薛怀义床笫之功，武则天在物质上、爵位上尽情予以满足。薛怀义肆无忌惮地作恶，还暴露武则天与他的宫闱秽行；又私养市井无赖千人为僧，欲谋为不轨，人莫敢言，引起武则天厌恶。此时，武则天又新获男宠沈南璆，充当御医，不再允许薛怀义随便出入禁宫。薛怀义大为愤恨，不仅到处散布他与武则天的淫乱丑事，还放了一把大火，把朝廷新建的明堂、天堂尽行烧毁。武则天为了面子，不敢惩处怀义僧，反让他于明堂原址再督造九州鼎工程。薛怀义更加骄横，终于惹火了武则天，她让女儿太平公主的乳母张夫人秘密组织力士处死了薛怀义，将其弃尸白马寺，算是铲除了国家的一个毒瘤。

沈南璆来历不明，但武则天觉得比冯小宝还称心则是肯定的。中国古代房中术有所谓“采春”补身的说法，男人要采“童女”之阴精“补阳”，老年贵妇要采年轻男子(童年最好)之阳去“补阴”，武则天出于葆春的考量，曾“多选美少年为奉宸内供奉”，右武阁朱敬则上书劝谏：“陛下内宠有易之、昌宗，足矣。近闻右监门卫长史侯祥等明自媒衒(即指自荐于武则天)，丑慢不耻，求为奉宸内供奉，无礼无仪，溢于朝听。臣职在谏诤，不敢不奏。”武则天不仅不动气，反而予以褒奖，称“非卿直言，朕不知此”。原来她从别人批评中找“补药”，知道了侯祥之辈也想当内宠，不知后来两人勾搭上没有？(参见《资治通鉴》卷二百六)

老年的武则天最为得意的，是获得了张昌宗、张易之两个“男宝”。张昌宗父亲张行成曾是太宗朝官员。张氏兄弟年少、体格健壮，又相貌堂堂，更重要的是具有艺术才能，善音律。张昌宗最先与武则天女儿太平公主有染，太平公主知母亲好男宠，觉得张昌宗各方面都很理想，为讨好武则天，便于神功元年(697)将张昌宗推荐给了母亲，试过后，武则天大加宠爱；张昌宗又乘机把亲弟弟张易之也推到武则天床帏中，兄弟皆得幸于女皇，常傅朱粉，衣锦绣，张昌宗升为散骑常侍，张易之当上了司卫少卿，两兄弟在朝中炙手可热，武承嗣、武三思、武懿宗等武姓子弟及宠臣宗楚客也甘心为他们执辔牵马，还称呼张易之为五郎、张昌宗为六郎。更丑恶的是，武则天还给张氏兄弟母亲臧夫人敕赐了一位凤阁侍郎李迥秀为“私夫”(情夫)。久视元年(700)六月，武则天将控鹤府改为奉宸府，张易之为奉宸令。武则天每次在内殿举行宴会，都把武氏家族成员及张易之、张昌宗兄弟召集在一起，又喝酒又狂赌。武三思还拍马屁称张昌宗是王子晋(仙人)转世，武则天就让张昌宗穿上羽毛衣服(仙人服)、乘坐在木鹤上吹笙，让无聊文人写诗赞美其“意境”。长安二年(702)七月，太子李显、相王李旦和太平公主一再表请，武则天竟赐司仆卿张昌宗为邺国公。在武则天腐朽生活的熏染下，一些无良大臣及张氏兄弟都不知天高地厚起来。原神都副留守杨再思因谄媚张氏兄弟，获升神都内史。他与司礼少卿张同休(张易之兄)勾结在一起，宴会时有人赞张昌宗美貌："六郎面似莲花。"杨再思忙说："你们比喻得不对。"张昌宗怀疑不解，杨再思说："应该称为莲花像六郎一样美丽才对。"武则天对男宠十分爱幸，对其劣迹纵容包庇，张昌宗、张易之受贿达四千多缗，依律张昌宗应免官，张昌宗称自己有功可免罪，武则天问诸宰相："张昌宗究竟有没有功？"杨再思抢先定调："昌宗为皇帝练制神丹，圣躬吃了很有效验，这就是莫大之功。"武则天大喜，马上赦张昌宗无罪。术士李弘泰给张昌宗看相，恭维他有"天子相"，此大逆不道行为被人告发，司刑少卿桓彦范上表要求严处，武则天压下奏章，宣布赦免张昌宗之罪，要他主动去向负责案子审查的御史中丞宋璟检讨，宋璟拒见。

在武则天的卵翼下，尽管朝臣们对张氏兄弟公开发泄不满，但亦未能动摇他们的地位。同凤阁鸾台三品魏元忠当了洛州长史后，曾惩治过张昌宗之兄、洛阳令张昌仪，杖杀张易之豪奴。魏元忠为相后，张昌宗恐惧，担心武则天一旦咽气，自己会被魏元忠诛杀，遂诬告魏元忠与司礼丞高戬谋反，魏元忠先被捕下狱，后被贬为高要尉，临行前他指着武则天身边的张氏兄弟说："这两个小儿，必将乱我朝纲！"武则天不以为然地喊："元忠，走你的吧！"此后武则天步入老年，只顾享乐，政事全归于张易之、张昌宗处理，大臣颇多不满。长安元年(701)八月，有传言邵王李重润和他的妹妹永泰郡(公)主、郡主丈夫魏王武延基私下议论这件事，张易之知道后，便去武则天处哭诉，武则天于九月下令逼李重润、永泰郡主、武延基自杀。李重润是被诬告的，武延基还是武承嗣之子，永泰郡主为中宗李显最小的女儿、武则天亲孙女，死时仅 15 岁。

武则天一辈子究竟玩弄了多少男人？史书也无法统计，但有一点是肯定的，她并没有享受过真正的爱情。

滥杀亲族无亲情，娘家夫家陷血腥

武则天是一个极端自我的政治家，一切以她个人的利益、好恶、使用价值为主，凡是被认为触犯了她"根本利益"的人，都残杀不误，这个性格扭曲、变态的女人，李、武两家亲族被她杀害了又何止成百上千？

对李唐宗室大开杀戒，完全是政治"革命"的需要。唐太宗李世民共生十四子，除高宗李治以外，很多子孙都被武则天所杀，太宗子郁林王李恪，在永徽年间受房遗爱案牵连被杀；濮恭王李泰子李欣，为酷吏构陷贬死；蒋王李恽于上元年间被逼自杀；越王李贞在垂拱四年(688)起兵反武则天失败，与其子李冲均被杀，还连累韩王李元嘉、范阳王李蔼及多名王子，其子李冲、李蒨、李温皆死；纪王李慎参加李贞反武则天兵变，与七子皆被杀，还被改姓“虺”。

高宗李治生八子，其中武则天以外的其他后宫妃子生有四子：长子李忠（曾为太子）于麟德年间被武则天以“谋反罪”赐死；泽王李上金于载初元年（689）被武承嗣诬杀，其所生七子也于贬所死去；许王李素节与李上金同案遭害，他在龙门驿被缢死，九个儿子被诛杀，四幼子长囚雷州；悼王李孝早年病死。

武则天自己生四子，即两任前太子李弘、李贤、中宗李显、睿宗李旦，对自己的亲生子女，武则天也是杀的杀、压的压。李弘因不忍两异母姐姐义阳、宣城公主被长期闭幽不嫁被毒死；武则天所生次子李贤成为太子后，不满武则天死党明崇俨胡作非为，武则天借明崇俨被杀诬系李贤所为，又“大义灭亲”废太子，让左金吾将军丘神勣逼李贤自杀，李贤儿子李光顺（武则天亲长孙）亦被诛；李贤另一子李守礼（武则天次孙）因父“罪”被关宫中，年年被杖责，浑身伤痕累累，遇阴雨天作痛，成为“天气预报”，武则天对幼孙惨无人道可见一斑！章怀太子李贤曾写下一首《黄台瓜辞》的诗，使乐工歌唱，希图讽劝武则天。诗中写道：“种瓜黄台下，瓜熟子离离。一摘使瓜好，再摘使瓜稀。三摘犹自可，摘绝（《新唐书·李倓传》亦作“四摘”）抱蔓归。”（据《全唐诗》）他希望母亲对残杀亲子女能有所醒悟、控制，但武则天这个杀人狂，嗜权如命，对权力重于母子间感情，宁舍子女，不舍权力。

武则天所生的三子、四子李显和李旦，虽然在武则天当政时活了下来，但天天颤颤自危，几次差点被杀，内心横受折磨，造成了终身心理疾病及身体健康障碍，使他们形成了庸懦、胆怯、脆弱、无能的性格。中宗李显复辟不久即受制于韦皇后，终被韦后和武三思毒死；而睿宗李旦实在太无胆识，即位不久便只好让位给儿子李隆基（唐玄宗）。李显的儿子（武则天孙子）李重润，于大足元年（701）因和妹妹永泰公主夫妇议论祖母武则天养男宠张易之兄弟的秽行，被武则天杖杀，年仅 19 岁。总计武则天生四子一女（太平公主），两个儿子被她杀灭；孙辈中，除李弘无子嗣外，李贤所生孙子被她杀死两个，仅一孙善终；李显生的四个孙子被杀害三个，另一个早夭；只有李旦所生六个儿子获善终，其中有个孙子即唐玄宗李隆基。

武则天搞了一场“大周革命”，对武氏家族的人，亦是凭着权力利害关系及个人喜好，该杀就杀、该贬的贬，也不手软。

（一）武则天父母

父武士彟，早亡，武则天执政后，其谥号地位一再上升，高宗永徽年间追赠为并州都督、司徒、周国公，咸亨年间加赠太尉、兼太子太师、太原郡王，配享唐高祖庙,列功臣上。武则天垂帘听政后,追封为忠孝太皇。天授元年(690),武则天"革命"建周朝,追册武士彟为"太祖孝明高皇帝"。武则天死后,"革命"成果被推翻,唐玄宗先天元年(712)削去了武士彟帝号,恢复为太原王,总算"善终"。

生母杨氏,因女儿武则天而富贵,地位亦不断上升。武则天当上皇后,杨氏即被封代国夫人,后改封荣国夫人。这个女人虽是晚婚,但饱暖思淫欲,晚年竟与大女儿所生之亲外孙贺兰敏之淫乱,引起武则天不满,估计母女曾发生龃龉,杨氏不久死去,其中难免有武则天谋杀的嫌疑。武则天称帝后,她被顺势追封为"皇后",表面上算是"善终"。

(二) 武则天的兄长姐妹

两兄长(异母)武元庆、武元爽,为武士彟前妻相里氏所生。武士彟死后,已长成的武元庆、武元爽兄弟及武则天侄子武惟良、武怀运合伙欺侮并虐待无势力的后母杨氏(武则天生母)及幼年的武则天姐妹,对此,武则天一直怀恨在心。后来武元庆当上宗正少卿,武元爽当上少府少监,侄武惟良为司卫少卿、武怀运为淄州刺史,引发杨氏不满。有一次杨氏请这些武家儿子、侄孙喝酒,醉了后,她"谓惟良曰:'若等记畴日事乎?今谓何?'对曰:'幸以功臣子位朝廷,晚缘戚属进,忧而不荣也。'夫人讽后伪为退让,请惟良等外迁"。(见《新唐书·则天皇后传》,卷七十六)武则天想起幼年时屈辱,便挟嫌报复,假称两兄长是亲属,应在官位上回避,将武元庆、武元爽分别贬至龙州、濠州。武元庆在贬所死,武元爽改贬振州,最后因武则天姐姐的女儿贺兰杨氏(为中宗所宠)被毒死,武则天诬是武元庆子武惟良"作案"(实为武则天自己),武元爽也受株连被杀,家属发配岭南。天授元年武则天当了皇帝,才追封武元庆为梁宪王,武元爽为魏德王,玄宗时均被削爵。

武则天姐姐大武氏,嫁贺兰家后早寡,武则天当皇后,她被封为韩国夫人,因貌美,进宫后勾搭上了高宗,又将女儿小贺兰氏供高宗占有,母女均十分受宠幸,引起武则天警惕,不久,韩国夫人大武氏在宫中发病死去,人们都怀疑是被武则天毒死的。

武则天的妹妹郭杨氏,早嫁郭氏,其家不显耀,未沾武则天好处,获善终。

(三) 武则天两亲外甥

甥女小贺兰氏为其姐韩国夫人所生,异常漂亮,获高宗李治宠爱,封魏国夫人,渐成武则天的竞争对手。武则天当然不能容忍,唆使高宗驾幸武则天母亲荣国夫人杨氏府第,命侄子武惟良献食,武则天密令人在送给小贺兰氏的食物中投毒,小贺兰氏被毒死。

外甥贺兰敏之，亦是武则天姐姐韩国夫人所生，早先受武则天宠爱，赐姓武，让他承武士彟嗣，任为兰台太史令等，因“韶秀自喜，蒸于荣国（夫人），挟所爱，佻横多过失”（《新唐书·外戚传》），还贪污武则天给母亲建佛寺的钱财，强占已选定的太子未婚妃，逼奸太平公主（武则天女儿）的侍女，尤其是与外婆乱伦之淫，武则天无法再予容忍，遂将其逮捕发配雷州，恢复原姓氏，后发现此逆于途中自缢而死（可能是武则天秘密杀死）。

（四）武则天侄子

武则天有四个侄子，其中有的获得重用、宠信，有的则被她杀害。但不论所宠所嫉，他们中除个别人远离政治获善终外，大多数结局都不好。

大哥元庆一房有三个侄子：武惟良、武怀运、武三思。武惟良任始州刺史，武怀运任过淄州刺史。小贺兰氏被毒死后，武则天借机报复，归罪于武惟良、武怀运兄弟，将他们都处死，并让百僚联合上表，剥夺了惟良、怀运两兄弟武姓，下诏让他们改姓“蝮”。仅武三思一直得宠，官运较好，屡任高官，封梁王，一度差点被武则天立为太了；武则天死后，武三思及其子武崇训利用复位的中宗昏愔，与韦皇后淫乱，欲篡位，被中宗太子李重俊杀死。睿宗时，武三思父子坟墓被平毁，戮棺暴尸，剥夺一切官爵。

二哥元爽一房生子武承嗣，先曾随父被贬岭南，父死后始召还京城，大见信任，入阁为相，封魏王，他为武则天“革”唐命费尽心机，几次企求武则天立为皇嗣，未能成功，最后怏怏而死，卒后赠太尉、并州牧，谥“宣”。本人虽善终，但其长子武延基却在永泰公主案中被责令自杀。

总计与武则天有兄妹、侄甥辈血缘关系的八人中，仅武承嗣死于病榻，武三思死于中宗时政变，其余六人均死于武则天之手，其对亲人下手之狠，令人不寒而栗。

还有一点也值得注意，她几次欲废皇嗣李旦，但终未实施，看来并非是她听了别人劝告，而是骨子里记着幼年时受两个哥哥欺侮的仇根，所以她若把嗣君位置给仇人之子武承嗣、武三思，心中便不愿意。她亦懂得，若立武承嗣或武三思为太子，将来宗庙中供的一定是武元庆、武元爽灵位，百年后的她并无位置。所以，她虽然内心不愿意让李姓人当太子，但武姓中也实在无真正贴心的人，只能仍然把儿子李显接回来当太子。她的“革命”并非是为武姓创江山，而是为自己坐江山。

由于她的冷血、绝情，自己也成了真正的孤家寡人，晚年被软禁后，与外界的一切联系都被隔绝，儿子唐中宗李显虽进宫去探望，但并不是去探母，而是去看她什么时候能死，故史书对她这段近一年软禁生活，一点记载也没有。看来，武则天每天打发掉这漫长时间是痛苦的，她人生最后阶段并非善终，所以尚能死于病榻，恐怕还是因为她是中宗李显亲生母的缘故，李显让她自然死亡，已是莫大的孝心，她不可能再笑到最后。

保唐势力铲不尽，李氏复辟终成功

武则天从进军皇后宝座开始，便一波又一波地受到保唐、护唐势力的官僚集团抵制，他们"再生"能力之强，就像六月里的韭菜，割掉一茬又一茬，武则天的"革命"事业最终毁于他们之手。

武则天曾一路扫荡保唐势力，也取得多次胜利。《新唐书·则天皇后传》七十六卷称她"畏人心不肯附，乃阴忍鸷害，肆斩杀怖天下"。早先她争当皇后时，不仅杀害了王皇后、萧淑妃，而且依靠奸臣、侍中许敬宗等人制造假案，显庆四年(659)杀了太尉兼赵国公长孙无忌、侍中韩瑗、王皇后舅柳奭等，此前又贬了吏部尚书褚遂良、侍中于志宁等，麟德元年(664)又杀同三品上官仪，赐死梁王李忠。嗣圣元年(684)，又击灭英国公徐敬业的保唐势力集团，杀侍中裴炎。次年起，大兴"告密"之风，任用酷吏索元礼、周兴、来俊臣，杀害大批忠于唐室官吏及他们的家属。据《新唐书·则天皇后传》第七十六卷记载，有人上书告发岭南流放人群在策划"谋反"，武则天即派摄右台监察御史万国俊去查处，要他验实就可处决。哪知这个酷吏一到广州，根本不调查事实，"尽召流人，矫诏赐自尽，(流人)皆号哭不服，国俊驱之水曲，使不得逃，一日戮三百人"。这个屠夫升了官，当上左台侍御史，还"诬奏流人怨望，请悉除之"。武则天闻知"敌情"严重，又加派右卫翊府兵曹参军刘光业、司刑评事王德寿、苑南面监丞鱼思恭、尚辇直长王大贞、右武卫兵曹参军屈贞筠等，均授予监察御史之职，分赴剑南、黔中、安南等六道去查处"流人谋反"案，这些屠夫为了升官，到各贬所比赛着滥杀无辜，其中刘光业杀了九百人，王德寿杀了七百人，其余几个屠夫每人平均杀人近五百人，这起"流人冤案"，总计杀掉无辜流人约三千多人。后来冤案弄清，万国俊等屠夫亦被杀。(见中华书局版《新唐书》十一册第3482页)

武则天在杀灭忠于李唐势力的同时，也培植、提拔了一批自己的亲信，但可惜，她的亲信势力最后在保卫武周江山时，都未能派上用场。这些势力，一是以许敬宗、李义府为代表的早期奸党，因他们早死，所以未能在武则天临终前保护住"革命"成果。二是以周兴为代表的酷吏集团势力，包括索元礼、来俊臣等一帮恶棍，因他们人品恶劣，作恶多端，最后危及武则天核心势力人物如太平公主等人，遂被武则天清洗杀灭。三是以“面首”组成的内宠集团，由薛怀义、“二张”（张昌宗、张易之）为代表，这个族群虽忠于武则天，但成员太滥太坏，实在无社会基础，担不起保卫武周社稷的重任。四是以司空、梁国公狄仁杰及张柬之、李昭德等大臣为代表的周室能臣集团。他们是武则天一步步地从基层提拔上来的，虽感戴、忠于武则天，但天性却更忠于李唐政权。在他们心目中，“大周”仅是“年号”，“大唐”才是国号；因武则天是李家的媳妇、妻子、母亲，她当皇帝，仍被认为“李家人”在当权。所以在立嗣问题上，狄仁杰就出主意让武则天秘密接回李显立为太子，堵死了武承嗣、武三思想当太子的路。狄仁杰向武则天推荐的“佳士”张柬之、夏官侍郎姚元崇、监察御史桓彦范、太州刺史敬晖等人都是保唐忠臣，张柬之年已八十，被武则天任为宰相（同平章事）。这些人（张柬之为首）最终发动了“神龙政变”，逼武则天退位，将她“迁居”（软禁）于上阳宫；同时拥立太子李显复位，为李唐江山的延续立下了大功。

关于武则天执掌朝政的功过是非，历来评价褒贬迥异，而矗立在陕西梁山乾陵前一块高大无字碑，似乎一直在向后人诉说着“不知如何评价”其功过的尴尬，当代有学者认为是武则天“开明”，欲让其功过任人评说，这是大谬。武则天陵前的无字碑，应当是她死后所立，立碑人为唐中宗，为何碑上无文字书写武则天功绩？我认为此可能是中宗朝君臣在讨论书写武则天陵墓碑文内容时，比较难以确定是该肯定还是该否定武则天毕生功过。因为假如承认了武则天“武周革命”是“天命有归”，那么中宗复辟唐朝就失去了合法性；而假如否定武则天的“大周革命”，那么，武则天就变成了篡逆者，作为儿子的唐中宗绝不敢论定。所以，给武则天墓竖无字碑，实在是一种无奈的选择。

武则天的失败，给了后世皇后、妃嫔们一个警示，即：擅权的后宫之主不要再妄想当女皇，中国的姓氏制度及宗庙制度游戏规则不允许，后妃们生的儿子只能随丈夫皇帝的姓氏，皇位也只可能传给儿子；皇后、皇妃即使称帝，最终也无法建起自己的姓氏王朝。所以，她们还不如当好皇太后或太皇太后，即便实现垂帘听政或直接当政，但一定须保留一个傀儡皇帝。此后，自两宋时擅权的皇太后直至晚清的慈禧太后，虽权倾朝野，势力也牢固，但却都未再称帝，她们难道是吸取了武则天的教训吗？

萧绰：中国史书中的第一女军事家

说到女军事家，人们便会自然而然地想到北宋时杨门女将中两位巾帼女杰佘太君和穆桂英，她们的爱国情怀、“破辽大功”感动了无数中国人。不过，天波府里的这两位女英杰，可惜都是虚构的传奇人物，只存在于民间传说和文艺作品之内，正史中完全不见记载。相反，被艺术家当作反面人物的辽国萧太后（萧绰），却是史上实有其人，是少数民族中一位有作为的政治家和辽（契丹）、宋两国对峙时代最杰出的军事家，她的军事才能超过洗夫人、平阳公主、武则天、唐赛儿等人，真正可以称为中国历史上第一位女军事家。

放弃如意恋人，相府贵女成为执政皇太后

对萧太后的误解，主要源于传奇旧小说和戏曲舞台艺术形象。

我在小学五年级时第一次读到的旧小说，就是字印得密密麻麻的老版本《杨家将全传》（即《杨家府演义》），当时，幼小的我对书中杨家父子杨业和延昭（六郎）、延德（五郎）及佘太君、穆桂英、杨宗保人物等十分钦佩、感动，认定他们史有其人，而对辽国的萧太后和她手下的大将耶律休哥、萧挞览、韩延寿、耶律沙等非常憎恨，认为他们都是无教养、无军事才干的“番后”、“番将”，对杨家将后来攻破幽州、灭掉辽国，迫使萧太后“自缢身亡”的结局很满意。后来成年了，接触到正规历史著作，才知道萧太后其实是一位有雄才大略的女英杰，而《杨家将全传》中的许多情节都是虚构的。不过，我和许多人一样，仍受着正统史观的影响，感情的天平总是偏在杨家将一边，不希望承认萧太后比宋太宗、宋真宗高明，不希望承认耶律休哥、耶律学古等“番将”比南朝诸将（包括杨延昭、杨文广）高明，这是由于《杨家将全传》对萧太后的形象丑化，将其描写成为一个篡政贪权、愚昧无能的“番邦女皇”、“夷狄女主”的缘故。

除旧小说外，戏曲舞台上的杨家将题材剧目，思想倾向上对萧太后及辽国也都是贬斥的，其中稍为正面表现萧太后形象的剧目，也仅有清代的京剧《四郎探母》一部，它略略透露了一些萧太后作为政治、军事女杰的信息。这个戏据说是在慈禧太后主导下修改、创作成功的，曾名叫《四盘山》《北天门》。戏中，有两场萧太后登场，即第二场“盗令”，讲铁镜公主为了助丈夫杨延辉（四郎）到南营探母，找母亲萧太后诳称儿子要令箭玩，萧太后爱外孙心切，果真把可以出关的令箭交给了女儿；第十二场“回令”，讲杨延辉诳盗令箭探母后返到辽营，萧太后发现女婿原是杨家将，便要斩驸马杨延辉，赖铁镜公主救护，萧太后遂将杨延辉罚去把守北天门了事。这个戏中的萧太后，有威严，但富有人情味，因过分宠爱外孙、宠坏女儿，办了胡涂事（把令箭当外孙玩具），惩处违法者留有余地，使观众不憎厌她。

从宋太祖赵匡胤建隆元年（960）建国起，直至宋真宗赵恒景德元年（1004）十二月宋、辽签订“澶渊之盟”止，宋朝为了统一中国，收回由五代时后晋皇帝石敬瑭割献给契丹（辽国）的河北、山西中部和北部大片领土，即燕（燕京，当时称幽州）、云（大同）十六州，发动了9次伐辽战争；而辽国在辽景宗耶律贤和萧太后（耶律贤之妻）的领导下，也多次发动攻宋战事，双方曾举行过几次大规模战役，结果辽国都大胜；即使最后一次辽国受挫的澶渊之战，萧太后也意外地取得了战场上没有得到的大胜利，表现了她作为军事战略家既能战、又能和的才干。

萧太后参与、主导了辽国对北宋的漫长战争，从辽景宗耶律贤乾亨元年（979）六月起，至辽圣宗统和二十二年（宋真宗景德元年，即1004年）宋辽订立澶渊之盟为止，共25年之久，其对辽国历史的贡献，值得大书特书。

在此之前，她还仅仅是一位从未经过战阵的相府千金二小姐。

萧太后本名萧绰，小字燕燕，因她在世时，曾被加尊号曰“睿德神略应运启化承天皇太后”，故史称萧太后。她生于辽（契丹）穆宗耶律璟应历三年（即后周太祖郭威广顺三年，公元953年），崩逝于辽圣宗耶律隆绪统和二十七年（即北宋大中祥符二年，公元1009年），享年56岁，先谥为“圣神宣献皇后”，辽兴宗耶律宗真重熙二十一年（1052）改谥“睿智皇后”。

萧绰出身于辽朝的名门贵族，祖父叫忽没里，原是契丹（辽国前身）宰相敌鲁族之弟；父亲萧思温，曾任辽朝南京（幽州）留守、兵马都总管、侍中、北院枢密使兼北府宰相等职。辽穆宗耶律璟荒耽于酒，畋猎无厌，暴虐变态，已成为杀人狂，[①]于应历十九年赴怀州狩猎时，在行宫被部下杀死。正在侍中任上的萧思温闻讯，急奉辽世宗耶律阮第二子、穆宗耶律璟之侄耶律贤（字贤宁，小名明扆）连夜赶到怀州行宫，主持了耶律贤于穆宗柩前即位的仪式，改元保宁，百官上尊号为“天赞皇帝”，史称辽景宗。萧思温因拥戴有功，被封为兼北府宰相。

辽朝有一个循规，就是皇帝是耶律氏做，但皇后一律由萧氏家族的女子做。当年，契丹族沿用突厥习俗，皇后一直称为“可敦”。辽太祖耶律阿保机称帝后，才仿汉制开始称后宫主人为太皇太后、皇太后、皇后等徽号，皇后都出自乙室、拔里两个部落，耶律阿保机崇拜汉高祖刘邦，遂自改称刘姓，又以乙室、拔里两族比诸辅佐刘邦的萧何，让这两族人改姓萧，萧氏世世与耶律氏通婚，故《辽史》所载的辽朝20位后妃中，只有世宗耶律阮有个妃子为甄氏，其他19名后妃都姓萧。

萧绰幼年时养尊处优，但也受到良好教育，她在萧思温三个女儿中排行最小，长得美丽、聪明。幼年时，萧思温为测试三姐妹中谁最会做事，便让她们一起扫地，结果发现三女儿燕燕活儿干得最好，地扫得最干净，萧思温高兴地感慨说：“这孩子必定有大出息。”燕燕长大后，萧思温想为女儿选一个好夫婿，他不知道，女儿此时已与朝中汉官韩匡嗣次子韩德让开始了暗恋。

不料，人算不及天算，正当韩德让、萧绰以为好事能成双之际，景宗耶律贤即位，皇帝想到的第一件事便是需马上立一位皇妃。耶律贤早就知道宰相府三小姐萧绰美貌异常，便召见萧思温宣明此事，要他送三女进宫。萧思温当然应允，便将此事告诉了燕燕。燕燕虽然知道新皇帝体质差，人也不魁伟，不是理想的丈夫，但她从小就立志想做大事，嫁重量级人物自然是选择之一，况且如今是皇帝下的圣旨，臣下若抗旨，就会危及身家性命，于是只得忍痛割舍自己与韩德让的恋情，温顺地奉召入宫当了贵妃。由于她能悉心奉侍耶律贤，大得皇帝欢心，保宁元年(969)五月，萧绰(燕燕)就被立为皇后，她父亲萧思温晋封为魏王。

可惜萧思温福分不够，次年(970)五月就被政敌萧海只(国舅)、海里等暗杀，后追封为楚国王。萧思温一生无可以大书特书的事迹，他任南京(幽州)留守兼兵马都总管时，遇敌怯战，时周世宗柴荣出兵进攻契丹扬州，辽主命萧思温率兵插到周军后面去袭击，萧思温居然“惮暑不敢进，拔缘边数城而还”。后“周主复北侵……围瀛州，陷益津、瓦桥、淤口三关，垂迫固安。思温不知计所出，但云车驾旦夕至，麾下士奋跃请战，不从”。(见《辽书·萧思温传》卷七十八)后因周兵退，他这个“缩头乌龟”策略才未露馅。不久，周世宗军撤退后，萧思温潜军至益津关，败周军两千多人，才班师返幽州，保全了幽州和自己的脸面，故辽国的僚佐都说萧思温不是个将才。不过，他因有拥戴景宗之功，又生了个当皇后的女儿，故他身前身后俱得富贵、哀荣。萧思温认侄子萧继先为子，此人因获萧太后喜爱，任北府宰相，又尚齐国公主，拜驸马都尉，多次带兵出征。(均据《辽史·萧思

温传》，卷七十八）

萧家的大女儿萧和辇嫁辽太宗次子罨撒葛，封太平王，罨撒曷曾因密谋叛乱，被贬去西北戍边，景宗即位后，他又不安分，病疽死。守寡的萧和辇再嫁养马奴挞览阿钵，因有辱皇族体面，被萧绰鸩死。萧绰二姐萧氏，由已当上皇后的萧绰作主，嫁给赵王耶律喜隐为王妃，这也是一桩绝不般配、萧二姐也不满意的政治婚姻。耶律喜隐虽是宗室重要成员（辽太祖三子李胡的儿子），但此人无法无天，多次犯谋反大罪，萧绰将二姐嫁给他，意在政治笼络，让他少生事端，还改封其为宋王。但耶律喜隐恶习不改，又在西南面招讨使任上密谋反叛，被景宗赐死。宋王妃（即萧绰二姐）为替丈夫报仇，欲"因会饮毒（皇）后，为婢所发，后鸩杀之"。（据上海古籍出版社点校本《契丹国志·后妃传》卷十三，第142页）萧绰两个姐姐的政治婚姻全告失败，她们三姐妹的亲密关系，也就以政治上残酷的方式结束。

萧绰自被立为皇后起，便卷入了朝中的政治漩涡，先是那桩父亲被谋杀的案子，她督促景宗及大臣尽快破案，并力主诛杀罪犯；后又发生世宗妃啜里及蒲哥魇魅事，她让景宗将案犯赐死。景宗本来就体弱，经不住萧绰及后宫美女们的"折腾"，身体越来越坏下去，于是，萧绰在为景宗生儿育女的同时，还要协助体弱的景宗处理朝政国事，逐步在政治上取得了发言权。保宁八年（976）二月，景宗正式宣谕史馆学士：记录皇后自称时，可用"朕"或"予"，并作为定式。"朕"、"予"都是皇帝的自称，现在允许萧绰使用，这说明萧绰作为皇后，已取得了与皇帝并起并坐的地位、权势，从这时起，萧绰已开始与皇帝同掌朝政大权，此后，辽朝的政务决策，基本上便都是她的主张。

乾亨四年（982）九月，景宗耶律贤病死于云州焦山行在，遗诏令12岁的儿子、梁王耶律隆绪（萧绰所生）即位，军国大事则听皇后之命。耶律隆绪于景宗柩前即位后，群臣上尊号"昭圣皇帝"，史称圣宗；辽圣宗奉萧绰为皇太后，并宣布由萧绰奉先皇遗诏摄政，诏告诸道，于是，辽朝开始了由萧太后全面执政的时代。

高梁河之战，"军功章"有她一半

北宋与辽朝漫长的边境战争，是由宋太宗赵炅（原名匡义、太祖曾赐名光义，即位后改现名）太平兴国四年（辽景宗乾亨元年，即公元979年）开始发动的。是年五月，太宗为了统一中国，亲率大军讨伐割据太原的北汉主刘继元，刘继元兵败出降，北宋一下子收回十州、41县，户籍增加三万五千多户。大战之后，军队疲敝不堪，需要休整，补充人员、粮草，有功的将校亦贪获赏赐。但是，宋太宗此时却脑袋发热，想乘胜一举攻下辽国盘踞的幽州（辽已改称为南京）。他把这个计划宣布后，大将们都以沉默表示反对，只有殿前都虞侯崔翰迎合宋太宗好大喜功的想法，说："此一事不容再举，乘此破竹之势，取之甚易，时不可失也。"宋太宗很高兴，遂命枢密使曹彬调发屯兵，准备攻辽。（见《续资治通鉴》卷十第240页，中华书局1994年版，下同。）

这时，辽景宗耶律贤正与皇后萧绰在离上京很远的地方打猎，对宋与北汉之间的战局变化一无所知，边境布防也较松弛，因而宋太宗所率的大军进展便很顺利，很快迫降了辽朝东易州（歧沟关）刺史刘禹，又在沙河击败辽北院大王耶律希达（奚底）、统军使萧讨（讬）古、伊实（乙室）王萨哈（撒合）所率大军，辽军被俘500余人。之后，又攻降涿州，宋朝大军屯顿于辽南京（幽州）城下，太宗赵炅亲驻跸于城南宝光寺。不久，宋军又击败辽国南院大王耶律色珍（斜轸）军于得胜口，斩辽军首千余级。宋太宗遂督率大军攻城，辽军南线局势恶化。

自辽景宗八年（976）二月皇后萧绰与皇帝耶律贤共同称"朕"以来，由于耶律贤久病无法视事，辽国的军政大事已由萧绰在代皇帝进行处理。早在乾亨元年（979）二月，她获知宋兵压境，便以皇帝名义诏南府宰相耶律沙为都统、冀王敌烈为监军，主持南线军事大计；萧绰为求万全计，又另派南院大王耶律斜轸率一支军队为侧后掩护。

面对不利局面，萧绰虽然不可能亲上战场一搏，但她却不慌不忙，力排朝中撤守南京的意见，而是坚持保卫南京即燕、云十六州领土。她深知自己才能不在"将兵"而在"将将"，即作为全国实际的统帅，重在任用、调遣优秀将领，并在战略大计上正确决策指挥。作为执政皇后，她对选中的将领做到知人善任，显示了她的深邃眼光。时辽朝任用的将帅，都是国家俊才，其中南军都统耶律沙，字安隐，具有丰富的作战经验，辽景宗保宁年间，他曾击败宋军。辽将耶律斜轸，字韩隐，保宁元年（969），萧绰之父、枢密使萧思温就向辽景宗及皇后推荐此人，称"有经国才"（见《辽史·耶律斜轸传》，卷八十三），景宗十分器重耶律沙，还将皇后萧绰的侄女嫁给他。乾亨初宋军攻河东（太原）刘继元，耶律斜轸随耶律沙与宋军战于白马岭，初不利，斜轸命部下伏兵万矢俱发，一阵便射退了宋军。除了耶律沙、耶律斜轸两支大军以外，萧绰又派出了另两员大将赶赴南京前线：一个叫耶律学古，字乙辛隐；另一位将领叫耶律休哥，是辽国具有独挡一面的帅才，此后他一直是众多宋将的克星。当南京前线局势恶化之际，耶律休哥主动向皇帝、皇后请缨，愿率五千骑赴前线决战。萧绰一边以皇帝名义严责打了败仗的给军使萧讬古等人是"卿等不严侦候，用兵无法，遇敌即败，奚此为将"！（见《续资治通鉴》卷十）一面命耶律休哥代耶律希达为统帅，将辽国精锐的十万"五院军"拨归耶律休哥指挥去救南京。

在战略决策上，萧绰采取"坚守南京、伺机反击"的方针，命韩德让坚守南京，牵制宋朝大军，使其疲乏松懈，然后乘其粮草不继，再以耶律休哥、耶律学古等生力军相继发动全面进攻，使宋军首尾不相顾及，然后取胜。而这一战略目标的实现，坚守住南京是个关键；南京若失，就会整个动摇辽朝在燕云十六州的军民信心，况且该地区汉民一直盼望宋军能收复失地，那样，辽朝的势力便只能退回漠北了。所以，南京便成为宋军必攻、辽朝必死守的战役成败决定性因素。萧绰选定的辽朝守南京的统帅韩德让（后赐名耶律隆运），此人本是萧绰的情人，其父名韩匡嗣，为辽国重臣。韩德让本身很有才干，又忠于朝廷，故对这样的方面大将，萧绰是一百个放心。随着战局发展及奚底、萧讬古等与宋军初战不利的形势，韩德让坚守南京，对战局下一步发展意义重大。

为保住南京，辽国采取措施立即增强城里的防守力量。此时，宋军在宋太宗督率下，进攻也颇努力，太宗调集定国节度使宋渥军攻南门，河阳节度使崔彦攻北门，彰信节度使刘遇攻东门，定武节度使孟玄喆攻西门，四节度大军之外，又任命宣徽南院使潘美为未来的幽州新知府，"辽南京权留守韩德让惧甚，与知三司刘弘登城，日夜守御，而城外招胁甚急，人怀二心。会迪里部都指挥使李扎勒灿出降，城中益惧"。（见《续资治通鉴》卷十）危急时刻，辽御盏郎君耶律学古带领一支生力军挖开地道，从地道中进入城内，增强了守备力量。韩德让获得这支援军信心大增。当天夜里，宋军约 300 多人爬上城头，不料为辽军发现，耶律学古率兵死战，打退了宋军，加强了防守力量。

是年七月，宋、辽依然在南京城下对峙着，宋太宗仍一味督率诸将硬攻，他不知道要取得胜利，需凭一股锐气，此时宋军久攻不下，不免懈怠，已不适合在坚城下长期停留。军中有人掘得一蟹，有人就以蟹多足，解读为敌救兵将至之象，军心越发混乱。就在这时，救援南京的辽军已分别到达预定位置，宋、辽高梁河大战大幕随之拉开。

先是辽军耶律沙率大军欲解南京之围，从西路战略大迂回攻太原，不料在白马岭败于宋军，赖耶律斜轸以万弩射退宋军，才使耶律沙能保全退军。但耶律沙在高梁河又遭遇宋军，再战又败，不过，这次战败却"歪打正着"，由于苦战，挫动宋军元气。辽国主力军耶律休哥部早就到达前线，屯集于南京左侧后，闻知耶律沙败绩，连忙乘夜出动救援。耶律休哥很聪明，他命军士每人举持两只火炬，使宋军误以为军队数超过一倍以上。宋军与耶律沙部激战虽胜，但消耗了人员体力，已极度疲乏，此时见有一支生力军出现，遂疑此处有大批辽军埋伏，而前面耶律沙军是“诱敌佯败”，故军心慌乱。辽朝另一支耶律斜轸部亦已部署到位，于是耶律休哥、耶律斜轸两部合兵，分左右翼在高梁河地域夹击宋军，战斗凶猛残酷，辽帅耶律休哥身上三次受伤，仍死战不退。城中耶律学古听到援兵大至，便连忙开城出动，四面鸣鼓，居民大呼，声震天地，从背后夹击宋军。这一场大血战，直杀得宋军晕头转向，血肉横飞。辽军骑兵又多，宋军攻城部队多为步兵，自然抵抗不住，弄得首尾不能相顾，又发现到处都是辽兵杀过来，阵脚便紊乱。宋太宗见宋军混乱，失去指挥，只得带少数亲随连夜遁逃，以免被俘。宋朝后军统领、原吴越主钱俶听说宋太宗已先撤退，为使消息保密，连杀 6 名报信军士，他估量皇帝已逃离燕地，才下令后军撤退。这一仗，宋太宗败得十分狼狈，史称他化妆后乘驴车潜行才脱险。辽军统帅耶律休哥受伤后乘车追杀宋军直至涿州，缴获了宋太宗御营及宋军的器物、兵仗、符印、粮秣、货币，辽军取得了完胜。

宋军在高梁河之战中失败，原因很多，如兵将攻下北汉后疲倦不思进取，因赏赐未到军无斗志，在坚城下屯兵两月麻痹大意，将帅对敌方军力不了解，判断失误等，但主要还是宋太宗用人不当，他只相信自己，一切军权握在个人手中，不信任部下，生恐大将的兵权大了会再来个“黄袍加身”发生兵变。反之，萧绰却放手信任前线将帅，让他们能有临机处置之权，因而获得了胜利。

高梁河之战对宋辽边境形势产生了重大影响，宋军失去对辽国的军事高压态势，使宋朝将士产生了对辽作战的怯心，其后果是严重的。

雍熙之役，成就第一女军事家地位

如果说高梁河之战中，辽国皇后萧绰还仅仅是依靠前方将帅主动出击取胜的话，那么，宋太宗雍熙年间三路北伐被辽国击败，则充分显示了萧绰统兵打仗的军事才能。

此时的萧绰，已成为掌握辽国全部权力的皇太后。

辽景宗乾亨四年(北宋太宗太平兴国七年，公元 982 年)，久病的耶律贤去世，萧绰所生的儿子、被封为梁王的耶律隆绪于景宗柩前当了皇帝，史称辽圣宗，他尊母亲萧绰为皇太后。小皇帝圣宗才 12 岁，是个完全听她话的孩子，一切军国大事自然都由萧绰处置。

此时的萧绰，预感到宋太宗不会甘心于高梁河之战的失败，还会发动北伐之战，因此，她决定加强南线的边境防务。她的措施，首先不是增兵添垒，而是在军事人才选择上作出布置，她命辽国南院大王勃古哲总领山西方面诸州军事；提升猛将北院大王耶律休哥为南面（幽州以南河北方面）行军都统，继而又升任他为南京留守，总领南部边防事宜。这样，辽朝就实际在山西、河北方面建了两个新的军区。这还不够，她同时又任命同政事门下平章事萧道宁率领本部军驻防南京（幽州）。

其次，为了迎接可能到来的宋辽大战，萧绰抓紧时间经营巩固后方，对辽国三大劲敌即西南的党项、东北边的女真和东面的高丽进行剿、和两手策略，以摆脱两面或三面作战之困境。统和元年（983）正月，萧绰先命西南面招讨使韩德威率兵击败了侵边的十五部党项军，党项部损失严重，大批人员被俘，一部分部落投降；统和四年（986）二月，西夏国主李继迁正式叛宋归辽，被封为定难军节度使等职。对刚刚兴起的女真部，萧绰对其镇压亦不手软，景宗统和二年（984）二月，萧绰命东路行军、宣徽院使、同平章事耶律普宁征讨女真族，四月报捷。八月，女真部术不直、赛里等八族举众内附，萧绰决定乘机会大举出兵攻击女真部，她任命枢密使耶律斜轸为征女真各军都统，驸马都尉萧恳德为监军。在征讨女真的战役中，萧绰亲临前线驻跸东古山督战，至统和四年（986）正月，此战役以辽军获大胜而结束，辽军俘获女真各部落人口十万多，马 20 万匹。对东面的邻国高丽，萧绰亦于统和元年十月策划征伐，她与少年皇帝景宗在东京（辽阳）检阅了留守司兵马，命宣徽使兼侍中蒲领、林牙（官爵名）肯德等率兵东征高丽，后又“诏诸道缮甲兵，以备东征高丽”（见《辽史·圣宗纪》卷十），这支部队虽未来得及出发（因宋朝开始北伐），但也吓住了高丽不敢对辽用兵，于是，萧绰便能从容地将这支军队作为与宋军作战的预备兵团。萧绰的这些部署，解除了辽国的后顾之忧，使她能集中力量应对宋朝的北伐大军。

应该说，宋太宗也是一位血性男子，雍熙二年（985）二月，他对宰相说：“朕览史书，见晋高祖求援于契丹，遂行父事之礼，仍割地以奉之，使数百万黎庶陷于外域，冯道、赵莹且居宰辅，皆遣令持礼，屈辱之甚也。”（见《续资治通鉴》卷十二）宋琪等大臣赞同此说，并称“恢复旧境，亦应有时”（同上）。一心想统一中国的宋太宗，一直在做北伐的准备，他发动的战争，性质也是正义的，规模更是空前地大。但是，宋太宗在战略上还不善于把握，宋朝廷的那些文武官员，也未能当好皇帝幕僚提出正确的战略方针，例如应派人结好高丽、女真或党项，让其先出动，吸引辽国大军，然后乘虚出兵，让辽国首尾不能两顾；或者在边境上发动步步为营的小战役，逐步蚕食燕云等十六州，收复一处，巩固一处，最后与辽决战。因为当时就军队作战能力而言，辽军为最强，宋与女真、高丽、党项若单挑辽国，皆不是其对手。但是，宋太宗过分相信自身的力量，又不肯与“夷狄”的高丽部、女真部、党项部联手，贸然发动雍熙北伐之战，焉得不败？

此战役自宋太宗雍熙三年（辽圣宗统和四年，即公元986年）三月开始，至六月结束，战场自东线河北的雄州，到山西的朔州，形成了一个宽大的正面战线，两军进行了一场残酷的血战，史称“雍熙之战”。

与萧绰巩固后方、选拔良将守边并为未来大战充分做好准备不同，宋太宗对辽国的情况并不掌握，对对手便发生判断失误。先是宋朝雄州知府贺令图及其父亲、岳州刺史贺怀浦等相继上书称：契丹（辽国）主年幼，国事大权操于其母手中；又认为萧绰与宠臣韩德让有染，臣下为此离心，可以乘此机会攻取幽、蓟等州。这是宋朝人的错误思维，认为辽朝幼主嗣位，便是“人心不服、局势不稳”。实际上萧绰在辽景宗时便已大权在握，圣宗即位，更加强了她的地位，辽朝内部是稳定的，无隙可乘。同时，宋朝对萧绰的治国和军事才能也不了解，总认为她仅是“女流”之辈，打仗肯定不行，所以才使宋太宗又一次产生北伐的想法。

宋太宗这次北伐规模很大，他的部署是：以东、中、西三路大军出击，东线为重点，这应该说无大错；但其所选的三路军事指挥官，却大都有问题，并不称职。按部署，东路主攻部队要经涿州直取幽州，全军十余万人，由鲁国公、天平军节度使曹彬担任幽州道行营前军马步水陆都部署，副将为崔彦进；另有彰化军节度使米信为侧翼掩护之副攻军，米信被任为西北道都部署，杜彦圭为副手，出雄州往北进攻。中路大军由田重进率领，田重进被任命为定州路都部署，主攻方向为飞狐、灵丘等地；田重进是幽州人，此时任定州路都部署，他颇知边事。西路军以韩国公、忠武军节度使潘美为云、应、朔等州都部署，以大将杨业为副，王侁为监军，出雁门往北，欲收复山西中部、北部诸州，然后再由云、应等州往东打，在幽蓟与东路、中路会师于幽州城下。

太宗这一平推式的部署规模虽大，但有缺点，一是没有突出重点，二是三路大军战线过远，无法相互策应，只能各自独立作战，这样，主帅的能力就必须非常强。但宋太宗用人政策保守，不敢破格启用能人，他所信任的都是昔日老臣宿将，论资排辈，把曹彬、潘美等宿将任为主帅，这些人过去有过攻灭南唐、后蜀、北汉的军功，但已年老，行事保守，战术上对慓悍的辽朝骑兵拿不出有效克敌办法，且这些人为保富贵，军事上一味持重，只知机械地执行宋太宗的命令；而宋太宗又不在前线，故其命令就常成为瞎指挥。同时，宋太宗将了解辽国军情的田重进放在辅攻位置，将多次对辽取得胜利的名将杨业（辽军中及边民都称其为“杨无敌")充当宿将潘美的副手,又派不懂军精、只知贪功胡来的王侁当监军,压制有统帅之才的杨业,这样,后果便很快显现出来。

雍熙三年三月,宋辽之战开始,东路曹彬部与辽军首战固安,取其城,又败辽军于涿州下之;中路田重进破辽兵于飞狐北,亦胜了;西路潘美大军克寰州、下朔州、应州。其中宋军中路田重进部战果最大,败俘辽冀州防御使大鹏翼、康州刺史马赟、马军指挥使何万通等将领,田重进下飞狐、降取灵丘,又进攻蔚州,重挫了辽军。

获知前线吃紧,萧绰为激励将士,离开国都上京,亲自携小皇帝圣宗驻跸驼罗口。她迅速采取措施以加强南线军力,命北院宣徽使蒲领为南军都统,辅助耶律休哥;调北院枢密使耶律斜轸为山西兵马都统,主持了西线战事。萧绰的这两条措施都很得当。在战术上,辽国名将耶律休哥采取以逸待劳的策略,他知道宋兵十多万,每天需耗费无数粮草,于是便派出游军伺机断宋军粮道,以迟滞其进军速度,从而抓住了宋军的软肋。当时曹彬曾打到涿州城下,耶律休哥"以兵少不出战,夜出令轻骑掠单弱以胁余众,昼则以精锐张其势,设伏林莽,绝我(宋)粮道。彬留十余日,食尽,乃退师雄州以援供馈。"(见《续资治通鉴》卷十三)

曹彬作为北伐主将,他自然想建不世之功,照理,他的部队人数多,粮食运输任务重,应稳扎稳打,步步推进才对,因粮尽退兵雄州亦不能算错;可是当他一退回雄州,在后方的宋太宗就很不满,认为示弱失机,命他停止后撤,沿白沟布署,与米信部合军,待潘美西线军占领全山西后,再各路齐攻幽州。宋太宗的这一指示对曹彬的心理压力加大,因为此时中路田重进、西路潘美攻城略地的进展刺激了他和部下,大家便急躁起来,生恐失了头功,部下都希望迅速发动攻击,众人主意一多,曹彬便扛持不住,下令携五到十日粮食,重新进攻涿州。

辽国已有充分准备,萧绰与小皇帝亲上前线,驻跸于涿州东五十里处,又命耶律休哥、浦领以小股轻骑兵袭扰曹彬大军。曹彬且战且进,整整四日,才勉行到涿州,此时所带粮食已近吃完,天气又炎热,军士疲乏不堪,他只得第二次下令撤军。要命的是,他做了个错误决策:带着涿州地区的老百姓一起南撤,这就带来兵家大忌:不仅行军速度缓慢,而且容易搞乱队伍,军队再无机动性可言。果然,他的军队、民众沿狼山南撤时,遭耶律休哥军队袭击。四月五日庚午,辽军在歧沟关(今涿州西北)终于追上宋军,经过一场血战,曹彬部溃败,辽军追击至拒马河,杀死宋军数万;宋军还丢失了固安等地,残军败退至高阳,又被辽军冲击损失数万人,史称"沙河为之不流,弃戈甲若丘陵。休哥收宋尸以为京观"。(见《续资治通鉴》卷十三)宋朝知幽州行府事刘保勋父子同日战死,东线战役以宋军惨败告终。

解决了东路宋军，辽皇太后萧绰在大赏功臣之际，随命诸路兵马都统耶律斜轸率10万大军进攻西路宋军，另诏新封为宋国王的耶律休哥抽调火炮部队去助战。守雄州宋将贺令图仓促迎战，被击败后向南溃退，在五台山地区又被耶律斜轸部追到，双方大战，宋军战死数万人（按古人习惯计数，当在3万以上）。次日，耶律斜轸部攻陷宋军刚收复的蔚州，贺令图与潘美共同率军去救，双方战于飞狐城，宋军又败，辽军势如破竹，继续攻陷宋军据守的浑源、应州，其中耶律斜轸部乘胜杀入寰州，城中吏卒千余人被杀。

西线形势急剧恶化，刚在飞狐吃了败仗的潘美，与副将杨业率兵护送云、应、朔、寰四州汉民南撤，至朔州狼牙村时，得知辽兵已进寰州，声势正盛。富于战斗经验的杨业知宋军锐气已挫，难以与辽军再决战，主张暂时避其锋锐，护领云、朔诸州人民由石碣谷南撤，而在谷口埋伏强弩手千人，防辽兵追击，并以骑兵往来于中路声援，保证军民安全撤退。但宋军西路监军、寿州刺史王侁坚决反对，他与顺州团练使刘文裕互相唱和，要杨业率军经雁门向马邑反攻，并讥讽杨业作为数万大军副统帅却胆小畏敌。杨业说，这样盲目进攻必败。王侁说：你向来号称“杨无敌”，今天见敌逗挠不战，莫非有异志？杨业原是从北汉投降过来的，过去在北汉时，与辽将有过接触，归宋后，他一直小心翼翼避嫌疑，实际上还是不被许多宋将信任，宋太宗表面上虽说厚待杨业，但骨子里仍不敢让杨业担任正帅，让老将潘美、官僚王侁压在他头上，为此，他亦无可奈何。他对王侁辩解说，我不是怕死，而是不想让士卒作无谓牺牲；既然你责备我，我可以去进攻！他当即决定引兵自大石路向朔州前进。临行时，他对主帅潘美流着泪说，我原是北汉降将，早就该死了，多蒙皇上信任，让我带兵，一直想立功报国。今天既然大家怀疑我，我只好去血战赴死。他知道前边辽军密集，肯定打不破辽阵的阵脚，便指着陈家谷口说：请你们在此处多置步兵、强弩，布置左右两翼为援兵；如果我的部队万一失败后退到这里，你们就马上以埋伏的步兵迎击辽军，打他们一个冷不防；否则，我部必然会遭全军覆没，与战局也不利。他的请求，潘美与杨侁倒是都答应了。

此时，耶律斜轸探知宋将杨业来攻，命副将萧挞览伏兵于险处，待杨业兵到，耶律斜轸先佯败，引诱杨业兵进入埋伏之处，辽国伏兵齐出，将杨业军团团围住。杨业拼死冲突，转战至狼牙村，又再撤往陈家谷口，却发现宋军伏兵全无。原来王侁先派人侦察，把耶律斜轸的佯败当成真败，怕杨业独享功劳，遂下令谷口埋伏的宋军全部出动前去进攻，潘美制止不住，于是也率军前出灰河西南攻击前进。嗣后突然听说杨业一军战败，辽兵铺天盖地杀过来，潘美、王侁都不敢再回救杨业部，他们慌忙带兵逃出战场。杨业见陈家谷口宋军已去，辽兵四面围攻过来，自知难以突围，抚膺大哭，回身力战，虽杀辽兵数十百人，终因多处受伤，又因坐下马被辽兵射倒，他亦坠地被俘，落入辽军手中。押送辽营后，他绝食三日，疮发而亡，长子杨延玉亦遇害。这样，宋朝西路军因潘美、王侁的无能、贪功、胆怯而大败，云、应、朔诸州仍落入辽军手中。规模空前的三路伐辽战役，仅中路田重进部未有损失，但战后宋太宗依旧未重用他，只任命他为一个马军都虞候算数。

宋辽雍熙之战，证明宋太宗与萧绰在军事上水平差距甚大，无论知人善任、战略策略等方面，宋太宗都逊于萧绰。在战事正紧时，萧绰与小皇帝亲临前线附近指挥压阵，而宋太宗却安坐千里之外的汴京深宫，遥控指挥，主要原因是上次高梁河之战乘驴车逃命时吓破了胆，不敢再上前线了。宋太宗两次北伐大败，成就了萧绰的军事伟业。此战役对宋军边防实力打击甚大，几员作为统帅的宿将均打了败仗，战后被削职处分。西线的副将（副司令）杨业战死，则是宋朝遭受到的最致命损失，从此失去了一员对辽作战的猛将。此役结束后，辽国对宋朝北边的军事压力逐渐加大，转为攻势的一方。

澶渊约盟，收获到战场未获之战果

雍熙之战后，北宋被迫改取守势，其间，萧绰不断发兵攻扰宋朝边境。如统和四年(986)十二月，耶律休哥率军在望都与宋军发生战斗，辽方俘宋军多人；统和五年(987)正月，辽兵破东城县，纵兵抢掠，又破宋文安县，俘杀甚多；统和六年(988)十月，辽军又破涿州，复败宋军于益津关；同年十一月，又与宋军发生长城口之战，破宋易州等。

为了巩固南京附近各州防务，加强对这些地区汉民的控制，以免发生战争时汉民频繁叛辽归宋，统和八年(990)七月，萧绰下诏改南京"熊军"为"神军"，东路诸宫分提辖司，分置定霸、保和、宣化三县，又增设多县。在此前，萧绰多次驾幸南京，使辽国的政治中心逐渐南移。

辽统和十五年(997)三月，宋太宗去世，子赵恒即位，史称宋真宗，改次年为咸平元年。统和十七年(999)十月，辽军萧继远部攻破宋狼山镇石砦，又与宋都部署康保裔战于瀛州，康保裔被俘杀。辽军又攻取乐寿、遂城等县，杀戮无数。宋真宗亲赴大名府，辽军始退去。

萧绰为何频频侵宋？一是辽军势力强盛，宋军已无力进攻。二是辽国那几年连丧大将，她认为伐宋之事不能再等，如统和十六年(1000)十二月宋国王耶律休哥病死；次年九月，北院枢密使魏王耶律斜轸又因病去世。萧绰派兵侵宋，似有选拔、锻炼将士的意思；同时，她也放任辽军在深入宋境大抢大杀，以野蛮手段震慑宋朝军民。

辽宋又一次大决战不可避免要到来。辽景宗统和二十二年(1004)，皇太后萧绰和景宗耶律隆绪决定大举南下伐宋。这次大战役，《辽史》并未记载其事前的策划及战略目标，看来，萧绰母子对这次战役的战略上把握并不清晰，说明其考虑是欠周的：一是因对宋的边境战役既频繁、又常胜，萧太后对宋朝实力轻视了；二是她对宋真宗不看好，认为他年轻、无作战经验；三是她起兵的目的，可能还是重在人口及财物方面的掠夺，所以，根本没有提出灭宋的目标，而是追求战役的收获，即能取得多少战果就收获多少。因此，此次辽军进攻虽猛，但没有从根本上实质性地威胁宋朝。

不过，由于辽军勇猛，其统军使兰陵郡王萧挞凛(亦作"达兰")、奚六部大王萧观音努率领的前锋部队，一路南进，他们避开宋军坚壁，直插敌后，下遂城、破定州，攻破德清军，竟打到宋朝黄河北岸的澶州(今河南濮阳)。

这一下，北宋的汴京也感受到了威胁。边报一夕五至，宋真宗在宫中也坐不住了。宋廷的投降派王钦若、陈尧叟劝真宗到金陵或成都避难，真宗问宰相寇准，寇准对真宗说："谁为陛下画此策？罪可斩也！陛下神武，将臣协和，若大驾亲征，敌当自遁；……奈何弃庙社欲幸楚、蜀？所在人心崩溃，敌乘胜深入，天下可复保耶！"(见《纲鉴易知录》卷六六)寇准力请真宗赴澶州前线督战。

本来，此次辽军若部署周密，有可能一举攻下宋朝京城汴京(现开封市)。但萧绰没有把宋人当一回事；而偏偏其先锋将萧挞凛亦轻视宋将。萧挞凛是萧绰父亲萧思温之侄，此人极能打仗，统和四年陈家谷之役，就是他率军杀败并俘获杨业的，统和十一年又伐高丽取胜，高丽臣服进贡，萧挞凛以功封兰陵郡王、加兼侍中；统和十五年，他又讨平敌烈部叛乱，升任为南京统军使；统和二十年(1002)他出军伐宋，即取遂城，可以说是战无不胜。

当辽军前锋进至澶渊地域时，正碰上宋将李继隆率兵抵抗，两军对峙，有从辽军中逃回的汉民密报李继隆，称萧挞凛将于次日早晨进攻宋军营寨。原来萧挞凛根据地形，决定先攻占宋军的羊观、盐堆、凫雁三寨，不料军情泄漏，宋将李继隆便预先埋伏下许多弓弩军。第二天两军对垒，宋军万弩齐发，一阵就把正督战的萧挞凛射死，又射死许多辽兵。萧挞凛部为辽军中之精锐，此战失利，辽兵锐气大挫。萧绰对堂兄弟的死亡，不仅悲痛，而且心理上也受到打击。

是年十二月，宋真宗车驾到达澶州，宋军中投降派仍在活动，要真宗撤往金陵。宰相寇准坚决地对真宗说：陛下唯可进尺，不可退寸。河北诸军日夜盼望銮驾前往，这将鼓舞将士们百倍的士气。若回辇数步，则万众瓦解，只怕连金陵也到不了。殿前都指挥使高琼支持寇准，于是真宗直抵澶州城南，又渡过黄河，御北城门楼，宋军将士备受鼓舞，大呼“万岁”，声闻数十里，辽军夺气。到了此时，真宗军事指挥大权都交给了寇准。寇准听说有数千辽军骑兵来进攻，指挥将士们迎战，斩获大半，辽军败退。

这种结果，大出萧绰意外。她见辽军锐气尽失，又见宋兵防守英勇，担心辽方惨败，便决定派出大臣飞龙使韩杞与降辽的原汉官曹利用，到宋营“请盟”，要求宋朝将关南之地献给辽国，辽国则罢兵休战。这当然是萧绰的智慧，她打了败仗，还提出和议和的高价条件，以期获得战场上未得到的东西。

由于辽军毕竟已打到澶州，宋真宗虽上前线亲征，但实在是迫不得已，内心却虚怯得很，听说辽国“求和”，他当即对辽使说：“所言归地，事极无名；若必邀求，朕当决战；若欲金帛，朝廷之体，固亦无伤。”寇准见皇帝主动提出愿输岁币，遂建议真宗向辽方讨还幽、蓟之地，说把这块土地要回来，可保大宋江山百年无事。否则，数十年后戎狄会生出非分之心。真宗说，数十年后会有能人出现御敌，先把今天的和议定下来，因为我不忍见生灵涂炭。寇准劝不醒皇帝，只好同意以岁帛银为条件讲和。真宗对曹利用说，若万不得已，每年可以同意输送辽国百万岁币银。寇准召曹利用至营，对他说：虽有皇帝圣旨，但你如果答应的岁币银超过三十万，我就斩你脑袋。曹利用到辽营，告萧绰和辽景宗宋朝愿出岁帛，不划土地。萧绰派左监卫大将军姚柬之去宋营谈判，宋朝又派李继昌继续到辽营谈判。最后议定：宋辽罢兵息战，宋尊辽太后萧绰为叔母，每年输辽岁银十万两，绢二十万匹，从而开启了南朝屈辱的一页，为以后北宋灭亡、南宋向金朝屈膝投降埋下了祸根。

军事上失败的萧绰，谈判中取得全胜，实在是一位能战又能谈判的高手。此后，辽宋之间倒是有很长一段时间未发生过战争，但苟安，暂时盟和却未能促使宋朝真正强大起来，至宋钦宗靖康年间，北宋王朝终遭灭顶之灾，这是后话。

统和二十七年(1009)十二月，辽朝皇太后萧绰病逝，辽圣宗谥她为圣神宣献皇后，宋朝、高丽国都派使者吊唁。中国历史上第一女军事家萧绰，从此结束了她多彩的一生。

注释：

① 据《辽史·穆宗纪》卷七载：穆宗耶律璟不仅滥杀大臣，还动辄残杀身边侍卫人员，如应历七年（后周世宗柴荣显德四年，公元957年）夏四月因误信女巫肖古以男子胆合延年药方，杀许多人，见无效力，十七年又杀肖古；应历十三年（宋太祖赵匡胤乾德元年，即公元963年）正月，杀兽人海里；同年三月杀鹿人弥里吉，六月又杀近侍及獐人霞马；同年十二月又杀彘人葛主；应历十四年（964）十一月杀近侍小六；应历十五年（965）三月杀近侍东儿、又杀虞人沙剌迭；同年十二月杀近侍喜哥、随鲁；应历十七年（967）四月杀鹰人敌鲁、五月杀鹿人扎葛、六月杀雉人寿古和冬正古，又杀44名鹿人，十一月杀近侍延寿、又杀3名鹿人，十二月杀饔人海里；应历十八年（958）三月杀鹘人胡特里、近侍化葛，四月杀彘人抄里只，五月入杀鹿人颇德等8人，六月杀彘人屯奴，九月杀详稳八剌、拽剌痕笃等4人，十二月杀酒人搭烈葛；应历十九年（969）正月杀前导末及益剌。他的暴行终于引来下属的反抗，同年二月，其近侍小哥、盥人花哥、庖人辛古等6人遂密谋杀死了耶律璟。

参考书目

《国语集解》　中华书局,2008 年 1 月版

《诗经译著》　齐鲁书社,1982 年 6 月版

《诗三百解题》　陈子展撰述,复旦大学出版社 2001 年 10 月版

《山海经校阅》　袁珂校译,上海古籍出版社,1985 年 7 月版

《吴越春秋辑校汇考》　周生春著,上海古籍出版社 1997 年 7 月版

《史记》　司马迁著,中华书局 1975 年 3 月版

《汉书》　班固著,中华书局 1962 年 6 月版

《后汉书》　范晔者,中华书局 1965 年 5 月版

《三国志》　陈寿著,中华书局,1959 年 12 月版

《魏书》　魏收撰,中华书局 1974 年 6 月版

《北史》　李延寿撰,中华书局 1974 年 10 月版

《梁书》　姚思廉撰,中华书局 1973 年 5 月版

《陈书》　姚思廉撰,中华书局 1972 年月版

《旧唐书》　刘昫等撰,中华书局 1975 年 5 月版

《新唐书》　欧阳修等撰,中华书局 1975 年 2 月版

《宋史》　脱脱等撰,中华书局 1985 年 6 月版

《辽史》　脱脱等撰,中华书局 1974 年 10 月版

《明史》　张廷玉等撰,中华书局 1974 年 4 月版

《清史稿》　赵尔巽等撰,中华书局 1977 年 8 月版

《明季南略》　计六奇撰,中华书局 1984 年 12 月版

《明季北略》　计六奇撰,中华书局 1984 年 6 月版

《资治通鉴》　司马光编著,中华书局 1956 年 6 月版

《纲鉴易知录》　吴乘权等辑,中华书局 1960 年 5 月版

《魏晋南北朝史》 吕思勉著，上海古籍出版社 2005 年 11 月版

《清鉴》 印鸾章著，北京市中国书店，1985 年 3 月版

《华阳国志》 常璩撰，齐鲁书社 2010 年 1 月版

《曹操集》 中华书局 1959 年 7 月第一版

《陈子龙诗集》 陈子龙著，上海古籍出版社 2006 年 4 月版

《牧斋杂著》 钱谦益著，上海古籍出版社 2007 年 6 月版

《中国历史年表》 本社编，上海人民出版社 1976 年 1 月版

《双梅影闇丛书》 叶德辉编，海南国际新闻出版中心 1995 年 1 月版

《中国大百科全书（戏曲、曲艺）》 编委会编，中国大百科全书出版社 1983 年 8 月版

《柳如是集》 辽宁教育出版社 2001 年 2 月版

《柳如是别传》 陈寅恪著，生活・读书・新知三联书店（北京）2001 年 1 月版

《一个真实的柳如是》 史玉根著，东方出版社 2008 年 8 月版

《清朝野史大观》 上海书店 1981 年 6 月版

《张苍水集》 上海古籍出版社 1985 年 10 月版

《李清照全集评注》 徐北文主编，济南出版社 1996 年 4 月版

《李清照词欣赏》 刘瑜、刘亦文著，济南出版社 2008 年 10 月版

《武则天》 金泽灿著，现代出版社 2010 年 2 月版

《北魏女主沦》 宋其蕤著，中国社会科学出版社 2006 年 11 月版

《王昭君故事的传承与嬗变》 张文德著，学林出版社 2010 年 2 月版

《民族友好使者王昭君》 内蒙古人民出版社 1994 年版

《全唐诗》 曹黄、彭定求等编，扬州诗局，1707 年刻本

《中国诗史》

《历史上的萧太后》 景爱著，中国社会科学出版社，2010 年 1 月版

《沫若剧作选》 人民文学出版社 1978 年版

《中国诗史》 陆侃如、冯沅君著人民文学出版社 1956 年 9 月版

《孔尚任诗文集》 中华书局，1962 年版。

《孔尚任评传》 徐振贵著，南京大学出版社，2006 年 3 月版

《孔尚任全集. 辑校本》 徐振贵主编，齐鲁书社 2004 年 10 月版

《女诗人薛涛》 羊村著，四川人民出版社 1989 年 12 月

《唐人小说》 汪辟疆校录，上海古籍出版社，1978 年 1 月版

《唐诗三百首新注》　金性尧著，上海古籍出版社，1993 年 7 月版
《白居易诗选》　作家出版社，1976 年 12 月版
《唐诗鉴赏辞典》　上海辞书出版社 1983 年 12 月版
《吴伟业诗选》　人民文学出版社 2000 年 3 月版
《汉魏六朝诗鉴赏辞典》　上海辞书出版社 1992 年 9 月版
《元明清诗鉴赏辞典》　上海辞书出版社 1994 年 12 月版
《虞初新志》　张潮辑，文学古籍刊行社（北京），1954 年 12 月版
《桃花扇》　孔尚任著，人民文学出版社，1959 年 4 月版
《桃花扇研究与欣赏》　蒋星煜著，上海人民出版社，2008 年 1 月版
《中国十大古典悲剧集》　王季思主编，上海文艺出版社，1982 年 10 月版
《汉魏六朝诗选》　余冠英选注，人民文学出版社，1958 年 10 月版
《古文观止新编》　钱伯城主编，上海古籍出版社，1988 年 12 月版
《苎萝西施志》　诸暨市政协编，杭州大学出敏社 1991 年 10 月版
《武进县志》　上海人民出版社，1988 年 10 月版
《奔牛镇志》　南京大学出版社，2010 年 12 月版